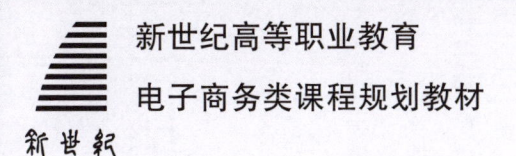

新世纪高等职业教育
电子商务类课程规划教材

微课版

新媒体营销

主　编 ◎ 郑雪玲　陈　薇
副主编 ◎ 陈巧玲　华　丹
　　　　　吴小娟　何　婷

大连理工大学出版社

图书在版编目(CIP)数据

新媒体营销/郑雪玲,陈薇主编. -- 大连：大连理工大学出版社，2022.10(2024.2重印)
ISBN 978-7-5685-3939-5

Ⅰ.①新… Ⅱ.①郑… ②陈… Ⅲ.①网络营销 Ⅳ.①F713.365.2

中国版本图书馆CIP数据核字(2022)第186584号

大连理工大学出版社出版

地址：大连市软件园路80号　邮政编码：116023
发行：0411-84708842　邮购：0411-84708943　传真：0411-84701466
E-mail：dutp@dutp.cn　URL：https://www.dutp.cn

大连日升彩色印刷有限公司印刷　　大连理工大学出版社发行

幅面尺寸:185mm×260mm	印张:16	字数:388千字
2022年10月第1版		2024年2月第3次印刷

责任编辑：刘丹丹　　　　　　　　　　责任校对：王　健
封面设计：对岸书影

ISBN 978-7-5685-3939-5　　　　　　　　　　　定　价：51.80元

本书如有印装质量问题，请与我社发行部联系更换。

前　言

随着互联网与大数据技术的发展,新媒体逐渐被企业和个人作为营销活动的重要载体,新媒体营销市场前景广阔,因此社会对新媒体营销高技能人才的需求巨大,新媒体营销人才的培养应势而起。

围绕新媒体营销人才培养的特色与定位,本教材在编写过程中采用理论与案例相结合的方式,全方位地介绍了新媒体营销的策略和实施方法,从而帮助读者快速了解新媒体营销知识,全面掌握新媒体营销技能。

本教材引用了大量的新媒体营销案例,汇集了国内外的研究成果和实战经验,对新媒体营销知识进行了系统的介绍,以期为读者打开新媒体营销的大门,帮助读者在新媒体营销领域不断进步。本教材在编写思路上突出了以下特点:

1. 深化产教融合,校企"双元"开发

本教材是产教融合、校企"双元"开发的结果。教材的编写人员,除了来自教学第一线的教师以外,还包括厦门市巨龙信息科技有限公司、名鞋库网络科技有限公司的技术和管理人员。本教材从结构策划、任务设计到内容编写均由校企双方共同完成,教材体例、内容、知识和技能贴近前沿和实际。

本教材注重新媒体营销技能的培养,围绕新媒体营销岗位标准合理搭建知识体系。构建"认知—应用—拓展"三个层次,从基础知识认知开始,循序渐进,层层深入,使读者对新媒体营销有全面的学习和了解。

2. 融入课程思政元素,激发情感与理性的共鸣

本教材在内容编排上,精准谋划,知识、技能和思政三线融合,重在立德树人。教材特别设置【思政园地】模块,融入爱国主义情怀、中华优秀传统文化、文化自信、工匠精神、职业道德、创新创业意识等素养元素,让学生在润物细无声中养成守法诚信、责任意识,激发情感与理性的共鸣。

3. 配套微课资源,打造立体化教材

本教材除附有课件、课程标准、试卷、习题答案等辅助资源以外,还对教材中的重难点、重要素材等内容制作了微课动画、视频等资源,读者扫描书中的二维码即可观看。

4. 案例丰富，便于案例教学

本教材的每个项目都设置了【案例导入】，并在知识和技能点的讲解过程中穿插了大量具有代表性的案例。案例通过图文并茂的形式增强可读性与趣味性，帮助读者提升兴趣，快速理解和掌握相关知识。

5. 体例新颖，栏目设置多样化

本教材采用项目教学的体例格式，每个项目开篇均设有【学习目标】【学习导图】模块，为读者呈现项目的主要内容；同时设有【课堂讨论】【课堂案例】模块，不仅可帮助教师灵活安排教学内容，也可帮助读者更好地理解所学知识。此外，每个项目最后还设有【任务实训】【同步练习】模块，可以帮助读者回顾本项目的主要知识和巩固已掌握的技能，同时【拓展延伸】模块还有助于读者更好地延伸拓展。

本教材由厦门工学院郑雪玲、厦门华天涉外职业技术学院陈薇担任主编；由厦门华天涉外职业技术学院陈巧玲、华丹，三明医学科技职业学院吴小娟、何婷担任副主编；由厦门市巨龙信息科技有限公司郑美旺、名鞋库网络科技有限公司叶吓辉担任参编。具体分工如下：郑雪玲编写项目1、8、9；何婷编写项目2；陈巧玲编写项目3；吴小娟编写项目4；陈薇编写项目5、6；华丹编写项目7；郑美旺、叶吓辉参与了教材大纲及编写体例的确定，并参与了部分微课资源的制作。

本教材可作为高职高专院校、本科院校、成人高校电子商务、国际经济与贸易、市场营销、现代物流管理等专业的教学用书，也可作为其他专业学生和新媒体从业人员的培训教材。

在编写本教材的过程中，我们参考、引用和改编了国内外出版物中的相关资料以及网络资源，在此对这些资料的作者表示诚挚的谢意。请相关著作权人看到本教材后与出版社联系，出版社将按照相关法律的规定支付稿酬。

限于编者水平，教材中仍可能有许多不成熟的地方，恳请各位专家读者批评指正。

编　者

2022 年 10 月

所有意见和建议请发往：dutpgz@163.com

欢迎访问职教数字化服务平台：https://www.dutp.cn/sve/

联系电话：0411-84707492　84706104

目　录

项目 1　新媒体与新媒体营销认知 ……………………………………… 1
任务 1-1　新媒体认知 …………………………………………………… 2
任务 1-2　新媒体营销认知 ……………………………………………… 5
任务 1-3　新媒体营销思维培养 ………………………………………… 6
任务 1-4　新媒体营销从业人员的职业素养认知 ……………………… 16

项目 2　新媒体用户与内容定位 ………………………………………… 24
任务 2-1　新媒体用户定位 ……………………………………………… 25
任务 2-2　新媒体内容定位 ……………………………………………… 28

项目 3　搜索引擎营销 …………………………………………………… 36
任务 3-1　认识搜索引擎营销 …………………………………………… 38
任务 3-2　百度 SEO 关键词策略分析 ………………………………… 52
任务 3-3　淘宝 SEO 关键词策略分析 ………………………………… 61

项目 4　微博营销 ………………………………………………………… 78
任务 4-1　认识微博营销 ………………………………………………… 79
任务 4-2　微博运营规划 ………………………………………………… 83
任务 4-3　微博推广实战 ………………………………………………… 89
任务 4-4　企业官方微博运营 …………………………………………… 92

项目 5　微信营销 ………………………………………………………… 100
任务 5-1　认识微信营销 ………………………………………………… 101
任务 5-2　微信个人号营销 ……………………………………………… 105
任务 5-3　微信公众号营销 ……………………………………………… 112
任务 5-4　微信视频号营销 ……………………………………………… 122

项目 6　社群营销与运营 ………………………………………………… 133
任务 6-1　认识社群营销 ………………………………………………… 135
任务 6-2　创建社群 ……………………………………………………… 142
任务 6-3　开展社群运营 ………………………………………………… 148
任务 6-4　实现社群变现 ………………………………………………… 153

项目 7　短视频与直播营销 ………………………………………………………… 161
　　任务 7-1　认识短视频营销 ……………………………………………………… 162
　　任务 7-2　短视频运营与推广 …………………………………………………… 166
　　任务 7-3　认识直播营销 ………………………………………………………… 176
　　任务 7-4　直播运营与推广 ……………………………………………………… 179

项目 8　新媒体文案创作 …………………………………………………………… 193
　　任务 8-1　认识新媒体文案 ……………………………………………………… 194
　　任务 8-2　撰写新媒体文案 ……………………………………………………… 197

项目 9　常见的几种新媒体营销工具 ……………………………………………… 213
　　任务 9-1　H5 营销 ……………………………………………………………… 214
　　任务 9-2　二维码营销 …………………………………………………………… 226
　　任务 9-3　GIF 营销 ……………………………………………………………… 238

参考文献 ……………………………………………………………………………… 249

项目 1
新媒体与新媒体营销认知

学习目标　通过学习本项目,我们将达到:

1. 认识新媒体的定义、特征、类型以及新媒体与自媒体的区别;
2. 认识新媒体营销的定义、特点;
3. 培养事件营销、饥饿营销等多种新媒体营销思维;
4. 认知新媒体营销从业人员的职业素养。

学习导图

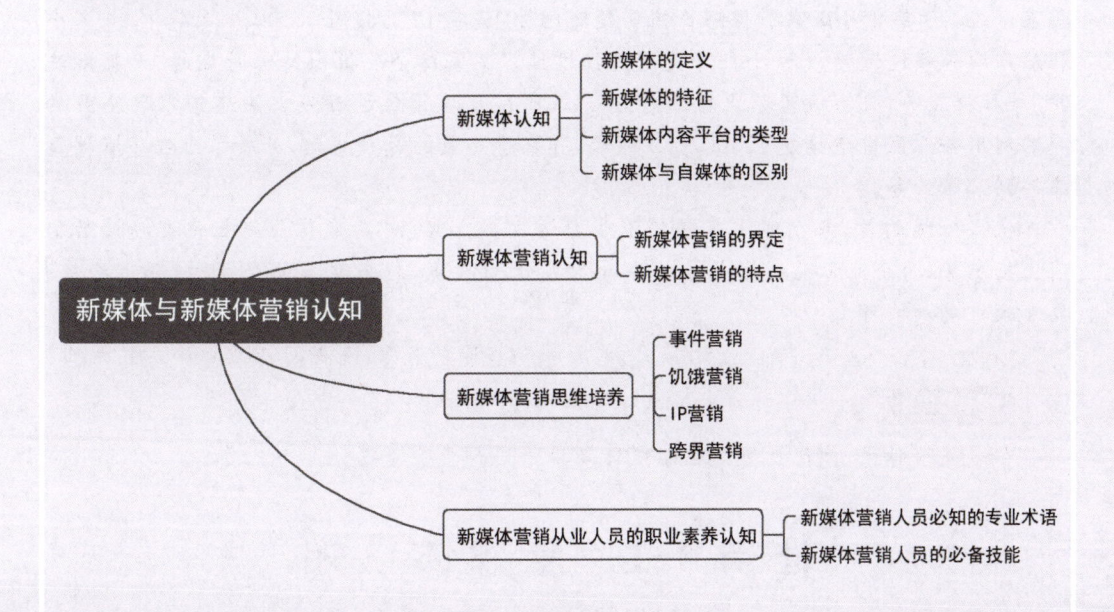

- 新媒体与新媒体营销认知
  - 新媒体认知
    - 新媒体的定义
    - 新媒体的特征
    - 新媒体内容平台的类型
    - 新媒体与自媒体的区别
  - 新媒体营销认知
    - 新媒体营销的界定
    - 新媒体营销的特点
  - 新媒体营销思维培养
    - 事件营销
    - 饥饿营销
    - IP营销
    - 跨界营销
  - 新媒体营销从业人员的职业素养认知
    - 新媒体营销人员必知的专业术语
    - 新媒体营销人员的必备技能

案例导入

中小企业借微信数字化工具,转战"线上"快速自救恢复经营

2020年5月18日,腾讯微信、腾讯社会研究中心联合清华大学中国经济社会数据研究中心共同发布《2020"码上经济""战疫"报告》。

报告指出,仅2020年前3个月的时间,总用码量就超过1 400亿次。"码上经济"是数字经济重要组成部分,"码上经济"的发展将激发企业对大数据、物联网、云计算、5G、人工智能等新基建的需求,46.5%企业表示将加强数据中台投入,数字化程度越高的企业对"新基建"的需求越高。借助"码上经济""低成本、低门槛、快部署"的特点,疫情期间,线上交易模式成为线下交易损失的有力补充,实现"线下损失线上补"的趋势。

通过运用微信社群、小程序,以及零售外卖的到家业务等数字化运营工具和解决方案,大量中小微企业、商户甚至街边摊档快速实现线上运营,找到了全新的营收增长点。作为经济"神经末梢",抗风险更差的小微商店、街边摊档,在疫情期间快速运用到家小程序,成为恢复经营和挽回损失的重要工具。宋女士在杭州经营着一家小规模土菜馆,小程序订单成为疫情期间餐厅的主要收入来源。疫情期间,服务全国70万家线下商户的某移动支付平台,已累计为4 000多家商户上线小程序。

中小微企业还借助微信提供的减免技术服务费用、免息贷款、免费培训等扶持措施,大大减少了企业成本。

大型连锁企业则开创了诸多新的营销模式,引爆线上业务,实现业绩倍增。报告数据显示,2020年2月商家小程序日销售额环比2019年12月提升1 100%。其中,26家小程序日均销售过百万,7家小程序更是月销过亿。某家纺企业推出特殊时期的"无接触洗护"等社群服务,日均访客环比增加超300%,商城日均销售过百万。某连锁零售企业的导购利用企业微信连接起了500多万顾客,并基于庞大的客户基数,开展了小程序直播及生鲜到家等业务。

值得一提的是,基于线上零售的消费习惯,"码上经济"的零售业线上化在疫情后仍有上扬态势,为企业带来新增长点。在此次疫情影响下,越来越多的企业对"码上经济"发展模式更加认可。

(资料来源:央视网,2020年5月18日)

案例思考

在后疫情时代,如何更好地在新媒体环境下进行企业营销?

任务1-1　新媒体认知

你是否每天都会习惯性地打开微信查看朋友圈?是否每天都会打开微博查看今日热点?是否每天都会打开各种手机APP进行查询和消费?如果答案是肯定的,说明你已经被新媒体的各种途径"营销"了。那么新媒体究竟是什么?它与传统媒体有哪些区别呢?

一、新媒体的定义

"新媒体"（New Media）一词最早出现在 CBS（美国哥伦比亚广播电视公司）技术研究所所长 P. 戈尔德马克 1967 年的一份商品开发计划中。之后在 1969 年，美国传播政策总统特别委员会主席 E. 罗斯托在向时任总统提交的报告书中，也多处使用了"New Media"一词。由此，"新媒体"一词开始在美国流行并迅速扩展至全世界。

但是，关于新媒体的定义有许多，至今还没有一个统一的定义。先来看看业界是怎么定义新媒体的：

（新媒体是）所有人对所有人的传播。

——美国《连线》杂志

（新媒体是）以数字技术为基础，以网络为载体进行信息传播的媒介。

——联合国教科文组织

新媒体其实是一个宽泛且相对的概念。它是一种建立在数字网络技术上的"互动式数字化复合媒体"，包括微博、微信、直播平台、电子杂志和移动数字电视等，是报纸、杂志、广播和电视等传统媒体以外的新兴数字化媒体形态。狭义上讲，新媒体可以理解为"新兴媒体"，是新数字技术支撑的新型传播媒介，即通过技术手段改变了信息传送的通道，只是一种信息载体的变化。新媒体的传播有着与传统媒体传播不同的新特征。

二、新媒体的特征

将一种新的传播媒体普及到 5 000 万用户，需要多长时间？据统计，收音机用了 38 年，电视机用了 13 年，互联网用了 4 年，微博用了 14 个月，而微信只用了 10 个月。由此可见，新媒体的发展速度极其迅猛。

新媒体能在短时间内迅速吸引大量的用户，同时打破了媒介间的壁垒，消融了传播者和接收者之间的边界，并使"人人都是新闻传播者"成为现实，其中必定有异于传统媒体的"过人之处"。具体来讲，新媒体具有以下特征：

1. 信息发布实时化，传播速度更快

与广播、电视等传统媒体相比，基于新一代数字化网络技术的新媒体具备随时随地、实时化快速发布的优势。同时，信息接收者同样不受制于时间和地点，可以实时快速接收信息。

2. 传播状态去中心化，受众更细分

在新媒体的状态下，信息是以多点对多点的方式传播，人人都可以接收信息，人人也都可以充当信息发布者。这就打破了只有新闻机构才能发布新闻的局限，充分满足了信息消费者的细分需求。与传统媒体的"主导受众型"不同，新媒体是"受众主导型"。受众有更广泛的选择，可以自由阅读，可以放大信息。同时，信息的受众更加细分，个人可以定制自己所需的信息内容，这样就使信息的接收更加主动和个性化。

3. 传播渠道多样化，个性化突出

不同于传统媒体的传播渠道，新媒体凭借多渠道（微博、微信和抖音等）的传播方式使每

个人都能成为信息的发布者,个性化地表达自己的观点,传播信息、内容、形式都可以自己掌控。

4. 传播内容多元化,表现形式多样

从传统媒体到新媒体,传播内容也呈现出了多元化和融合化。传统媒体通过平面展示文字和图片信息。如今,借助新媒体形式的传播内容同时包含文字、图片和声音等信息已成为可能,新媒体有效提升了信息承载力和信息广度。数字化存储信息内容也使新媒体在信息检索方面非常方便。

5. 内容原创化,创新性更强

新媒体的"新"不仅体现在其传播形式上,还体现在内容创作方面。通过传统媒体传播信息,制作成本颇高、中间环节颇长。新媒体不仅激发了大众"人人都是自媒体"的创作激情,而且新媒体内容平台在推荐和奖励机制上更加大力扶持原创作者。所以我们看到优秀的新媒体创作者基本都是内容原创者,他们大多具备很强的内容创新能力。

三、新媒体内容平台的类型

随着互联网的快速发展,新媒体内容平台层出不穷,出现了很多种类型。下面列举一些主流的新媒体内容平台:

1. 自媒体类平台

例如:百家号、今日头条、搜狐号、凤凰号、大鱼号、网易号、企鹅号(腾讯内容开放平台)、一点号、简书,以及各类垂直媒体专栏和电商达人平台等。

2. 社交类平台

例如:微信、微博、QQ、百度贴吧、豆瓣、小红书等。

3. 问答类平台

例如:百度知道、知乎、天涯问答、360问答等。

4. 音频类平台

例如:喜马拉雅、荔枝、企鹅FM、蜻蜓FM、得到、懒人听书和氧气听书等。

5. 视频类平台

短视频平台:抖音、快手、腾讯微视、西瓜视频等。

直播平台:斗鱼、虎牙直播、映客、花椒直播等。

四、新媒体与自媒体的区别

新媒体与自媒体仅一字之差,两者有何区别?

新媒体,英文为New Media,是传播媒介方面的一个专有术语。新媒体是一种新型数字化网络媒体传播媒介,可以理解为一种信息载体和传播渠道。企业或个人都可以运用新媒体来进行营销宣传,故而新媒体的范畴更广泛一些。

自媒体,英文为We Media,又称为"个人媒体"或"公民媒体"。自媒体是指普通大众通过网络等途径向外发布他们个人相关的事实和新闻的传播方式。自媒体更偏向于个人营销,也属于网络媒体传播的一个渠道,只是偏向于个人,所以新媒体的范畴包含了自媒体。

新媒体和自媒体两者相辅相成,没有新媒体的发展和技术支持,自媒体是无法诞生的;而没有自媒体的内容创作和价值传播,新媒体也无法得到迅猛的发展。

案例讨论 抖音是一款音乐创意短视频社交软件,是一个专注年轻人的15秒音乐短视频社区。用户可以通过这款软件选择歌曲,拍摄15秒的音乐短视频,形成自己的作品。

抖音于2016年9月上线。2018年3月19日,抖音确定新标语"记录美好生活"。截至2020年8月,包含抖音火山版在内,抖音的日活跃用户已经超过了6亿。

讨论: 今天你玩抖音了吗?说说看,抖音为什么能在如此短的时间内发展壮大?

任务1-2 新媒体营销认知

一、新媒体营销的界定

新媒体营销是指结合了现代营销理论与互联网,借助新媒体平台进行的线上营销,以更有沟通性、差异性、关联性和创造性的营销策略,获得大批流量和高曝光,以赢得用户的认可,是一种重要的营销方式。

在进行新媒体营销前,营销人员应充分分析产品或内容的特点,通过对产品和平台的准确定位,找到自身产品所具有的优势,并选择合适的新媒体操作平台开展营销。

在进行营销时,营销人员应注重内容信息的渗透性,通过在新媒体平台发布的信息,将企业或品牌的理念传递给用户,达到树立企业良好的品牌形象、促进产品销售的目标。

二、新媒体营销的特点

数字技术和互联网技术的快速发展催生了新媒体。利用新媒体开展企业营销成为营销市场的主流。新媒体营销与传统营销相比,具有以下5个特点:

1. 用户的自主选择性

新媒体平台上的用户具有一定的自主选择性。用户可以根据自身需求以及喜好,浏览相关内容,并将感兴趣的内容通过转发、@等形式,传播给其他用户;也可以根据不同平台、不同用户的使用体验,选择适合自己的产品进行购买,并根据自身使用体验,决定是否对产品进行评价、如何评价、如何选择评价发表的平台等。

2. 营销成本的低廉性

企业在进行新媒体营销时,其成本可以分为平台成本和传播成本。

(1)平台成本。企业进行新媒体营销需要开通相应的新媒体账号,大部分新媒体平台都可以免费注册账号,或者只需要缴纳少量服务费用就可以注册账号。

（2）传播成本。新媒体时代，企业将营销信息通过创意包装，引起新媒体平台用户的注意，使用户产生兴趣，从而进行自发传播。当营销信息足够吸引人时，甚至可以达到用较少的成本、在较短的时间内，就可传播到更广范围的目的。除此之外，企业也可以根据曝光人次或有效互动进行付费推广，如微博"粉丝通"。

新媒体营销是科学技术发展到一定阶段的产物，其技术含量相当高，但与高端技术相比，新媒体营销的技术成本却不是很高。以微博为例，微博营销对技术性支持的要求相对较弱，具体表现为企业微博的注册、认证、信息发布和回复功能的使用已经非常简单。

3. 营销目标的精准性

在新媒体平台上，基于大数据、云计算等技术，通过用户填写的社交资料、浏览记录、消费行为、兴趣爱好等，绘制出产品的目标人群画像，可以为其推荐感兴趣的内容，为其制定更加精准的营销策略并获得良好的投放效果。

4. 企业与用户的互动性

新媒体信息的传播是双向的。一方面，企业可以借助新媒体平台开展活动，进行问答，与用户互动，甚至吸引用户参与创造内容或产品，与用户共享利润；另一方面，用户可以对营销信息进行传播、讨论、反馈，甚至是参与营销的策划与改进，这样也提升了用户参与感，具有很强的互动性。

5. 营销内容的创意性

新媒体的发展使得用户获取信息的渠道越来越多，用户的注意力也越来越稀缺。企业营销方式越来越同质化，只有那些具有创意、能引起用户好奇心的营销内容，才有可能在竞争激烈的营销市场中获得成功。注重强互动性的新媒体营销，鼓励用户参与内容创造，注重内容的创意性。

任务 1-3　新媒体营销思维培养

随着数字技术和互联网技术的快速发展，以用户为中心的企业营销迫切需要做出改变。利用新媒体开展企业营销，积极运用新媒体营销思维，探索新的营销模式，具有重要的现实意义。以下重点介绍几种常见的新媒体营销思维。

一、事件营销

（一）事件营销的界定

事件营销是指企业通过策划、组织和利用具有名人效应、新闻价值以及社会影响的人物或事件，引起媒体、社会团体和消费者的兴趣与关注，以求提高企业或产品的知名度、美誉度，树立良好品牌形象并最终促成产品或服务的销售目的的手段和方式。

课堂案例　　盒马:"怎么把胡辣汤做成奶茶口味?"

一次出圈的招聘广告对于企业而言就是一次极佳的营销机会。在用户注意力分散、品牌信息极度碎片化的当下,一次招聘广告的成功出圈对于企业形象宣传、深入了解用户需求、建立与消费者的沟通渠道甚至是品牌软实力的展现等方面都起到了促进作用。

郑州盒马发布了一则招聘广告(图1-3-1)借机出圈,引起网友们的大量关注。

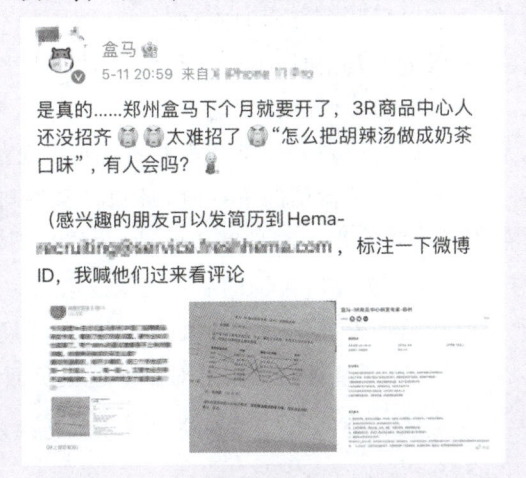

图 1-3-1　郑州盒马发布的招聘广告

"怎么把胡辣汤做成奶茶口味?"这不是一个脑筋急转弯,这是一道真实存在的面试题。这道看似脑筋急转弯的题目出自郑州盒马的面试题。这道面试题的出现,盒马第二次因为招聘内容而登上热搜。在官微中,盒马回应了这道题的存在并在这条微博内容的最后附上了简历邮箱。招聘内容体现出盒马年轻化的营销思路。这次的招聘内容成功为品牌带来了大量曝光。

> **案例讨论**
> 1. 你认为此次盒马招聘是怎么登上微博热搜的?
> 2. 这对于其品牌宣传有什么好处?

(二)事件营销的特点

事件营销具有以下特点:

(1)目的性。事件营销具有一定的目的,如营销产品、宣传活动等。例如,纪录片《舌尖上的中国》的播出,通过唤醒大众消费者追求绿色、生态、健康的饮食需求,引起大众消费者内心的强烈共鸣和对原生态美食的认可,从而激发了大众消费者网购食材、亲手制作健康美食的行为。

(2)成本低。相对于传统媒体广告来说,事件营销的成本较低。

(3)多样性。多样性是指事件营销具有集新闻效应、广告效应、公共关系、形象传播、用户关系于一体的特征。

(4)新颖性。新颖性是指事件营销展现给用户的往往是用户感兴趣的、能使用户耳目一

新的信息。

（5）效果明显。事件营销可以聚集许多用户，且被不同新媒体平台转载，达到的营销效果较为明显。

（6）风险性。在事件营销中，由于媒体的不可控制和事件接收者对新闻的理解程度不同，会造成评论风向的不同，如果引导不佳，就有可能产生负面影响。

（三）开展事件营销应注意的方面

在开展事件营销时，应注意以下几个方面的内容：

（1）切忌盲目跟风。在开展事件营销时，不能看到某企业采用事件营销获得了成功，就不顾自身情况盲目跟风，采取相同的手段进行营销。

（2）符合新闻法规。事件营销的策划必须符合相关的新闻法规。

（3）关联事件与品牌。在进行事件营销的策划时，必须将事件与品牌关联起来，这是事件营销成功的关键。只有两者关联性强的事件营销活动，才能让消费者在目睹事件过程中产生联想和想象，主动寻找、建立与企业所营销的品牌之间的联系。

（4）注意控制风险。任何营销手段都有一定的风险，因此在开展事件营销前，必须考虑可能遇到的风险，做好风险控制，降低事件营销可能对企业造成负面影响的概率。

> **课堂讨论** 请在互联网上搜索并分析如下事件营销案例，说说采用事件营销是如何有利于品牌曝光的。
> 1. 只要心中有沙，哪里都是马尔代夫。
> 2. 蜜雪冰城推出主题曲《你爱我，我爱你，蜜雪冰城甜蜜蜜》后，策划了"当面唱出这首歌，可以免费领取一杯奶茶"营销活动。

二、饥饿营销

（一）饥饿营销的界定

饥饿营销运用于商品的商业推广，是指商品提供者有意调低产量，以期达到调控供求关系、制造供不应求"假象"，以维护商品形象并维持商品较高售价和利润率的营销策略。例如，在生活中常常出现的"限量销售""限时秒杀"等字样，以勾起用户的购买欲望，这就是商家采取的饥饿营销策略。

饥饿营销

（二）企业应用饥饿营销的条件

企业需要注意应用饥饿营销要具备一定的条件。

1. 自身产品的差异化程度高

差异化程度高是饥饿营销的基础条件。差异化程度高指的是产品较难替代和复制，一方面能排除很多竞争对手的跟风，另一方面容易引起消费者的购买欲望。这就要求采用饥饿营销的企业能够不断创新产品，在市场上打造"人无我有、人有我优、人优我廉"的差异化优势。

2. 企业品牌认可度高

品牌认可度高是饥饿营销的必要条件。是否拥有品牌忠诚度高的大量消费者直接决定了企业能否顺利推行饥饿营销策略。企业品牌价值高低取决于企业是否拥有不可替代的优势,比如产品的创新性、产品的品质、产品性价比、企业的销售业绩、企业的口碑等,所以企业应该从提高自身条件出发着眼于品牌价值的提升,进而获得消费者的认可。

3. 保证产品/服务质量

开展饥饿营销围绕的产品本身一定要好。只有在保证产品或者服务本身质量过硬,品牌口碑好的基础上,让用户认可产品并期待产品的销售,才能扩大用户的需求,在产量一定的情况下,维持较高利润率。

4. 多渠道营销

为了更好、更快地进行传播推广,营销人员需要多管齐下,做好线上、线下的宣传造势,制造产品话题,使用户产生对产品的期待,让产品本身就带有某些话题性,吸引更多平台、更多用户进行转载,提高营销信息的曝光率,吸引用户产生消费需求,扩大市场对产品的需求量。

5. 增加营销形式

在进行饥饿营销时,营销人员可以联合使用文字、图片、视频、动画以及漫画等内容的不同表达形式,推广营销信息,扩大信息传播的范围,吸引更多用户的注意,增加产品的需求量。

(三)饥饿营销的负面影响

饥饿营销就像一把双刃剑,用好了,给企业带来诸多好处;用不好,会给企业带来一些负面影响。

当企业过度运用饥饿营销时,容易产生以下负面影响:

1. 客户流失

适当的饥饿营销可以提高产品的销量,维持企业形象。若企业过度实施饥饿营销,可能会将客户"让"给竞争对手。企业过度实施饥饿营销,提高产品售价,或者企业把产品供应量限得太紧,当用户无法接受高价或超过消费者等待时间,会令消费者"期望越大,失望越大",放弃购买,转而寻找其他企业的产品。

2. 品牌伤害

饥饿营销运行的始终贯穿着"品牌"这个因素。因此,饥饿营销做得好,可以使原来就强势的品牌产生更大的附加值;做不好将会对其品牌造成伤害,降低品牌的信誉。

3. 消费者反感

企业实施饥饿营销,从根本上看,是变相利用短期内的信息不对称,人为地制造产品供应紧张气氛,造成供不应求假象进而加价来实现丰厚利润。如果企业人为过度地制造市场"饥饿","蒙骗"消费者,一旦消费者意识到自己只是被企业愚弄,这是对消费者购买消费行为的最大打击,将引起消费者的不满与反感。

课堂案例　喜茶：要排队购买的网红新式茶饮

喜茶是一家新式茶饮连锁店，致力于打造新式茶饮品牌，让茶饮这一古老文化焕发出新的生命力。

2016年，其创始人成功购买了注册商标喜茶，对从平面、包装、员工服饰到门店的整套品牌方案进行了设计，从品牌定位和产品两方面为饥饿营销做足了准备。

1. 品牌定位精准

喜茶从商标到门店的风格都与市场定位契合。在商标设计上，简约、干净、小清新符合年轻消费群体的审美；在门店设计上，以灰色为主色调，搭配木制家具、简洁的漫画，让顾客感到轻松、惬意、有质感；着装整齐的员工，现代工业风格的煮茶设备，随意、亲切、时尚；喜茶公众号行文格调、配图画风，清新、文艺。

2. 以产品为核心

以产品为核心是帮助喜茶打开市场的关键环节。喜茶将中国传统茶叶与鲜奶相结合，创新成为新式茶饮。创新性和独特性是顾客喜欢喜茶的重要原因。

（1）精选产品用料，在上游设立原材料壁垒。喜茶坚持高标准选用原材料，从茶树的栽培、品种进行改良，茶饮底茶是根据产品的需求交由第三方工厂专门生产的定制茶，为了最大限度保持新鲜茶香，每个茶袋只用一次。比如，店内明星产品"喜芝芝金凤茶王"中的"金凤"，在茶叶市场中并不存在，而是其独家原创。从上游开始的定制让跟风者难以下手，不仅在口味上实现有效差异化，而且为品牌建立起一道核心壁垒。

（2）合理定价产品，为顾客带来较高性价比体验。喜茶的产品定价普遍在20~30元，在品质相近的产品中，喜茶有明显的价格优势。

（3）注重产品细节，不断创新产品。传统的奶盖茶用的是普通吸管，消费者在饮用时先品尝到的是奶盖下面的茶，喝到最后剩下的全是奶盖，比较腻，茶和奶盖的味道是完全分开的，所以在市场上此类产品一直褒贬不一。喜茶针对这一细节，设计了专利产品——旋转式杯盖，一方面避免开盖时奶盖溅出，另一方面顾客饮用时，茶和奶的味道完美融合。

现在，让我们一起来看看喜茶的饥饿营销实施过程。

1. 与新媒体合作，强势宣传，吸引顾客

喜茶开店前，首先通过"大V"及微信号宣传，给消费者留下好印象，然后通过好评传播，让顾客接受"喜茶就是好喝、好体验"的观念。微信号面对的群体都是年轻人，跟喜茶的市场定位吻合。在很多餐饮界和生活方式类公众号都能看到与喜茶相关的内容，在喜茶进驻上海前，就开始进行预热暖场，展现了喜茶在珠三角引起的风潮，扩大品牌知名度。某公众号不仅报道了喜茶在上海人民广场壮观的排队场面，还详细介绍了如何巧用旋转式杯盖，放大喜茶的包装设计细节，并配合优惠活动，为喜茶吸引更多的消费者。

2. 多途径提升品牌知名度

除了媒体宣传,喜茶还通过尝试与其他品牌合作,接触更多顾客,提升品牌知名度。在上海开店前,喜茶与某航空公司合作,为早间机组人员送上热茶,而不单局限于年轻人聚集的场所。

3. 控制购买

对于茶饮店这样低客单价的餐饮业态,仍需要排队现象带动客流。喜茶在应用饥饿营销策略时采取适当措施控制购买,来促成排队,从而营造供不应求的氛围,进一步刺激顾客的购买欲望。

4. 充分抓住顾客的好奇与从众心理,最大限度激发顾客购买欲望

喜茶利用消费者进行二次传播,扩大传播量。喜茶基于高品质产品、精美包装、时尚装修风格,再加上排队盛况,很快被消费者分享到朋友圈等其他平台,从而引起更多消费者的好奇与从众,带动更多消费需求。

喜茶通过出色的饥饿营销策略,在短期内成为新式茶饮的一匹黑马,凭借着自身高品质产品,独特的产品口味,精细化的门店管理,良好的购物体验,精确的市场地位,在很多消费者心中树立了新式茶饮的风向标。

{资料来源:葛文静.饥饿营销的实践应用研究——以喜茶为例[J],商业经济.2017,(08).有改动}

案例讨论

1. 喜茶在开展饥饿营销前,主要做了哪些准备?
2. 喜茶为什么可以利用饥饿营销获得成功?
3. 结合喜茶的案例,谈谈你认为应该如何使用饥饿营销。

三、IP 营销

(一)IP 营销的界定

IP(Intellectual Property,知识产权)是包括音乐、文学和其他倾注了创作者心血的词语、符号和设计等在内的,法律赋予了其独享权利的作品。近年来,随着 IP 内容的丰富及其商业价值的扩大化,IP 的含义已超越知识产权的范畴,正在成为一个营销概念。2015 年被很多营销人称为"IP 元年",IP 营销已成为当下的热门话题。

IP 营销是指品牌通过打造独有的情感、情怀、趣味等品牌内容,持续输出价值,聚拢用户,使"粉丝"认同品牌的价值观,对品牌产生信任,获得长期用户流量的营销方式。IP 营销大大地降低了企业与用户之间、用户与用户之间的沟通门槛。

(二)IP 营销的流程

1. IP 塑造

IP 塑造是 IP 营销的基础。要做好 IP 营销,首先就需要成功地塑造一个 IP,而塑造 IP 应该遵循"有情、有趣、有用、有品"的原则。其中,"有情"指与用户有情感的互动连接;"有趣"指可以和用户产生趣味的互动交流;"有用"指可以与用户进行知识的分享沟通;"有品"指能够传达一种价值观。

2. IP 传播

当塑造完成一个好的 IP 后,就需要对其进行推广传播,以达到提高用户接受度,实现 IP 变现的目的。一般而言,IP 传播可以通过线上、线下的活动进行,如迪士尼在线上以电影进行 IP 传播,在线下则以迪士尼乐园进行 IP 传播。总的来说,IP 传播的目的就是扩大 IP 的影响力,吸引更多用户。

3. IP 变现

任何一种营销方式的最终目的都是变现,对于使用 IP 营销的企业来说,变现可以通过打造衍生品、跨界联合等形式来实现。例如,小说 IP 可以衍生出漫画、动漫、电影、电视剧、游戏等,也可以通过与其他企业 IP 合作,打造定制款。

课堂讨论 你知道哪些知名的 IP?请分享一个你印象最为深刻的 IP 营销。

(三)开展 IP 营销的技巧

1. 打造人格化的 IP 载体

所谓人格化,是指企业通过一些文化创作手段,赋予产品以情感、情怀、趣味。IP 载体就是企业生产的产品或企业的品牌。打造人格化的 IP 载体,就是让 IP 营销的产品或品牌,拥有像人一样的性格与情感。一个好的 IP 能吸引更多的用户关注企业,扩大企业的影响力,对推广新产品、开展营销活动等都有正面作用,因此,在打造 IP 人格的载体时,企业应对自身产品或品牌进行准确的定位,然后再结合目标用户画像,选择一个合适的载体,塑造 IP。

2. 持续输出内容

打造好 IP 人格的载体后,需要针对 IP 进行内容输出,使其能够持续吸引用户的注意。在进行内容输出时,企业可以针对 IP 本身进行输出,如网红故宫猫的 IP 开发,从网络"萌趣"图片和"爆款"文章的流行,到故宫猫在纪录片《我在故宫修文物》、综艺节目《上新了,故宫》等中的频频出镜,再到开发与故宫猫相关的周边产品,如绘本、图书、专属形象设计等举措,故宫营销团队不断对故宫猫 IP 内容持续输出。

3. 多渠道引流

IP 是自带流量的,不会受到媒体、平台和行业的限制,可以无限延展,所以在进行 IP 营销时,企业可以通过不同的渠道进行联合营销,扩大内容的价值,实现全方位的引流。但在进行多渠道发展时,企业应坚守原有的用户定位,在此基础上进行多渠道分发,并且该定位必须要精准到用户的需求和喜好。

随着互联网技术的发展与消费观念的转变,用户也越来越愿意为符合自己价值取向的品牌溢价付费,这造就了IP营销的更多可能。因此,IP的传播要从用户群体与精神层面出发,打造出符合用户群体与精神认同的内容,做好品牌与IP的营销传播。

课堂案例　　虚拟偶像,开启品牌嬗变

2020年6月25日,动漫《全职高手》的主角叶修,走进了美特斯邦威的天猫直播间,采用虚拟现实技术进行直播。尽管当晚是带货主题,但虚拟人物依然保持着自己独特的个性,主播和叶修(虚拟人物)跨次元同屏互动,与粉丝寒暄问答、介绍产品设计理念及游戏互动,得到了粉丝的热烈回应:直播间在线人数瞬间激增,挤入近百万人,以至于不得不延时到60分钟才告一段落。

直播后粉丝也久久不肯离去,以至于当晚品牌直播再三延时,以做好在线客户服务和问题解答。

这场直播的前前后后,不可谓不大胆,不仅现场采用了虚拟人物直播,并将大量的直播时间放在现场和粉丝的互动上,而且作为直播策划方的美特斯邦威,在前期推广时,也放弃了大覆盖式宣传,而是只针对《全职高手》粉丝圈层进行定向传播。

自面向《全职高手》粉丝的新产品——全职高手系列Tee——发售开始,美特斯邦威接触的渠道,对于传统营销来说,就显得十分另类,他们会围绕泛"二次元"人群经常接触的媒介,比如微博、抖音相关KOL(关键意见领袖)、《全职高手》官微,以及叶修粉丝会,进行抽奖等活动。更是联合视频博主,尝试了大品牌推广中比较鲜见的cosplay(角色扮演)同人视频形式进行推广,二次创作带来了大量粉丝参与。

而接近直播前,尽管有销量层面的忧虑,但还是坚持了自己的营销原则,发起叶修生日会,和多渠道粉丝打卡活动。其核心十分明确:服务好圈层,服务好《全职高手》的粉丝,而并非求大、求全。

直播中直接使用叶修的虚拟形象,同样拥有一定的风险,虽然虚拟形象的直播技术已经成熟,但是否能够有足够好的带货效果,却仍然存疑。

从结果来看,美特斯邦威的这一场有别于其他直播的"冒险",取得了出人意料的效果。出人意料之处并非百万观看,而是在高人气之中,收获了超过75%的一、二、三线城市消费群体,超过一半的购买者年龄在18~25岁,获得了年轻潮流消费者的普遍认可。

对于此前言必及"下沉市场"的直播来说,其实展现出来的还是"薄利多销"式的营销逻辑。但过多的价格战导致品牌溢价越来越少,价格敏感型消费者很难形成品牌忠诚度,越来越少的利润空间也让品牌价值难以为继。

这也是为什么,美特斯邦威走了另一条路,他们试图用这场直播去证明,围绕IP,围绕粉丝经济,是可以借用直播这种形式,精准找到并打动对兴趣、品质有追求的年轻人群,使其向心于品牌塑造的文化,而非仅仅盯着低价。

这种尝试,以IP联名为始,却不仅仅是简单的联名,更需要基于对IP和粉丝行为的深度理解,并配套打造适合的新商业模式。而美特斯邦威甚至在这个基础上,以IP为抓手,彻底重构品牌的传播逻辑以及商业图谱。

微博3小时话题1.2亿阅读,抖音2小时相关话题视频播放量1 556万次,美特斯邦威不仅仅构建了属于品牌本身的IP营销传播闭环,还实现了销售的健康成长。这场直播离"618"大促时间不远,原本应该是品牌的销售疲软期,但叶修直播活动期间,美特斯邦威的订单数较前日环比增长2 000%,是"618"大促期间销售峰值的4倍,这样的成绩,在类似品类品牌官方直播中也较为罕见。

(资料来源:美特斯邦威官网,有更改)

案例讨论

1. 结合案例,你认为此次美特斯邦威开展IP营销取得成功的关键因素有哪些?
2. 本案例中美特斯邦威除了运用IP营销之外,还进行了哪些营销方式?

四、跨界营销

跨界营销是指某品牌联合非该品牌所在行业的另一品牌推出另一品牌主营业务的产品,是日常生活中较为常见的营销手段。

(一)跨界营销的界定

跨界营销是指根据不同行业、不同产品、不同偏好的用户之间所拥有的共性和联系,使一些原本毫不相干的元素互相融合、渗透,从而使彼此的品牌影响力互相覆盖,并赢得目标用户好感的营销模式,如大白兔奶糖与美加净联合推出大白兔唇膏。

(二)开展跨界营销的要点

企业开展跨界营销前,应对其有正确的认识,找到开展跨界营销的要点。跨界营销的关键是合作的品牌属于不同的品类,且双方必须在某一方面存在互补而非竞争性。对于跨界伙伴的遴选,一定是双方在重要资源上能够相匹配,如在品牌、实力、营销思路、能力、用户群体和市场地位等方面能够发挥协同作用,具有共性和对等性。

1. 品牌效应叠加

品牌效应叠加是指两个品牌可以相互补充,扩大品牌优势,达到更好的营销效果,丰富品牌内涵,提高整体影响力。

品牌文化或理念在展现过程中,会由于表述不准确、理解偏差以及竞争者干扰等,不能明确地传达给用户。如果跨界营销利用得好,就可以通过双方的互补及衬托,在一定程度上避免上述问题;如果跨界营销利用得不好,则会造成价值的流失。

2. 品牌非竞争性

跨界营销的目的是提高双方的影响力,获得双赢,即跨界营销双方应该是互惠互利、互相借势增长的共生关系。这就要求跨界营销双方之间不具备竞争性。

3. 品牌理念一致性

品牌理念一致性是指跨界营销双方的品牌理念具有某些相同点。只有当双方品牌理念具有一致性时,跨界营销才能使用户在看到一个品牌时,联想到另一个品牌,从而将两个品

牌关联起来。

4. 用户群体有重合

跨界营销的双方会由于行业、品牌及产品的不同，而存在用户群体的差异，如果希望取得更好的营销效果，那么企业在挑选跨界营销的合作对象时，就需要选择用户群体有一致性或有部分用户群体重合的企业或品牌。

5. 以用户为中心

跨界营销应该以用户为中心，关注用户的需求，提供用户需要的产品或服务，强调用户的体验和感受，这样才能使跨界营销的效果更好，更迅速地达到营销的目的。

课堂案例　好戏开锣，美特斯邦威把京剧搬上T台

2020年4月9日晚间，一场名为"哟，有戏"的2020年美特斯邦威国粹京剧系列新品发布会在"云"端拉开帷幕。这场发布会由美特斯邦威打造，联手天猫国潮来了，通过天猫淘宝直播平台播出。在这场直播发布中，不仅可以看新品、买新品，还能赏京剧、听故事，内容丰富的跨界直播迅速走红。

任何一种文化，只有将其推入大众生活，才能繁荣不息地活着。而对京剧传统文化的保护和推广，最好的方式就是培养了解京剧、喜欢京剧的年轻群体。正是在这样的初心之下，美特斯邦威将当代潮流元素与京剧美学带来的灵感碰撞融入服装中，一场"云"端走秀，为时尚年轻人打开了全新文化体验之门：一方面是浓重历史、文化韵味在流行服饰中逐一呈现的新奇感；另一方面，则是孙悟空、诸葛亮、杨贵妃、武松等京剧"名角"和记忆中固有形象偏离带来的颠覆感。年轻人一直以来的追求和表达，在这里获得了高度的契合。

据悉，本次跨界合作由某京剧演员担任艺术顾问，全程参与服装创意与设计，在阐述设计理念时，她表示：剧目里每一个角儿都在诠释一种可贵的精神品质，这也是这次的"美邦大戏"所想表达的内涵。时代斗转中，戏服的纹样成为潮流，身着美特斯邦威国粹行头的中华青年纷纷走到台前，用国潮解构国粹，用设计还原京剧精神。

"云"秀场中，京剧的元素灵感不断迸发，《白蛇传》《武松打虎》《空城计》《龙凤呈祥》四出经典戏本也完美融入其中。

潮流设计与传统文化的视觉结合，也再一次诠释了美特斯邦威对国粹的深刻理解。对于美特斯邦威而言，在新品设计中融入国粹元素，是其对传统文化的另一种思索和传承；选择跨界合作并在"云"上直播发布新品，则是公司积极探索直播形式的成功实践。

（资料来源：美特斯邦威官网，有改动）

案例讨论

1. 结合案例，说一说此次美特斯邦威的跨界营销，其目标用户是什么样的群体。
2. 请你评价一下美特斯邦威把京剧搬上T台的做法。

任务1-4　新媒体营销从业人员的职业素养认知

随着新媒体营销成为营销市场的主流,对新媒体营销人员的需求逐渐增加,对新媒体人员的职业素养要求也日益严格。为此,在从事新媒体营销工作前,营销人员需要提升自己的职业素养,包括熟练掌握新媒体营销的相关技能,以体现岗位的要求和工作职责,同时还需要掌握工作中可能会用到的必备技能,为后期的营销工作做好准备。

新媒体营销人员必知的专业术语

为提高新媒体营销团队的内部沟通效率,新媒体营销人员必须对相关专业术语了如指掌。纵观企业新媒体营销相关岗位的能力需求,提炼总结出如下相关必备的专业术语,包括策划、执行和反馈三大类。

1. 策划类

(1)用户画像。用户画像是指通过用户年龄、性别、消费习惯、生活习惯、浏览习惯等多重信息,以图示的形式展现出来,以便进行更有针对性的新媒体推广或用户管理。用户画像在各领域得到了广泛的应用。作为实际用户的虚拟代表,用户画像所形成的用户角色并不是脱离产品和市场之外所构建出来的,形成的用户角色需要有代表性,能代表产品的主要受众和目标群体。

(2)产品矩阵。产品矩阵是指针对不同用户或同一用户不同需求而设计的系列化产品。例如,某网站为一般消费者、团购消费者、后台商家分别开发三个版本的软件产品,以满足差异化需求。

(3)运营策划。在开展具体的执行工作前,新媒体运营人员必须先进行运营策划,如分析目的、确定方式、讨论创意等。如果前期策划出现错误,在执行同样的工作时,效果就会大打折扣。

2. 执行类

(1)文案。文案是广告的一种表现形式,也是一种职业的称呼。文案按企业广告目的可分为销售文案和品牌传播文案。按文案篇幅的长短可分为长文案和短文案。按广告植入方式则分为软广告和硬广告。按投放渠道的不同则可分为微信公众号软文、朋友圈营销文案、微博文案、APP文案等。按表现形式的不同又分为纯文字文案、广告图文案、视频文案等。

(2)账号矩阵。新媒体账号矩阵是指企业高管、企业员工、企业产品等不同模块在互联网上的账号组合。好的账号矩阵可以借助团队的力量集中放大运营效果。比如,厦门日报社微信矩阵有:《厦门日报》《厦门晚报》《台海》杂志、厦门网、厦门视频头条、厦门招考等多个账号。

(3)KOL。KOL是Key Opinion Leader(关键意见领袖)的缩写,通常被定义为拥有更多、更准确的产品信息,且为相关群体所接受或信任,并对该群体的购买行为有较大影响力的人。如微博"大V"(拥有众多粉丝的微博用户)、论坛"红人"等。KOL通常有一定专业

度,在粉丝群体中有较大影响力。

3. 反馈类

(1)粉丝数。粉丝数的多少是新媒体营销效果的考量标准之一。新媒体营销相关人员需要定期统计粉丝情况,包括粉丝总数、新关注人数、取消关注人数、净增关注人数等。特别是在进行专门的拉新活动或渠道推广后,新媒体运营人员需要统计新增粉丝数,以评估推广质量。

(2)曝光量。曝光量是产品或品牌的互联网知名度考量标准之一。它是新媒体运营人员需要熟悉的数据指标。

(3)阅读量。阅读量是文章质量的考量标准之一。文章推送 12 h、24 h、48 h 等时间节点,新媒体运营人员需要记录文章的阅读量,判断文章的整体质量。

(4)访问量。访问量是指一定时间内页面被访问的次数,是 PC 网站或移动网站的考量标准之一。为了提升访问量,新媒体运营人员需要通过多种渠道综合推广。

(5)跳出率。跳出率是指仅浏览了一个页面就离开网站的访问(会话)次数占总访问次数的比率。跳出率越高,代表网页对用户的吸引程度越低。为了提升网站的营销效果,新媒体运营人员需要想方设法制作精美的页面并吸引用户驻足,同时需要提升推广精准程度。

(6)活跃用户数。活跃用户数是相对于流失用户数的概念,是指经常使用企业软件、企业网站或打开企业公众号的用户数量。用户在下载某软件或关注某公众号一段时间后,很可能逐渐降低活跃度。因此,新媒体运营人员需要尝试通过撰写更有趣的文章、策划更有创意的活动、设计更有吸引力的用户体系等方法来持续提升活跃用户数。

(7)转化率。在线下,转化率是指消费人数占到店人数的比例;在新媒体运营中,不仅包含消费人数,还包括完成指定动作的人数,如关注微信公众号、参加指定活动、下载某款软件的人数。例如,某 APP 公司在进行推广活动时,通过线下地推吸引了 1 000 人扫码,其中有 100 人在扫码后下载了该 APP,此时通过下载人数(100 人)除以扫码人数(1 000 人),可以计算出线下的地推转化率为 10%。

以上专业术语,新媒体营销人员必须熟练使用,作为基本职业素养的重要构成部分,只有熟练掌握,才能更好地与团队沟通,有针对性地提升运营效果。

二、新媒体营销人员的必备技能

1. 策划技能

新媒体营销中的策划,可以分为营销内容策划和营销活动策划。

(1)营销内容策划。营销内容策划包括确定市场定位和用户倾向、生成关键词创意、评估关键词优先级等步骤,是新媒体营销的基本手段,决定了营销活动的成败,是新媒体行业必备的首要技能。但需要注意的是,在进行营销内容策划时,新媒体营销人员必须结合企业理念和产品特征,而不能使内容浮于表面,无法让用户联想到产品或品牌。

(2)营销活动策划。营销活动策划包括从产品定位、构建用户画像到活动复盘的一系列工作,需要新媒体营销人员有较强的综合实力,特别是对用户的观察和理解能力。一般而言,活动策划分为线上和线下两种,需要有具体的活动策划方案,需要对活动创意来源、开展方式、活动时间以及活动细节等各方面内容进行阐述。

2. 营销技能

营销技能是新媒体营销必不可少的一项技能。在新媒体营销过程中,新媒体内容本身

就是"产品",新媒体营销人员必须理解产品,熟悉其品牌内涵、功能、使用场景、使用效果等;针对营销受众,制定营销策略,打造适合的营销方案。

3. 文案写作技能

文案写作技能是新媒体营销人员的基础技能,要想写出好的文案,新媒体营销人员必须具备逻辑能力和语言风格切换能力,并掌握一定的文案写作技巧。

(1)逻辑能力。好的宣传文案,必须拥有严谨的逻辑,环环相扣,吸引用户阅读完整篇文案。

(2)语言风格切换能力。不同目标用户群体适用的语言风格是不同的,当目标用户群体发生转变时,新媒体营销人员的语言风格也需要进行转变。

(3)文案写作技巧。新媒体营销人员需要掌握一定的文案写作技巧,寻求在第一时间内吸引用户的注意,并牢牢抓住用户的眼球,使其对产品或品牌产生好感,树立企业良好的品牌形象。

4. 数据分析技能

与使用传统的营销方式不同,企业通过新媒体营销往往很容易获得较为精确的数据,如阅读数、点赞数、转发数、新增"粉丝"数、用户浏览时长、网页跳出率等,能够帮助新媒体营销人员分析用户的属性以及营销信息取得的效果。因此,新媒体营销人员必须持续提升自己的数据分析能力,包括自媒体数据分析能力、活动数据分析能力、网站数据分析能力等。

5. 热点跟踪技能

新媒体营销人员需要提高对网络热点的敏感度,了解互联网文化并懂得一些传播的技巧;及时了解互联网动态,关注热点事件的发展,分析其背后的传播规律;在发生热点事件时可以及时跟踪并做出反应。

6. 项目管理技能

项目的推进通常需要计划、沟通、协作、执行、反馈等步骤,新媒体运营人员也需要具备项目管理能力。

新媒体运营中的项目管理常被等同于活动策划与管理。但除活动外,新媒体运营中任何一项工作都需要进行项目管理。

7. 其他应用新媒体营销工具技能

此外,根据具体的工作内容,新媒体营销人员还需具备其他相关技能,包括熟练运用图文编辑工具、表单处理工具、H5制作工具及音频和视频剪辑工具等的能力。

(1)设计技能。设计技能是指新媒体营销人员对文案排版的设计和图片的设计。新媒体营销人员未必是专业的设计师或程序员,但必须知道如何快速找到合适的新媒体工具、如何借助工具提高工作效率。例如,当需要设计一张活动海报时,新媒体营销人员即使没有设计功底,也可以利用常见的图文编辑软件或网站,如应用soogif动图工具制作gif图片、应用"人人秀"进行H5海报的简单设计与美化。

(2)音视频剪辑技能。音视频剪辑技能是指新媒体营销人员可以从已有的视频、音频中剪辑出营销活动所需的部分,以及为已剪辑好的视频添加背景音乐。

思政园地

中国互联网络信息中心(CNNIC)发布的第49次《中国互联网络发展状况统计报告》显示,截至2021年12月,我国网民规模为10.32亿,手机网民规模为10.29亿,较2020年12月新增手机网民4 373万,网民中使用手机上网的比例为99.7%,互联网普及率达73.0%。

一、数字经济蓬勃发展

我国超十亿网民见证我国制造强国和网络强国建设历程。2021年,互联网相关的大数据、云计算、人工智能等技术加速创新,更快、更好融入网民生活发展全领域、全过程,数字经济正在成为重组生产生活要素资源、重塑社会经济结构、改变全球竞争格局的关键力量,进一步推进网民增长。

一是我国网络能力持续提升。2021年,我国信息基础设施持续优化,供给能力显著增强,已建成全球规模最大的光纤和移动宽带网络,光纤化改造全面完成,5G网络加快发展,截至2021年底,已累计建成5G基站142.5万个,5G移动电话用户达到3.55亿户;持续深入推进网络提速提质,提升IPv6端到端贯通能力,推进移动物联网全面发展。

二是互联网持续释放普惠效应。2021年,我国互联网产业持续展现发展活力和韧性,远程办公、在线医疗、社区团购等新业态持续发展,有效缓解了区域发展鸿沟问题,让更多人民不断从网络经济、社会和文化中获得利益和满足。

三是加快推进信息无障碍建设。2021年,我国各部门不断解决互联网应用弱势群体在运用智能技术方面遇到的困难,工业和信息化部继续围绕老年群体特点和需求,指导首批227家网站和手机APP按期完成适老化及无障碍改造评测,聚焦老年人日常生活涉及的出行、就医、消费、文娱、办事等八大类高频事项和服务场景,及时制定落实举措,为老年人融入智能生活提供多途径、多维度、多功能便利化服务。

二、数字政府展现出巨大潜能

一方面,新技术助力高效防疫工作。相关部门积极应用大数据、人工智能等手段,助力疫情趋势研判、人流实时分析、风险人员识别、抗疫物资调配、病毒基因检测等,快速切断传染链条,有效控制疫情扩散,有力支撑复工复产。另一方面,互联网政务服务在统筹疫情防控和经济社会发展中发挥了重要作用。国家政务服务平台打通卫生健康委、移民局、民航、铁路等部门数据,方便各地区各部门按需调用,实现全国绝大部分地区"健康码"的互通互认,为推动全国"一码通行"奠定基础。同时上线"防疫健康信息码"服务,截至2021年12月,全国健康码累计使用人数超9亿,累计访问量超600亿次,政务服务数据的互通共享在抗疫防疫中发挥重要作用。政府通过手机"云"办事,实现了政务服务"全程无接触、24小时不打烊"。

(资料来源:中国互联网络信息中心,《第49次中国互联网络发展状况统计报告》)

任务实训

打开各大人才招聘网站,如智联招聘网,搜索新媒体运营相关职位的岗位描述与任职要求,进一步理解新媒体营销从业人员的职业素养要求。

同步练习

一、单选题

1. 新媒体发展有三个特点,下列不属于其特点的是( )。
   A. 技术新　　　B. 渠道新　　　C. 人群新　　　D. 创意新
2. 下列不属于传统媒体的是( )。
   A. 报纸　　　　B. 杂志　　　　C. 微信读书　　D. 电视
3. 当企业过度运用饥饿营销时,容易产生负面影响。以下不是饥饿营销负面影响的是( )。
   A. 客户流失　　B. 品牌伤害　　C. 消费者反感　D. 产品次品率增加
4. 事件营销的特点不包括( )。
   A. 低成本　　　B. 多样化　　　C. 无风险　　　D. 目的性
5. 那些拥有更多、更准确的产品信息,且为相关群体所接受或信任,并对该群体的购买行为有较大影响力的人,通常用( )来称呼。
   A. KOL　　　　B. 文案人员　　C. 头部主播　　D. 粉丝

二、简答题

1. 简述新媒体营销人员的必备技能。
2. 简述新媒体营销的特点。

三、案例分析题

【案例1】

破局春节营销的,竟是煌上煌的"一句吉利话"

2020年突如其来的疫情打乱了人们固有的生活节奏,改变了许多人习以为常的认知,触发了对于一些事物的思考。2021年的春节,是人们后疫情之下的第一个春节,人们对幸福美好的生活有了更超以往的期待。与此同时,面对节前零散疫情突袭、号召"就地过年"的倡导,如何应对环境变化,进入消费者心智又避免落入俗套,是各个品牌商突围出圈的首要课题。在这一点上,作为老牌酱卤品牌的煌上煌给出了很好的答案。

煌上煌春节前夕借助新媒体,以贺岁短片《一句吉利话》与用户建立起更具温度的沟通路径,给予大众鼓励与祝福,引发众多网友热议。

一、洞悉社会需求,借力传统引发共情

煌上煌此番从日常中的民俗口彩出发,以"一句吉利话"作为影片线索,串联起浓厚的温

情。故事讲述了一位普通人从小到大生活中所出现吉利话的场景：小时候摔碎盘子，奶奶打着圆场说"岁岁平安"；长大后远方求学，家人寄托牵挂的"事事如意"；面对疫情，人们渴望的"平平安安"。短片片尾，煌上煌也传递出品牌祝愿——愿你我新的一年更加辉煌。

为什么煌上煌能够打动用户，引发这样的传播热议效果？互联网营销背景下，单一的煽情叙事内容，用户很容易产生疲劳。因此想要打动他们，需要更深刻洞察用户心理。而看似平常的吉利话，背后蕴藏着人们对生活的期待。当它遇上春节会变得脍炙人口，承载着对于新一年美好生活的向往。从小到大的期盼，从自己到下一代的祝福，从远方到家乡的牵挂，14亿国人对新年的期待，都凝聚在最简单却最具内涵的吉利话里。毫无疑问，经历了非同寻常的一年，没有什么比吉利话更能涵盖春节的公众情绪。

除了在创意上赋予煌上煌更多温情表达，在传播上也整合了受众热衷触达的社交平台，对抖音、微博、微信等社交平台进行全方位布局，赋予它们在传播中不同的"职能"。项目总传播曝光6 223.39万次，传播总覆盖4 768.9万人次，成功完成与用户的沟通碰撞与情感共鸣，品牌美誉度得到极大提升。

二、多场景组合拳，营造春节主题氛围

给大众营造对"幸福中国年"的期待，不仅停留在短片的演绎上，在实现过程中，煌上煌选择了多场景"组合拳"。2021年开局，煌上煌联手同程旅行展开春节营销合作，打造联名主题航班，将线上征集的网友新年愿望印满机舱。同步开展首航"起飞吧新年愿望"高空快闪活动，将双方联名冠以新年"飞煌腾达"概念的定制礼盒送至旅客手中。

此番合作中，煌上煌打造以"点亮2021新年愿望"为主题的互动H5，并借助微博场域推出"新年更要煌上煌"话题激励，联动中国联通、海尔电视、粒上皇等多家异业蓝V同频许愿。大量网友参与活动，营造出期待幸福年的新春氛围，话题实现了滚雪球式自发传播。

为了尽可能扩大传播的穿透力，煌上煌还将传播阵地延伸至广东卫视等省级电视TV广告，以及终端门店、户外公交站台、地铁、户外大屏等线下场景，全量覆盖目标群体所及之处，上线幸福年祝愿。据了解，煌上煌在全国拥有4 000多家门店，春节期间终端氛围焕新，坚持营业不打烊，在解决消费需求提升购物体验感的同时，使得"幸福中国年"核心主题真正深入到与消费者关系最密切的终端场景，从而与消费者产生深度联结。

"煌"寓意光明、明亮，而煌上煌认为煌字所包含的期待与祝愿在新年背景下，可以为人们带来希望的勇气。面对2021年每个人都有自己的新年愿望和自我表达的欲望，而无论是贺岁题材短片，又或是线下跨界活动，煌上煌恰如其分地将品牌温度融入洞察用户情感需求之中，鼓励大家期待光明辉煌的新一年，完成了与用户的沟通碰撞与情感共鸣。

【思考】

1. 在本次营销活动中，煌上煌采用的新媒体营销手段有哪些？

2. 从营销效果上来看，此次煌上煌借"一句吉利话"取得了不错的成绩。那么你认为其成功的关键因素有哪些？

【案例2】

♯蜜雪冰城黑化♯喜提热搜

近日，一张"黑化"的蜜雪冰城logo迅速引发网友热议。

不少网友惊奇地发现蜜雪冰城的那个白白胖胖的雪王变成了一个"黑球"，在外卖平台、

微信公众号以及抖音号的头像都变成了黑雪王。不仅线上"黑化",线下门店也同步了黑色版的雪王,与"白雪王"共同跳舞的视频一时流传网络。

众多网友开始探索蜜雪冰城突然"黑化"的原因,有不少网友猜测可能和河南近期的高温天气有关,因为蜜雪冰城的总部,就在河南郑州。

但也有人发现,蜜雪冰城在外卖APP上还有个别没有黑化的头像,蜜雪冰城的回答也出乎人的意料:"用了防晒,黑得比较慢哦"。也有粉丝质疑为什么微博头像还没"黑化",对此,官方也认真解释称"还在日光浴中"。

直到19日下午18时,蜜雪冰城官方在微博公布了正确结果,"变黑的真相只有一个,雪王去桑葚园摘桑葚被晒黑了",这再次将话题热度推向高潮。

不过,蜜雪冰城的最终目的是为自己的新单品造势。当日晚上,蜜雪冰城做出了回应,确认推出自己的两款桑葚新品:芝芝桑葚和霉霉桑葚。

从这次"蜜雪冰城黑化"营销事件来看,截至目前,品牌创造了微博话题5.4亿的阅读量以及7.6万条讨论。

首先,蜜雪冰城此次"黑"得凑巧,它紧扣时事,以郑州高温(蜜雪冰城总部所在地)为契机,以"晒黑"博得许多网友的好感。近日的河南正值高温天气,而郑州恰好是今年全国省会级城市中气温首个超过40℃的城市。

其次,蜜雪冰城不仅懂得紧跟热点,还会造热点,这一切都是基于蜜雪冰城对于强势IP雪王的打造。

此次蜜雪冰城的新品营销中,围绕"雪王"做文章,仅通过雪王由白变黑这样简单的新物料,就迅速引爆了新品话题。

不仅如此,蜜雪冰城社交媒体与线下门店的"雪王"一同联动。品牌的微博账号营造出"雪王"如此活泼可爱且接地气的形象,在与网友们一来一往的亲切欢快互动中,将话题推向高峰,也让蜜雪冰城火速登顶今夏较具热度的新式茶饮品牌。

(资料来源:财经早餐公众号文章《蜜雪冰城:国内"黑化",海外"扩店"》,作者:一枚,2022年6月26日,有删改)

【问题】#蜜雪冰城黑化#相关话题在国内引爆话题度,成为微博热搜榜第一,蜜雪冰城都运用了哪些新媒体营销思维?

拓展延伸

新媒体背景下的长尾理论

"长尾"(The Long Tail)这一概念是由《连线》杂志主编 Chris Anderson 在 2004 年 10 月的《长尾》一文中最早提出的,用来描述诸如亚马逊之类网站的商业和经济模式。

所谓长尾理论,是指只要产品的存储和流通的渠道足够大,需求不旺或销量不佳的产品所共同占据的市场份额可以和那些少数热销产品所占据的市场份额相匹敌甚至更大,即众多小市场汇聚成与主流相匹敌的市场能量。也就是说,企业的销售量不在于传统需求曲线上那个代表"畅销商品"的头部,而是那条代表"冷门商品"经常被人遗忘的长尾。

长尾理论被认为是对传统二八定律的彻底叛逆。人们一直在用二八定律来界定主流,计算投入和产出的效率。它贯穿了整个生活和商业社会。这是1897年意大利经济学家帕累托归纳出的一个统计结论,即20%的人口享有80%的财富。当然,这并不是一个准确的比例,但表现了一种不平衡关系,即少数主流的人(或事物)可以造成主要的、重大的影响,以至于在传统的营销策略当中,商家主要关注在20%的商品上创造80%收益的客户群,往往会忽略那些在80%的商品上创造20%收益的客户群。关于两种理论的比较见下表。

长尾理论与二八定律比较

比较项目	长尾理论	二八定律
经济假设	丰饶经济	资源稀缺
市场导向	需求方规模经济	供给方规模经济
战略手段	差异化战略(个性化服务)	低成本战略(标准化服务)
市场目标	不放弃尾部20%的利基市场	关注头部80%的热门市场
客户服务	提供个性化需求	提供大众化需求
企业愿景	小市场与大市场相匹配	成为主流市场的领航人

在二八定律中被忽略不计的80%就是长尾。在互联网的促力下,被奉为传统商业权威的二八定律开始有了被改变的可能性。这一点在媒体和娱乐业尤为明显,经济驱动模式呈现从主流市场向非主流市场转变的趋势。

下图中横轴是品种,纵轴是销量。典型的情况是只有少数产品销量较高,其余多数产品销量很低。传统的二八定律关注头部,认为20%的品种带来了80%的销量,所以应该只保留这部分,其余的都应舍弃。长尾理论则关注长尾部分,认为这部分积少成多,可以积累成足够大,甚至超过头部的市场份额。

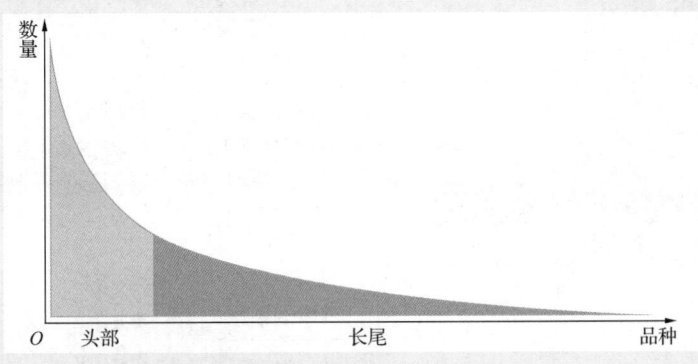

长尾理论模型

新媒体背景下长尾理论的营销方法主要是以下三种:

(1)让消费者参与生产。如某公司 APP Store 中很多知名 APP 都是由用户产生想法并参与生产的,各音乐平台也可由用户亲自进行线上音乐的试听与下载。

(2)使用长尾集合器。如网易云音乐提供了一个音乐平台,众多边缘用户可在该平台聚集起来并形成巨大的影响。

(3)使用长尾过滤器。如各音乐平台的个性推荐功能、畅销排行榜等,帮助用户提前过滤,减少用户的搜索成本,另外用户也可自行进行搜索。

项目2
新媒体用户与内容定位

学习目标 通过学习本项目,我们将达到:

1. 了解新媒体提炼用户标签的方法;
2. 了解新媒体构建用户画像的方法;
3. 了解新媒体内容定位的方法;
4. 培养新媒体营销定位思维。

学习导图

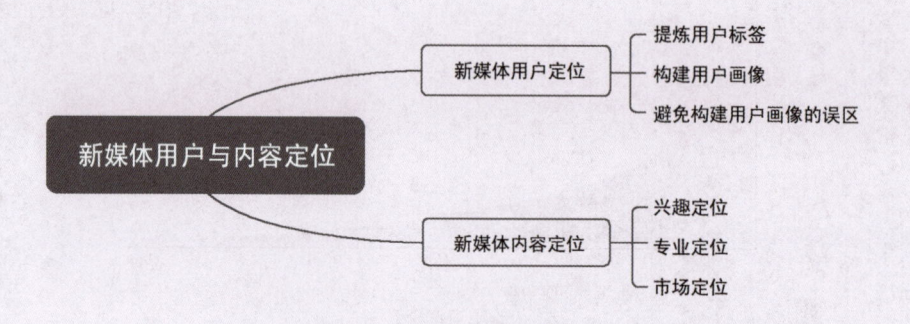

新媒体用户与内容定位
- 新媒体用户定位
  - 提炼用户标签
  - 构建用户画像
  - 避免构建用户画像的误区
- 新媒体内容定位
  - 兴趣定位
  - 专业定位
  - 市场定位

项目2 新媒体用户与内容定位

案例导入

2亿人的生活经验都在小红书

"我通常会打开小红书APP,找一下做饭攻略。"小王说,疫情期间,她开始学习如何做饭、健身,作为生活方式分享平台的小红书很受欢迎。作为生活方式社区,小红书因"种草经济"闻名,这家总部位于上海的互联网企业,员工2 000多人,它精准、有效地打通了线上、线下的消费循环,正释放着充满能量的"在线新经济"潜力。

小红书于2013年创立于上海,历经多年成长,已经成为国内较具代表性的生活方式平台。小红书以"Inspire Lives 分享和发现世界的精彩"为使命,用户可以通过短视频、图文等形式记录生活点滴,分享生活方式,并基于兴趣形成互动。数据显示,小红书月活跃用户数超过2亿,以女性用户为主,其中70%用户是"90后",并持续快速增长。在小红书,"90后""00后"既可以看到别人分享的美食、健身、护肤、学习、穿搭等全方位的生活方式,又能体验"真实、多元、向上"的社区价值观和自由分享与表达的社区氛围。

小红书用户围绕美妆、个护、运动、旅游、家居、旅行、酒店、餐馆等主题分享信息内容,涵盖消费经验和生活方式的方方面面,用户尽情讨论各种品牌和产品,表达自己的审美、个性和感受。小红书的独特性在于,一个用户通过"线上分享"消费体验,引发"社区互动",能够推动其他用户去"线下消费",这些用户反过来又会进行更多的"线上分享",最终形成一个正循环。

而随着人们生活越来越走向数字化,小红书社区在"消费升级"的大潮中发挥更大的社会价值。过去几年,一些新品牌在小红书上成长起来,多个老品牌通过小红书被更多年轻人喜爱,成为新消费品牌的代表,小红书也成为助力新消费、赋能新品牌的重要阵地。

(资料来源:小红书官网,人民网-上海频道)

案例思考

不同的新媒体平台聚集着不同的用户,企业如何选择合适的新媒体平台进行营销?

任务2-1 新媒体用户定位

新媒体平台上汇聚了各种各样的人,他们有着不同的性格、兴趣、爱好、价值观,构成了一个个或截然不同或相似但不相同的用户群体,这让市场细分程度越来越高。营销成功取决于许多因素,但根本的是要赢得目标市场受众的认可和支持。营销人员想要取得更好的营销效果,就必须深入了解自己的目标用户,并提供他们所需的优质内容和服务。"你无法取悦所有人,只能赢得一部分人",新媒体运营者必须要清楚知道自己服务的对象是谁,要了解他们的日常行为、上网习惯、消费偏好、具体需求等,并以此来确定内容和服务的开发方向。

一、提炼用户标签

想要更好地了解用户,可以构建用户画像。用户画像又称用户角色,其作为一种勾画目标用户、联系用户诉求与设计方向的有效工具,在各领域得到了广泛的应用。构建清晰准确的用户画像,首先要提炼用户标签。提炼用户标签可以从以下三个角度入手:

如何提炼用户标签

(一)用户基本特征

用户基本特征指用户短期内不会发生变化、可视化的特征描述,具体包括年龄、性别、学历、职业、地域、兴趣爱好等,见表2-1-1。新媒体运营者要重点关注用户群体中占比最大的特征类型描述。

表2-1-1　　　　　　　　　　　用户基本特征

特征	描述内容
年龄	年龄分布情况,重点描述排名前三的群体年龄段分布
性别	男性、女性用户分别占总用户数的比例
学历	学历分布情况,重点描述排名前三的群体学历
职业	重点描述排名前三的职业
地域	重点描述用户所在地人数排名前三的地区
兴趣爱好	重点描述排名前三的用户兴趣爱好

(二)用户行为特征

用户行为特征指用户在互联网上做出的行为。例如,用户是从什么渠道了解和进入新媒体平台,他们在新媒体平台上做出了哪些行为?新媒体平台上的行为又具体包括上网时间段、上网时长、上网频率、喜欢的标签或分区、用户活跃度等,见表2-1-2。

表2-1-2　　　　　　　　　　　用户行为特征

特征	描述内容
上网时间段	用户主要上网、登录APP的时间段
上网时长	用户打开网页并停留、使用APP的时长
上网频率	用户多久打开网页、登录APP一次
喜欢的标签或分区	用户标记的、喜欢浏览的标签、分区
用户活跃度	用户在网页、APP里的活跃程度

(三)用户场景特征

用户场景特征指用户使用产品时的场景特征。比如,用户是在早上起床、上下班路上、吃饭时、晚上睡前等哪些场景内使用新媒体产品?用户在该场景下如何学习、工作、娱乐?比如A上下班的路上乘坐公交车的时候喜欢用手机打开某APP听有声书,B经常在食堂吃饭的时候看某短视频APP推荐的视频。

新媒体运营者通过这三个角度提炼用户标签,利用若干个关键词来描述用户的基本特征,不仅要从基本特征的宏观层面描述用户,而且要从行为、场景特征的微观层面来描述用户,通过对用户进行画像构建,更好地了解用户的喜好,掌握用户的细节,针对用户的需求,进行内容和服务的准备。

项目2　新媒体用户与内容定位

课堂讨论 打开你和你的同学的手机,看看你们最常打开的APP、最大使用时长的APP是否一样。你们关注的新媒体账号重合率高吗?如果以你们的用户特征为基础,分析出的用户画像一样吗?

二、构建用户画像

我们可以用用户画像来描述具有相同特征的某一类用户,以便更好地了解他们。

用户画像的构建首先要收集用户数据。用户在互联网上浏览网页,都必定会在后台留下数据,新媒体运营者可以从后台直接获取用户的ID、性别、年龄等基本信息,也可以获取用户的浏览偏好、浏览习惯等信息。

其次要构建标签体系。不同的公司账号有不同的标签体系设计需求,新媒体运营者可以根据自身情况,建立包括用户价值、行为偏好、内容偏好、社交偏好、消费偏好在内的标签体系。

最后进行用户画像的数据可视化。提炼用户标签后,要将数据可视化,利用各种图表,多维度地呈现用户画像。

三、避免构建用户画像的误区

使用错误的用户画像方法,不但无法获得准确的用户画像,还会造成用户分析工作的整体偏离。因此,在构建用户画像时应避免进入误区。常见的错误构建方式有三种,包括提问式画像、大数据画像及代入式画像。

(一)提问式画像

提问式画像即通过问答的形式获取用户信息,构建目标用户画像。如果使用提问的方法对用户进行描述,看起来是围绕用户进行分析,得到的也都是用户回答的真实信息,但实际上极有可能出现导向性问题。

一是提的问题可能具有封闭性。进行提问时,问题答案选项可能具有局限,无法涵盖所有情况。比如,了解用户场景兴趣爱好时提问"你闲暇时间更喜欢看电影还是看书?",用户只能进行二选一的回答,但是真实情况是,用户可能在闲暇时间进行其他的娱乐活动。

二是回答者的答案会受到其生活经历、工作经验、知识水平的限制,无法真实表示其感受和需求。比如亨利·福特曾说过,"如果我最初问消费者他们想要什么,他们应该是会告诉我,'要一匹更快的马。'"乔布斯也曾经说过,"人们不知道想要什么,直到你把它摆在他们面前。"

(二)大数据画像

大数据画像即通过互联网大数据进行用户属性特征挖掘得出用户画像。但行业大数据并不代表具体企业大数据,每一个账号的粉丝或消费者都有独特性,不能用全部网友的网络行为来代表特定用户群体的互联网特征。一个群体的数据也不会和这个群体中的某一个个体完全一样,想要做到精准营销,也不能仅仅依靠群体特征来分析研究。

(三)代入式画像

代入式画像即新媒体运营者对自己或团队的日常行为进行系统分析,将自己的特征提炼后带入用户特征进行用户画像。新媒体运营者并不等于用户,即使是同一行业、身份、年龄,在细节属性上也可能有很大差别,用代入式方法进行画像最终得到的是运营者画像而不是用户画像。

案例讨论 一家旅游公司想要了解自己的用户画像,向用户发出了调查问卷,问卷中的问题包括用户的"肤色类型""是否戴眼镜""最喜欢的味道类型""最喜欢的蔬菜""最欣赏哪里的人"等。

讨论:你认为通过这些问题能准确地提炼用户标签吗?

任务 2-2　新媒体内容定位

新媒体营销,内容是关键,内容的好坏决定着新媒体账号的粉丝数、阅读量、互动量、盈利等。想要更好地吸引目标用户,必须做好内容定位。新媒体内容定位指确定新媒体账号的运营方向,即具体创作哪方面的内容,可以选择娱乐、美妆、教育、旅游、体育、互联网等方向。

在确定新媒体运营方向时,应选择自己能够提供超额价值,并比竞争对手有优势的领域。选定领域后应做好账号的垂直度,即专注于某一领域。当专注于某一领域之后,账号创作的内容都会围绕这个领域,对该领域研究时间长、内容细,可以使账号更有辨识度,用户也会对账号非常信任。一般可以从兴趣、专业、市场三个角度来进行定位。

新媒体运营如何进行内容定位

一、兴趣定位

兴趣定位指根据运营者自身喜好、兴趣进行定位。我们愿意花时间去了解自己喜欢和感兴趣的事物,对它们关注越多、了解越多,就能够获取更多的信息。运营新媒体账号需要付出超出预想的时间,也会遇到很多困难,如果做的不是自己感兴趣的内容会很难坚持下去,因此想要持续地运营好新媒体账号,需要对制作内容的热爱来支持。

二、专业定位

专业定位指根据自己的专业领域进行定位。在自己专业领域内,新媒体运营者可以更快地了解自己的优势,能在内容的广度、深度上有更多的展示,因此选择自己擅长的、有能力做好的领域进行内容运营,可以在新媒体运营的开始阶段就具备专业性优势。

如果运营的是自媒体,可以先将自己的专业领域罗列出来,从中选择自己最擅长的部分,进行相关内容的制作。在你选定的这一细分领域中,寻求自身的优势特点,做到差异化和再细分,形成具有独特竞争力的内容领域。如果运营的是企业新媒体,可以围绕企业的品牌、产品、活动、行业特点,结合新媒体上的相关热点进行内容制作和运营。

三、市场定位

市场定位指根据用户关注较多、喜爱程度高的市场热门领域定位。这些热门领域具有极大的受众群体基础,选择这些领域可以较快获得关注量与互动量,如理财、教育、情感、美食等。可以选择热门领域中自己感兴趣或者擅长的重合领域进行内容创作。

此外,市场定位需要在做好账号粉丝用户画像分析的基础上,根据粉丝群体的喜好,进行精准内容提供,因此对已经有一定粉丝基础的账号来说,更好地了解粉丝群体的变化和抓住新媒体行业热点趋势同样重要。

选择好新媒体账号的运营方向后,一定要充分了解自己账号细分领域的特征,在内容制作时,对自己账号内容进行深度的分析,充分掌握各项产品、服务的特性,选择文字、图片、音频、视频等不同形式展现。不同的新媒体平台的用户属性不同,要选择合适的新媒体平台进行内容的传播,并根据平台的用户属性调整自己的制作内容。

课堂案例　　政务新媒体:"深圳卫健委"

"深圳卫健委"微信公众号2021年以来多次登上热搜。2022年初"深圳卫健委""电话发我"的四个字回复再次登顶微博热搜,引发全民热议。2022年1月8日,一位市民在"深圳卫健委"微信公众号上留言求助:"昨晚9点在龙华中心医院做的核酸,产妇等着住院要核酸证明才能入住,什么时候能出结果啊?12个小时了。能不能优先安排,因为真的挺急。"不到一分钟内,"深圳卫健委"火速在留言区回复称:"电话发我。"经过深圳市卫健委、深圳市龙华区中心医院、第三方检测机构争分夺秒的协调和安排,一个半小时后,该市民就收到了后方上传的核酸检测报告,而后孕妇也顺利办理了住院。

2021年国庆假期前,"深圳卫健委"公众号发文:"国庆假期出行,不要前往中高风险地区,出去玩记得多带几件衣服,7天后指不定在哪儿隔离。"该文章在微博、朋友圈等社交媒体平台广泛传播。

深圳市卫健委宣教处负责人认为,打造健康中国"深圳样板",需要推动卫生健康工作从"以治病为中心"转向"以健康为中心"。实现全民健康,不是一件轻轻松松的事情,需要长时间持续努力,更需要全社会的积极参与。这个过程中,需要借鉴大众传播中的新做法,大胆探索更多市民喜闻乐见的宣传手段,打造卫生健康传播和政务宣传的"深圳样板"。

好内容是"破圈"的"通行证"。但是,在过去一直比较严肃的政务宣传领域,仅靠好内容并不足以取得成功。深圳是一座"年轻"的城市,市民平均年龄只有32.5岁,这也使得主打"90后"风格的"深小卫"迅速圈粉,并且在粉丝的支持和互动中成长,彼此互塑出一个有趣的灵魂。

(来源:《南方都市报》《潇湘晨报》,有改动)

案例讨论 政务新媒体该如何在新媒体时代达到最好的科普宣传效果?

思政园地

用户画像可以更有效地帮助新媒体运营者找到用户、理解用户，可以更好地把握内容方向，并提供优质的内容服务。为了更准确地归纳用户特征属性，构建用户画像，给用户提供更精准的内容服务，企业和新媒体运营者利用大数据进行用户数据收集和分析，通过这个方式，在给用户带来优质内容服务体验的同时，也可能带来隐私安全问题。平衡好数据收集分析和用户隐私保护这两者之间的关系成为十分重要的问题。

近年来，我国不断加强网络数据安全法律法规的建设，例如，2021年9月1日，《中华人民共和国数据安全法》和《关键信息基础设施安全保护条例》正式施行；2021年11月1日，《中华人民共和国个人信息保护法》正式施行；2022年2月15日，《网络安全审查办法》正式施行。业内专家认为，这些法律法规的出台兼顾了公共利益和数据要素价值发挥之间的平衡，为平台企业采集、运用数据等提供规范，使企业能够在规定许可的范围内更好地利用数据，从而发挥数据要素应有的价值。

一、建立数据分类分级保护制度

实现网络数据安全管理，首先要"分类施策"。国家建立数据分类分级保护制度，按照对国家安全、公共利益或者个人、组织合法权益的影响和重要程度，将数据分为一般数据、重要数据、核心数据，不同级别的数据采取不同的保护措施。

二、规范网络安全审查要求

作为数据处理者，互联网平台运营者，如果是汇聚掌握大量关系国家安全、经济发展、公共利益的数据资源的，在实施合并、重组、分立，影响或者可能影响国家安全的，就要申报网络安全审查；《网络安全审查办法》明确规定掌握超过100万用户个人信息的网络平台运营者赴国外上市，必须向网络安全审查办公室申报网络安全审查。经济全球化的背景下，数据"出海"是很多企业的现实需求，对此相关法律法规也进行了规范。例如，数据处理者如果因业务等需要，确实需要向境外提供数据的，需要通过国家网信部门组织的数据出境安全评估，进行个人信息保护认证，并且与境外数据接收方订立合同，约定双方权利和义务等。

三、明确互联网平台运营者义务

个人信息泄露导致垃圾短信满天飞，"大数据杀熟"同物不同价损害消费者权益，隐私政策变"霸王条款"，不同意收集个人敏感信息就不让用……互联网服务全方位介入现实生活的同时，数据安全风险的威胁也伴随其中，而互联网平台运营者就是数据安全管理的关键一环。对此，相关法律法规明确互联网平台运营者的义务。例如，平台规则、隐私政策制定或者对用户权益有重大影响的修订时，需要向社会公开征求意见，如果是日活用户超过一亿的大型互联网平台运营者，还应当经过评估并报相关主管部门同意。此外，互联网平台运营者不得利用数据以及平台规则等损害公平竞争、损害消费者的合法权益。

（资料来源：央广网）

任务实训

1. 打开抖音,试着用"用户基本特征＋用户行为特征＋使用场景特征"的方法,分析提炼推荐的热门内容账号的用户标签。

2. 打开哔哩哔哩,搜索上一年度的"百大up主",选择你喜欢的三个"up主",试着分析他们的用户画像。

同步练习

一、单选题

1. 下列特征中属于用户基本特征的是(　　)。
   A. 用户活跃度　　B. 用户喜欢的标签　　C. 上网时间段　　D. 用户所在地

2. 下列特征中属于用户行为特征的是(　　)。
   A. 年龄　　B. 兴趣爱好　　C. 上网频率　　D. 职业

3. 如果你是一个新媒体编辑,当你在构建账号粉丝群体的用户画像时,将自己的日常上网特征当作账号粉丝的上网行为进行分析,那你可能出现了构建用户画像中的哪一种错误?(　　)
   A. 代入式画像错误
   B. 大数据画像错误
   C. 提问式画像错误
   D. 选择式画像错误

4. 在新媒体运营中,根据用户关注较多、喜爱程度较高的热门领域选择制作内容的方向,属于(　　)方式。
   A. 兴趣定位　　B. 专业定位　　C. 市场定位　　D. 资源定位

5. 如果你是一个热爱旅游的视觉传达设计专业的大学生,想要做一个属于自己的自媒体账号,你认为以下哪个选择有机会获得成功?(　　)
   A. 在哔哩哔哩做游戏直播"up主"
   B. 在微博做时尚穿搭的博主
   C. 在喜马拉雅做职业成长内容的主播
   D. 在抖音做视觉设计专业学生日常分享的博主

二、简答题

1. 简述构建用户画像的流程。
2. 你认为"只要迎合市场大众的喜好,就能做出爆款内容"的说法正确吗,为什么?

三、案例分析题

【案例1】

哔哩哔哩观众为何跟着《守护解放西》又笑又哭?

2019年在哔哩哔哩(以下简称B站)爆火的观察类真人秀《守护解放西》,2020年推出了第二季,2022年推出了第三季。坡子街派出所的民警们就是这档真人秀的主角,他们日

常的工作内容和行动路线,构成了节目的核心叙事逻辑;而节目中民警们处理的每一桩案件,则为观众打开了一幕幕真实的人间短剧。

在B站上,观众俯视长沙解放西路上的"浮生一日",仿佛在看一场昼夜不停的直播,靠发弹幕来表达实时心情。这档观察类真人秀,让B站观众一会儿爆笑一会儿流泪。出镜的民警们也成了网红,节目播出后不少粉丝会默默地去给派出所民警送奶茶。

"我们当时策划这个节目的时候,想用一个非常年轻化的视角和语态'打开'派出所。"B站影业制作人、《守护解放西》总策划接受《中青报》·中青网记者专访时指出,通常纪录片会有旁白解说,会有内心独白等"幕后声音",给观众持续性地讲故事。但《守护解放西》希望用一种更年轻化的方式——具有一个故事的剪辑节奏,把一个派出所里警察最日常的琐事和工作很好地呈现出来。

● 无需附加的解说,让派出所自己讲故事。

《守护解放西》节目组采用的方法就是很多台摄像机不停机记录,然后根据民警们每天发生的故事进行后期剪辑。同时,作为真人秀的主角,节目组会突出呈现每个警察的特质,更易于观众记住他们的鲜明形象。

有B站观众评价这档在派出所和执勤场所录制的真人秀,真实而有趣。比如《守护解放西》第二季第一集中,在街头动手打架的一男一女,原本进了派出所还剑拔弩张,民警教育他们:"漂漂亮亮的男孩女孩,在大街上大打出手,丑不丑?""你们再这样下去,留个案底你们高兴了?"两个互掐的人顿时清醒过来,并在沟通中化解了矛盾。

"为了执法更加规范,他们可能会在派出所里面苦练普通话,碰到一些比较搞笑的案件,他们也会跟你说:'我是忍住不笑。'大家都在那儿笑,他说为了严肃要忍住不笑"。B站影业制片人形容,有的民警就像邻家大哥哥。"他们碰到一些独居老人,会给出关爱;在抓捕毒贩的时候,如果毒贩的小孩在现场,他们就会去说一些很善良的谎言,比如'你爸爸出差了'。"

● 深入走近坡子街派出所的每个民警,会发现他们也在释放不一样的个人魅力。

例如参与录制的某位经验丰富的警察,私底下也是一个"精致男孩",上班前会好好整理发型;另一位"人气警察",私底下是个漫画迷,曾表示如果不做警察的话,可能想成为一名漫画家。

B站影业制片人还提到,派出所民警队伍中还有"跨专业"的例子,比如某位女警察今年刚参加工作,原本是学音乐的,通过考试以后成为情报组的辅警。"她的大嗓门,是音乐系的功底训练出来的。抓捕毒贩的时候她的音乐功底直接用来吼毒贩,你可以看到那个气势与众不同。"

● 《守护解放西》的难得之处在于,把普通人升级为影像英雄。

中国社会科学院新闻所世界传媒研究中心秘书长在第一季结束时曾说,这档节目在纪录片、真人秀和影视剧三种形态中,找到了一个独创的形态——"真人剧"。"这个'真人剧'里,有纪录片的平视、平实,有真人秀中的人物设定,二次元包装,主题化创作",同时,这种真人剧"是情节的单本剧和人物的连续剧的结合"。"新时代的民警是什么?平凡而不平庸。现在年轻人心中的超级英雄是什么?不应该仅仅是钢铁侠、蜘蛛侠。越是基层的事情,越难处理,越需要一专多能的警察,而这样的警察就应该成为年轻人心中的英雄"。

● 希望年轻人重新理解"偶像"的定义。

《守护解放西》制片人说,做这样一档警察题材观察类真人秀的初衷之一,也是希望年轻

人重新理解"偶像"的定义。他笑言,《守护解放西》节目走红之后,坡子街派出所成了长沙的一个网红打卡地,年轻粉丝崇拜起了每天辛苦奔波忙碌的民警,还会自费买热奶茶送到派出所,留言说"警察小哥哥辛苦了"。"这些年轻人有了自己粉的榜样。之所以粉这些警官,是因为觉得他们很辛苦,他们做的每一件事情都感动到自己,还可以激励自己。"

"所谓的偶像仅仅是明星吗?至少在B站活跃的年轻人,他们可以视一个人为偶像——这个人不是明星,而是来自各种各样的职业。"《守护解放西》制片人指出,通过《守护解放西》,他们想告诉大家,城市英雄也许就在你身边。另外,节目中很多民警都是年轻人,"你的同龄人已经做了这么有意义的职业,每天做有意义的事情,那么作为同龄人的你,是不是也要去实现自己的梦想、价值?"

(资料来源:《中国青年报》)

【问题】

B站的《守护解放西》这档真人秀十分火爆,已推出了三季,从节目内容和B站平台用户特征的角度,你认为它获得成功的原因是什么?

【案例2】

美食类短视频:柴米油盐间的家国文化

近年来,随着新兴媒体的发展,短视频成为人们日常生活中获取信息、记录生活、社会交往、娱乐休闲的重要媒介形式和艺术样态。在经济全球化日益加速的今天,人与人、国与国之间的相互沟通比任何时候都要重要,短视频中国家形象的塑造与传播成为不可回避的议题。在众多短视频类型中,美食类短视频在国家形象的塑造方面发挥了独特作用:对国内受众而言,以美食为切口,呈现中华文化的丰富内涵,增强国民文化自信心,提升民族凝聚力;对国外受众来说,以美食为窗口,向全世界展示传统文化与现代理念并存、自然世界与都市生活呼应的多面立体的中国国家形象,提升中国文化的传播力、引导力和影响力,让中国在国际环境中获得更多的话语权。

营造"加速社会"下的理想"慢生活"

2012年,《舌尖上的中国》播出后收视火爆,使美食纪录片进入大众视野。之后,《风味人间》《风味实验室》《早餐中国》《宵夜江湖》《沸腾吧火锅》等深受用户喜爱的作品陆续涌现,引发了美食纪录片的创作热潮。在这种趋势影响下,美食题材在短视频领域脱颖而出,凭借高质量的原创内容和社交属性,吸引大量粉丝,创造了可观的商业价值,还将优秀的中华文化传播到海外。

从微信朋友圈里家人朋友"晒出"的家常饭菜,到专业用户生产内容镜头下传统的乡村佳肴,再到热播纪录片《沸腾吧火锅》《早餐中国》《宵夜江湖》《人生一串》中呈现的种类细分的各色菜式,美食为何成为当下最受关注的创作题材之一?首先是因为对美好事物的向往是人的本能。美食题材影视作品的魅力在于用视听语言呈现出食物的美感和美味。随着技术发展,创作者运用高清摄像、特写、后期调色等手段将食物的色彩、形状之美展现得淋漓尽致,受众在接收时获得视听觉、触觉、味觉交织的"美"的享受。创作者通过加速处理、镜头运用、音乐配合,食物处理过程充满动感。掉落的雪花酥、飘洒的糖粉、晃动的奶枣、翻腾的土豆,这些内容都增添了作品的趣味性。

相较于剧情类、旅行类、剪辑拼贴类等其他类型,创作者可以轻松找到美食题材的拍摄素材,对资金和技术要求门槛较低。无论是选取哪种角度,创作者都试图表达一个共同的主

题——"热爱生活,好好吃饭"。这看似简单,却营造了积极温暖的氛围,给用户带来归属感、亲切感。短视频中打造的诗意空间,可以让都市人释放现实生活中的压力,缓解"加速社会"下产生的焦虑,获得心灵抚慰。

展现中华优秀传统文化的多样风姿

美食短视频具有"短平快"的特点,这顺应了后现代语境下互联网传播环境,在人们日常生活中发挥着娱乐休闲、信息获取、社会交往和消费购物的作用。首先,几分钟甚至几秒钟的"短"体量满足网民碎片化的审美娱乐需求。其次,作品视觉刺激优先、内容朴实易懂,顺应了"读图时代"用户的审美习惯,让他们"望文"即可"生义"。最后,在智能硬件设备和手机软件的加持下,即时的"快"制作与"快"传播使根据季节更替、节日盛典和媒介热点迅速创作的作品得以广泛传播,容易形成舆论热点。

以中国八大菜系、各色小吃和现代创新美食为载体,美食短视频就像一个表现中华优秀传统文化的多棱镜。不同类型博主对美食的表现视角和对文化的侧重面各有千秋。美食教程类注重还原美食制作的过程,"美食+生活展示"类侧重打造人们向往的生活范式,以测评和探店为代表的体验类满足了受众对新奇美食的好奇心和咨询的需求。这些作品在展示美食的过程中融入对中国风俗习惯、地理风光、人情世故的展示,这些人文场景唤起受众对中华传统文化的归属感和认同感。不仅如此,用户根据视频学习烹饪菜肴、尝试博主推荐的食物,并转发、评论、点赞。这些做法在提升参与感和互动性的同时,又进一步增强了大众的归属感和认同感。

打造中华文化海外传播的亮丽名片

美食类短视频跨越空间上的距离,在中华文化国际传播中发挥了重要作用。

成功出海的美食类短视频多为默片式的,依靠人物连续的动作进行叙事。动态的画面比文字、图片更容易得到用户的注意。作品中人物对话和字幕的叙事功能被弱化,几乎不承担推进剧情的功能。海外用户即便不懂汉语,也能大概理解视频想要表达的情节。文化虽然不同,但人类的情感是相通的,可以跨越种族、地域、文化等差异。美食类短视频借助美食传递情感,视频中的人物制作美食要么是出于自己对美好生活的向往,要么是为了让所爱之人获得更好的生活。他们与家人之间的亲情、与朋友之间的友情、与动植物间和谐相处的博爱之情,表达了自给自足、顺应节气、亲近自然、勤劳勇敢等主题,反映出中国人对人文、人本、环保等命题的理解。这种以情感人、潜移默化的方式,唤起了不同文化个体的情感共鸣,也引发了海外受众对人生价值的思考,散发出"人类命运共同体"美学的独特魅力。

在相关政策的支持下,中国短视频产业逐渐成熟完善。接下来,如何进一步坚持文化自信,在国际舞台展现中国魅力,讲好中国故事,传播主流价值理念,成为短视频创作的重要课题。这包括宏观和微观两个层面,在宏观上要塑造繁荣发展、文明开放、和谐稳定的大国形象,在微观上塑造活力四射、锐意创新、积极上进的当代中国公民形象。从大处着眼,由细处着手,中国美食类短视频将吸引更多目光,获得更广泛而积极的社会影响。

(资料来源:《光明日报》,2021-07-22)

【问题】

1.整理任一新媒体平台上美食自媒体排行榜,试着分析它们的用户定位和内容特点。

2.如果你想做一个美食类细分领域的自媒体,你可以从哪些方面建立你的账号特色和优势?

拓展延伸

《博物》是2004年起中国国家地理杂志社出版的杂志,是《中国国家地理》青春版,是一本面向青少年学生的自然人文综合知识类刊物,它提倡博物学的复兴,以青少年为主要阅读对象,目的在于引导学生走进自然、勇于实践、博学广纳、探索求实的世界。《博物》杂志的内容广泛涉猎天文、地理、生物、历史等诸多领域,不仅具有科学性、权威性,还具有趣味性,是青少年成长过程中颇有帮助的杂志。

其微博@博物杂志,截至2021年底,拥有粉丝数1 290万,日均阅读量100万+,粉丝称其为"博物君",专注于各种科普,微博置顶的是自己"不想回答的问题",一共18条。靠着博学和有趣,@博物杂志微博账号深受粉丝喜爱。

@博物杂志作为《博物》的官方微博账号,在内容的选择上,并没有侧重于营销推广杂志,而是将重心放在科普之上,为大众解惑。@博物杂志在微博上的日常活动都是挑选网友的提问来进行科普回答,且极少出错,一旦发现错误必定第一时间承认错误并进行修正。通过在微博的长期专业的科普,不仅让@博物杂志获得了大量的粉丝,还成功塑造了《博物》杂志严谨、专业、科学的品牌形象,让用户对品牌有极大的认同感。同时,通过微博保持与用户的互动,还能稳定固有用户,发展潜在用户,维持用户对品牌的忠诚度。

@博物杂志通过其接地气的科普在众多科普微博中脱颖而出,网友提问不了解的生物,并不是想知道一个生涩的专业名词,而是想要知道它与我们生活的相关性。@博物杂志在解答网友的提问时,除专业名词外,都会附上通俗的注解,让网友全面、生动地了解和记住这个生物。@博物杂志通过个性化的、接地气的回答,不仅积累了稳定的用户,也为杂志赢得了良好的口碑,这些都在潜移默化中推动着杂志的销售。当@博物杂志推送新一期杂志动态,刊登新一期杂志封面时,也就更容易被粉丝接受,引发购买行为。

@博物杂志微博的目标受众可概括为两类:一类是科普知识爱好者,他们通常对未知物种或现象保有较高兴趣,另一类是无意关注者,如通过朋友转发或搜索热门微博而获知的这类群体。《博物》杂志明确微博用户使用新媒体的动机,即获取信息,得到媒介使用的满足感。科普爱好者往往对自身感兴趣的领域有一定的知识积累,这类受众群需要拓展和深入了解罕见的物种知识。对于此类受众群体,@博物杂志通过发表长微博详细介绍该物种的内涵及外延。无意关注者基于好奇心的驱使,需要除了对未知领域的了解以外,同时倾向于对生活中常见的物种有更多的认知。针对第二类受众群,@博物杂志倾向于发表140个字以内的短微博和具有补充性质的长微博,而这正契合了受众快餐式阅读的习惯。

〈资料来源:彭雪.新媒体时代科普类微博的传播路径探析——以"博物杂志"微博为例[J].新闻世界,2016,(11):39-42;蒋玉莲.传统杂志如何通过新媒体提升价值——@博物杂志微博使用分析[J].新闻知识,2018,(3):80-82〉

项目 3
搜索引擎营销

学习目标 通过学习本项目,我们将达到:

1. 了解搜索引擎的定义以及搜索引擎的基本方式;
2. 掌握搜索引擎的基本原理以及影响搜索引擎的主要因素;
3. 了解搜索引擎的新发展;
4. 正确认识搜索引擎的功能;
5. 能在实际工作中应用搜索引擎营销。

学习导图

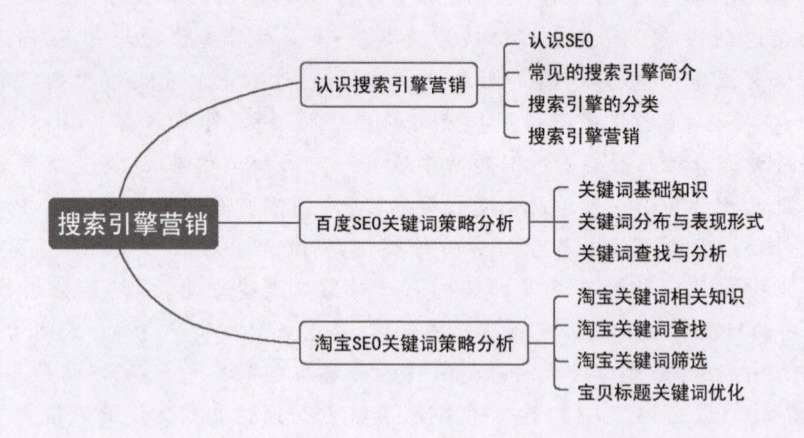

- 搜索引擎营销
  - 认识搜索引擎营销
    - 认识SEO
    - 常见的搜索引擎简介
    - 搜索引擎的分类
    - 搜索引擎营销
  - 百度SEO关键词策略分析
    - 关键词基础知识
    - 关键词分布与表现形式
    - 关键词查找与分析
  - 淘宝SEO关键词策略分析
    - 淘宝关键词相关知识
    - 淘宝关键词查找
    - 淘宝关键词筛选
    - 宝贝标题关键词优化

案例导入

百度成就品牌

作为全球知名的高端化妆品品牌,A品牌涉足护肤、彩妆、香水等多个产品领域,主要面向25～40岁、受教育程度、收入水平较高的成熟女性。那么,如何快速、有效地到达这些目标人群则是A品牌面临的重要营销课题。

正如买化妆品需要选择适合自己的类型一样,针对这一特征鲜明的目标人群,A品牌为其量身定制了适合的营销模式——以聚集了中国95％以上网民的百度搜索营销平台为基础,将关键词投放、品牌专区、关联广告、精准广告等不同营销形式有机地整合在一起,精准锁定了A品牌的目标受众。在提升品牌形象的同时,提高了广告投放转化率,拉动了实质销售,成功实现了营销突破。统计数据显示,通过整合各种广告形式,A品牌的广告投入产出比达到1∶1.2,点击率提高15％。

一、关键词投放

配合新产品上市,A品牌选择了品牌产品相关的关键词进行投放,迎合受众搜索需求,确保目标受众第一时间触及A品牌的新产品信息。

二、品牌专区:搜索结果页的迷你官网

在很多人看来,搜索引擎广告形式单一,只局限于一般的文字链广告,然而随着搜索广告的不断发展和成熟,图片、动画、视频等丰富形式已经充分融入搜索引擎广告中。品牌专区就是借助搜索引擎和关键词技术,打破传统的、单一的搜索结果展示形式,以兼具"大面积"和"图文并茂"的形式展现用户在百度中搜索的结果页面,为消费者展现更加详尽全面的产品信息,带给目标客户全方位的品牌体验。在百度网页中搜索A品牌,即会出现一块占首屏多达1/2的A品牌专属区域,通过"主标题及描述＋品牌Logo＋可编辑栏目＋右侧擎天柱"共同打造品牌迷你官网,以图文并茂的形式展现A品牌及产品核心信息,提升A品牌形象,同时向A品牌网上商城导入流量,提高广告转化率,促进产品销售。其中,可编辑栏目区域,可以根据企业需求,随时调整内容,推广多方面营销信息。

三、关联广告

当你在百度网页搜索A品牌、寻找情人节礼物、在百度知道询问化妆品信息时,A品牌的广告就会相应呈现。这就是百度关联广告的魔力——全面"围捕",覆盖更多的潜在受众。围绕品牌,会有产品、目标受众、事件、诉求等相关联的内容,将这些内容相应转化为类别词、衍生词、事件词、内容词等关键词,让受众在关联需求中得以聚合,直接被覆盖。除网页检索以外,A品牌还充分应用了百度知道平台,当受众检索化妆品相关问题进入问答页面后,即可看到A品牌的关联广告信息。此外,关联广告也可以结合体育赛事、电影、电视剧热播等重大事件,充分发挥事件营销的力量。

四、精准广告：锁定高度相关人群

凡走过必留下痕迹，凡寻找必有精准广告。百度精准广告的特点在于能够精准锁定相关受众，按照广告主的需求从上亿的网民中挑选出广告主的目标人群，保障了让广告只出现在广告主想要呈现的人面前，从而解决了媒体投放费用大部分被浪费的问题。如A品牌"七夕情人节网上特别献礼活动"的精准广告，根据对网民搜索行为分析，即实现只投放在那些曾搜索过"情人节""情人节礼品"等相关内容的网民面前。

"通过百度的品牌专区，我们的品牌在那些搜索A品牌的消费者面前有了更好的展示，不但能够提升品牌形象，而且为A品牌网上商城带来了很多高质量的流量。在使用了品牌专区之后，我们大幅度地提高了品牌关键词的转化率，因此而产生的销售也相应提高了30%。"A品牌副总裁表示。

案例思考

A品牌通过与百度的哪些方面的合作，提升了品牌价值，增加了销售量？一般企业如何选择搜索引擎营销？

任务 3-1　认识搜索引擎营销

一、认识 SEO

搜索引擎是指根据一定的策略、运用特定的计算机程序从互联网上搜集信息，在对信息进行组织和处理后，为用户提供搜索服务，并将相关信息展示给用户的系统。搜索引擎系统运行的核心程序通常称为算法。一些较大型的搜索引擎的算法非常复杂，不为外界所知。不管搜索引擎的算法多么复杂，都不是普通用户关心的，他们更关心是否能通过简单操作满足自己的需求。因此，多数搜索引擎在明显的位置提供搜索框或搜索栏，用户在其中输入搜索信息，单击相应的"搜索"按钮后，就可以得到与之相关的信息。很多用户在手机端使用搜索引擎搜索信息时，甚至不必使用文字，按语音搜索按钮后，直接进行"语音搜索"；还有些搜索引擎提供了图片搜索功能，用户拍照后对图片进行搜索，就可以得到与之相关的信息等。

搜索引擎先采集互联网上的页面内容，并对页面中的关键词（也称为关键字，本书统称为关键词）建立索引。当用户搜索某个词语时，包含这个词语的页面就会全部显示出来，然后再根据特定算法，将这些页面按照一定的顺序排列起来，展示给用户，这时用户可以看到搜索结果页。

例如，用户在计算机端打开浏览器，使用百度搜索引擎搜索关于"福建旅游"方面的信息，可以在搜索框中输入"福建旅游"，单击"百度一下"按钮，得到搜索结果页，如图3-1-1所示。

SEO（Search Engine Optimization）即搜索引擎优化。搜索引擎优化是按照搜索引擎的搜索规则对网站进行内部调整及站外优化，使网站满足搜索引擎的检索原则且对用户更友好，从而更加容易被搜索引擎收录，提升排名，并将精准的流量带到网站中，获取免费流量，产生直接营销行为或者是品牌推广。

项目3　搜索引擎营销

图 3-1-1　搜索"福建旅游"结果页的部分内容

二、常见的搜索引擎简介

常见的搜索引擎有 Google、Bing、百度、360 搜索、搜狗搜索等。[注：世界上最早的搜索引擎是雅虎，由于经营受挫，2016 年 7 月，美国电信巨头 Verizon（威瑞森）以 48 亿美元收购雅虎的核心资产。]

（一）Google

Google，中文翻译为谷歌（图 3-1-2），是业界领先的搜索引擎。谷歌公司成立于 1998 年 9 月 4 日，由拉里·佩奇和谢尔盖·布林共同创建，是一家美国的高科技企业，业务范围覆盖互联网搜索、云计算、软件开发、广告等，开发并提供了大量基于互联网的产品和

图 3-1-2　Google 主页的部分界面

服务。在搜索引擎服务方面，Google 主要提供基于多国语言的网页、图片、音乐、视频、地图、新闻、问答等方面的内容。

（二）Bing

Bing，中文翻译为必应（必应中国主页的部分界面如图 3-1-3 所示），是微软公司于 2009 年

5月28日推出的搜索引擎,是全球领先的搜索引擎之一。必应融合了微软的多款产品,如Office Online、outlook.com等,提供包括图片、视频、学术、词典、地图等在内的搜索服务。在英文搜索方面,必应凭借先进的搜索技术,能够给用户带来良好的搜索体验。用户输入中文,必应将自动为用户匹配英文。在图片搜索方面,它帮助用户搜索来自全球的图片,提升用户体验。

图 3-1-3　必应中国主页的部分界面

必应还提供了每日首页美图功能,精选世界各地的高质量图片(可设置为首页背景),并添加与图片相关的热点搜索提示,使用户在访问必应搜索的同时获得愉悦体验和丰富资讯。

必应与Windows操作系统的深度融合,能够给用户带来快速、方便的搜索体验,颠覆了传统上人们依赖浏览器的搜索习惯。

(三)百度

百度(图 3-1-4)是全球较大的中文搜索引擎、较大的中文网站,由李彦宏于2000年创立,以搜索引擎服务为主。"百度"二字来自南宋词人辛弃疾的一句词——众里寻他千百度。

图 3-1-4　百度主页的部分界面

在新经济条件下,百度提出了新的使命:用科技让复杂的世界更简单。百度致力于为用户提供"简单可依赖"的互联网搜索产品及服务,其中包括:以网络搜索为主的功能性搜索;以贴吧为主的社区搜索;针对各区域、行业的垂直搜索;门户频道、IM(即时通信)等。在面向用户的搜索产品不断丰富的同时,百度还推出了基于搜索的营销推广服务,成为知名的互联网营销推广平台。

在移动互联网时代来临之际,百度适时向移动化转型,通过开放地连接传统行业,从"连接人和信息"延伸到"连接人和服务",让用户直接通过百度移动产品获得服务。百度公司推出的手机端,为用户提供更多便利,用户可以随时随地进行搜索服务。手机端依托百度的网页、图片、新闻、知道、百科、地图等专业垂直搜索频道,帮助手机用户更快找到所需产品或服务,还提供了语音搜索(通过语音识别,无须动手即可完成搜索)、图像搜索(拍张照片就可以

搜索,还支持扫描商品条码)、关注卡片(搜索结果可添加关注)、信用卡还款(手机钱包功能)等多种特色服务,方便用户使用。

(四) 360搜索

360搜索(图3-1-5)是由奇虎360公司推出的搜索引擎,依托360母婴品牌的安全优势,全面拦截各类钓鱼欺诈等恶意网站,提供更放心的搜索服务。360搜索提供包括新闻、网页、问答、视频、图片、音乐、地图、百科、良医、购物、软件、手机等多种搜索服务。360搜索是具有自主知识产权的搜索引擎,不仅具有通用的搜索技术,而且独创了PeopleRank算法(主要是将用户对网站的评价和看法融入网站重要性排名中)等创新技术。360搜索推出的摸字搜、安心购、良心医、周边号、万花筒及随心谈等,从便利性、安全性、可信赖、实时性、本地化服务、社交功能等多个方面,满足用户在移动环境下使用搜索的习惯和需求。

图3-1-5　360搜索主页的部分界面

(五) 搜狗搜索

搜狗是中国领先的搜索、输入法、浏览器和其他互联网产品及服务提供商。搜狗搜索(图3-1-6)是由搜狐公司推出的互动式中文搜索引擎,致力于中文互联网信息的深度挖掘,帮助中国上亿网民加快信息获取速度,为用户创造价值。搜狗搜索提供新闻、网页、微信、知乎、图片、视频、英文、学术等多方面的搜索服务,在很多方面都有特色。例如,搜狗搜索结合腾讯独家资源,打造微信搜索,上线本地生活、扫码比价、微信头条等独有服务。其通过独有的SogouRank技术及人工智能算法,为用户提供了较好的搜索体验。

图3-1-6　搜狗搜索主页的部分界面

课堂讨论 打开百度,输入关键词"厦门家教",说明右下角"广告""百度快照"的区别,并说明怎样的优化符合百度搜索规律。

讨论:现在的推广路径有哪些?常用的搜索引擎有哪些?假设我们有一家淘宝女装店,要怎么进行百度等搜索引擎优化?

三、搜索引擎的分类

搜索引擎从不同的角度可以分为不同类别。每种类别的搜索引擎代表不同的含义,同时某个搜索引擎可能分属不同的类别。

(一)按搜索范围分类

按搜索范围的不同,搜索引擎可分为独立搜索引擎和内置搜索引擎。通常,人们所说的搜索引擎主要指独立搜索引擎。

1. 独立搜索引擎

独立搜索引擎是指运用特定算法对互联网上的信息建立数据库,根据用户搜索信息自动匹配页面,按一定的规则将相关页面展示给用户的系统。常见的独立搜索引擎有Google、百度、360搜索等。这些搜索引擎在提供搜索服务的同时,往往提供许多其他服务项目,形成一个围绕着核心搜索业务的多功能信息平台。例如,用户除了使用百度搜索自己需要的信息外,还可以通过"百度贴吧"分享自己的兴趣、与网友互动等。

2. 内置搜索引擎

内置搜索引擎是指对本网站内部的信息建立起索引数据库,根据用户的搜索信息自动匹配页面,按一定的规则将相关信息展示给用户的系统。常见的在网站内部提供本网站信息搜索的搜索引擎都属于此类。内置搜索引擎的功能和复杂性因网站的规模、性质等因素的不同而差别很大。

例如,清华大学网站内部的搜索引擎(或称为搜索功能,如图3-1-7所示上方搜索框),数据量小,逻辑简单,仅需要简单的算法就能实现。但像京东(如图3-1-8)这样的大型电子商务网站的内置搜索引擎,数据量大,逻辑复杂,运行的内在算法就会比较复杂,当然这种复杂性还是不能与独立搜索引擎相比。

图3-1-7 清华大学网站主页的部分界面

图3-1-8 京东主页的部分界面

此外,还有一种内置搜索引擎的方式是某网站内置百度、360搜索等搜索引擎。用户既可以在本网站使用这些搜索引擎搜索本站的内容,也可以搜索整个互联网的内容,相当于在本网站内部开启了一个使用独立搜索引擎的入口。例如,百度对外提供了"站内搜索"工具,外部网站的管理人员经过注册账号、验证站点、新建搜索引擎、部署代码4个步骤,可以很方便地根据自己的要求做相关设置,打造自己的搜索引擎。

(二)按搜索设备分类

按搜索设备的不同,搜索引擎可分为PC端搜索引擎和移动端搜索引擎。

简单理解,PC端搜索引擎是指在计算机端使用的搜索引擎,像百度、搜狗搜索等;移动端搜索引擎是指在移动终端设备上使用的搜索引擎,如在PAD、手机等移动端使用的百度等搜索引擎。很多搜索引擎既提供了PC端的搜索服务,也提供了移动端的搜索服务,满足人们使用移动设备上网的需求;而有些搜索引擎只提供移动端的搜索服务。如百度既提供PC端的搜索服务,又提供移动端的搜索服务,而神马搜索就专注于移动端的搜索服务。移动端搜索并不是简单的PC端网页在移动端的展现。仅通过技术手段将PC端网页变得适合在移动端浏览,显得有些简单化。受屏幕尺寸、上网速度、使用习惯、应用场景等因素的影响,PC端的搜索方式不能完全适应移动用户的需求。随着移动互联网的飞速发展,移动端搜索的重要性日益显著。移动端搜索是搜索引擎未来发展的主要方向之一。

移动端搜索显著的特点之一就是应用程序软件内部数据的搜索。用户通过APP提供的搜索功能,输入同样的搜索词可以得到与在百度等搜索引擎不同的搜索结果。例如:用户在手机端使用微信APP浏览信息,通过微信APP提供的搜索功能(图3-1-9)可以搜索朋友圈、公众号、音乐、小程序等信息,点击自己感兴趣的链接,可以进一步了解更详细的信息。

图3-1-9 微信APP提供的搜索功能

(三)按工作原理分类

按工作原理的不同,搜索引擎可分为全文搜索引擎、目录搜索引擎和元搜索引擎。

1.全文搜索引擎

全文搜索引擎是指从互联网上提取每个有价值页面的信息(以页面文字为主),建立起数据库,并根据用户搜索信息自动匹配页面,按一定的规则将页面展示给用户的系统。常见的全文搜索引擎有Google、360搜索、搜狗搜索、必应等。

2.目录搜索引擎

目录搜索也称为分类搜索,主要是指搜集互联网上的页面,将其网址分配到相关分类主题目录的不同层次的类目下。用户根据网站提供的主题分类目录,层层单击进入,就能找到相关页面的信息。这是一种比较原始的搜索行为,操作复杂,并且在收录网页分类放置环节完全依赖手工操作,易受操作人员主观意识影响,但在页面质量方面控制得不错,准确率也高。如搜狐、新浪就是比较好的目录搜索提供者。

3.元搜索引擎

元搜索引擎是指在统一的用户查询界面与信息反馈形式下,接受用户的查询后,同时在多个搜索引擎搜索,并将结果按一定的规则展示给用户的系统。有些元搜索引擎,直接按来源排列搜索结果,有些则按自己的规则将结果重新排列展现。像info搜索引擎就是全球著名的元搜索引擎,如图3-1-10所示。

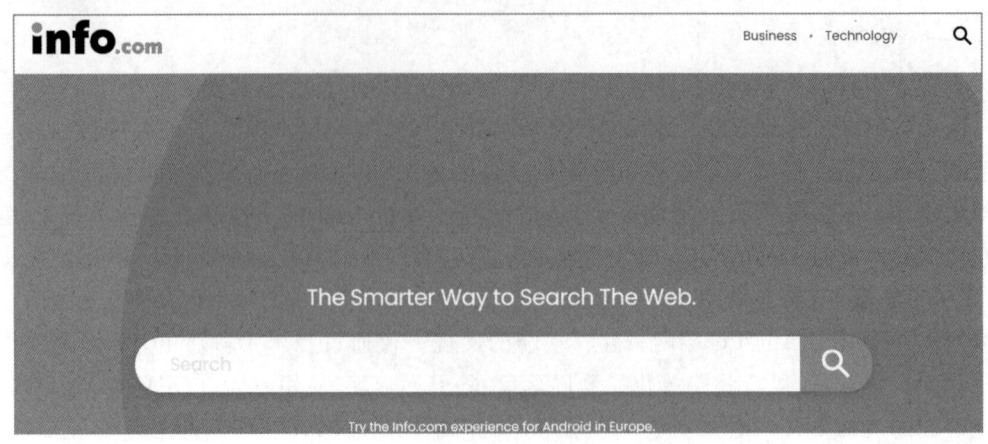

图 3-1-10　info 搜索引擎主页的部分界面

（四）按搜索领域分类

按搜索领域的不同，搜索引擎分为全网搜索引擎和垂直搜索引擎。全网搜索引擎可以提供整个互联网的信息搜索服务，也可以提供针对某个领域的搜索服务。如果把互联网上的信息称为全集 S，每个领域的信息称为 $N1,N2,N3,\cdots$，那么可以表示为

$$S=\{N1,N2,N3,\cdots\}$$

用户输入某个词语后，在 S 范围内提供搜索服务的搜索引擎称为全网搜索引擎。用户输入某个词语后，仅在其对应的领域内提供搜索服务的搜索引擎称为垂直搜索引擎。

垂直搜索引擎指专注于特定的领域和需求的搜索系统。垂直搜索引擎具有明显的行业色彩，提供的搜索信息专业性更强、更精准，对用户的搜索需求理解更深刻，因而提供的搜索结果更能满足用户的需求。在特定领域内，使用垂直搜索引擎，用户有更好的搜索体验，像购物搜索、机票搜索、旅游搜索、音乐搜索、求职搜索等。如阿里巴巴旗下的一淘网（图 3-1-11）就提供了比较好的购物类垂直搜索服务。

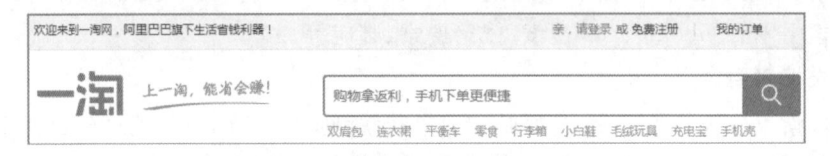

图 3-1-11　一淘网搜索引擎主页的部分界面

（五）按营销目的分类

按营销的目的不同，搜索引擎分为侧重品牌与侧重销量两类搜索引擎。

1. 侧重品牌的搜索引擎

目前，很多人都养成了通过互联网搜索信息的习惯。为了顺应这种趋势，企业必须重视网络营销，通过有效途径，在互联网上传播自己的品牌，吸引用户注意，这样才有可能使用户产生购买意向。侧重品牌的搜索引擎主要是常见的全网搜索引擎，如百度、搜狗搜索、360 搜索、谷歌、必应等。

当用户搜索某关键词时，搜索引擎将相关信息展现给用户。按照搜索引擎的结果展现法则，如果企业提供的产品与关键词相关，那么企业及相关产品就会出现在搜索结果中。如

果企业的网络营销做得比较好,那么企业的产品信息极有可能出现在搜索结果的前几页。如果企业的网络营销做得不好,那么企业的产品信息就可能被淹没在互联网中,难以被人发现。

假设某用户在百度中搜索关键词"新疆旅游",搜索结果的首页如图 3-1-12 所示。

图 3-1-12 百度搜索"新疆旅游"的首页

如图 3-1-12 所示为排名前两位的网站,被用户点击的概率大,起到了品牌推广的作用。如果网站带有销售功能,还起到了引流的作用,用户可以直接进入网站购买产品。图中每一条结果底部的右侧有"广告"字样,有些用户对这样的搜索结果持排斥态度,有可能直接略过,向下查看非"广告"标记的网站,如图 3-1-13 所示。

图 3-1-13 百度搜索"新疆旅游"的部分界面

"百度快照"属于自然排名。这种排名结果与"马蜂窝"网站的搜索引擎优化相关,这种优化非常好地推广了网站的品牌。用户单击进入页面后,发现该网站除了提供新疆的旅游信息外,还提供其他地区的信息,属于专业性比较强的旅游网站。用户可能就会收藏网站,长期使用网站查询旅游方面的信息,从而达到网站品牌营销的目的。此外,该网站还提供旅

游产品的销售等多种服务,通过搜索引擎引流达成销售的目的,但这种销售与主要侧重销量的搜索引擎不同。

2. 侧重销量的搜索引擎

侧重销量的搜索引擎是指用户通过购物网站提供的搜索框搜索相关商品信息,根据搜索结果选择相关商品的搜索引擎。这种搜索引擎仅限于本站范围内商品信息的搜索。用户有潜在购买意向,通过搜索,查找自己满意的商品,最终进行购买。典型的如淘宝、京东、唯品会、亚马逊等的搜索引擎。

假设某用户在淘宝网购买无线鼠标,在对商品信息不了解的情况下,会在淘宝网首页的搜索框内输入关键词"无线鼠标"以搜索相关商品,如图 3-1-14 所示,搜索结果如图 3-1-15 所示。

图 3-1-14 淘宝网搜索引擎的界面

图 3-1-15 搜索"无线鼠标"的部分结果页面

搜索结果页面体现的是与搜索词"无线鼠标"相关的综合排名结果。页面还有进一步根据细分条件选择符合用户自己需求的鼠标的功能。如用户可以通过选择"品牌""电源方式"等选项,得到自己需要的搜索结果。不管是综合排名,还是根据某个/某些搜索条件展现的排名,必然要符合搜索引擎的某些条件才可能靠前。排名越靠前,被用户点击的概率越大,越能转化为实际购买。所以,这种搜索引擎侧重于为用户提供符合需求的产品,侧重于产品的销量。

四、搜索引擎营销

商家利用用户使用搜索引擎的习惯,借助搜索引擎进行营销活动,达到宣传品牌、获得

利润的目的,通常称为搜索引擎营销(Search Engine Marketing,SEM)。

(一)搜索引擎营销概述

搜索引擎营销指通过搜索引擎将营销信息传递给目标客户的一种营销方式。用户在使用搜索引擎满足自己需求的时候,企业将相关产品信息传递给用户,引起用户的关注,达到展示、交流,甚至收益的目的。

搜索引擎营销的基本思路:将企业的营销信息展示在网页的相关位置,让用户有意或无意发现信息,点击进入网页了解,并进一步与企业交流,实现交易;也可以描述为4个步骤,即搜索引擎收录信息、展示信息、发生点击、产生收益。

假设在百度搜索关键词"搜索引擎营销",搜索结果展现在首页的部分排名情况如图 3-1-16 所示。

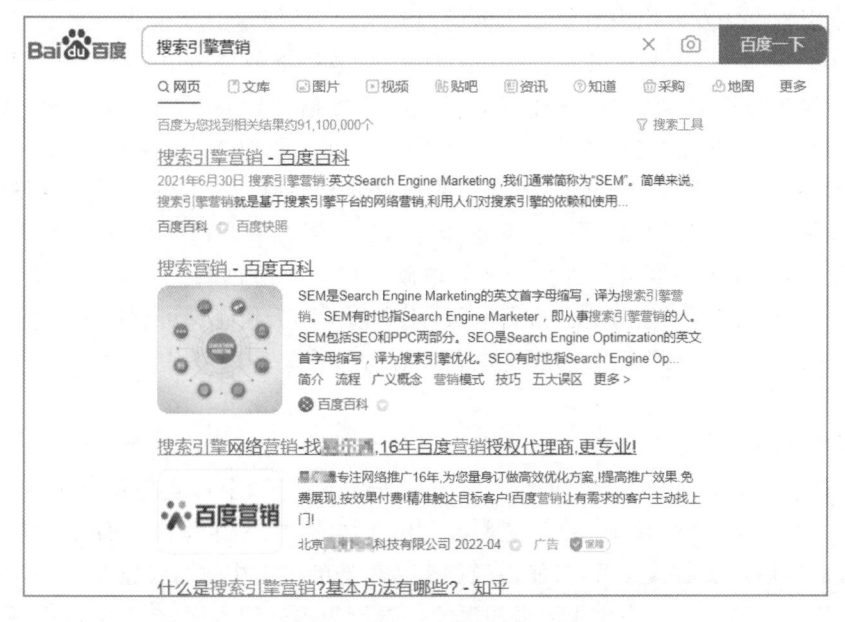

图 3-1-16　百度搜索"搜索引擎营销"的部分结果页面

从图 3-1-16 中可以看出,排在搜索结果首位、第二位的是百度百科的页面,排在第三位的属于广告页面。

企业主要通过两种方式实现搜索引擎营销:付费和免费。付费是一种立竿见影的方式,企业与平台制定营销策略并付费,使自己的网站排在靠前位置,如图 3-1-16 中排在首位的网站。免费的方式见效较慢,主要依靠搜索引擎优化(SEO)。通过付费的方式,搜索引擎可以收录企业的网页信息,将营销信息展示在指定位置,不能控制用户是否点击,也不能确保一定带来多少收益。通过免费的方式,搜索引擎可以收录企业的网页信息,企业不能控制信息展现在搜索结果的什么位置,不能控制用户是否点击,也不能确保一定带来多少收益,但是这并不意味着搜索引擎营销没有什么价值。

(二)搜索引擎营销的价值

截至 2021 年 12 月,我国搜索引擎用户规模达 8.29 亿,较 2020 年 12 月增长 5 907 万,占网民整体的 80.3%,如图 3-1-17 所示。

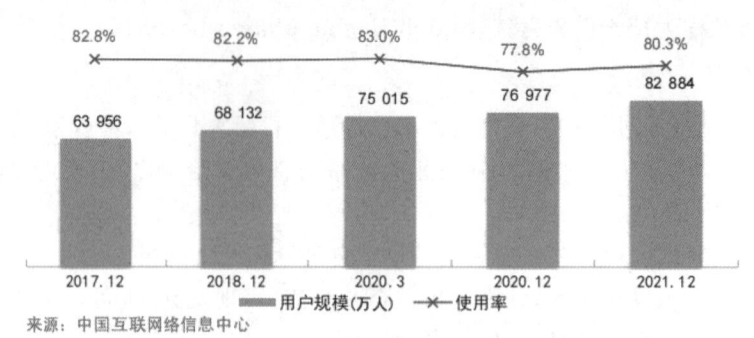

```
82.8%    82.2%    83.0%    77.8%    80.3%
63 956   68 132   75 015   76 977   82 884
2017.12  2018.12  2020.3   2020.12  2021.12
            用户规模(万人)   —×— 使用率
来源：中国互联网络信息中心
```

图 3-1-17　2017.12—2021.12 搜索引擎用户规模及使用率

2021年,搜索引擎市场发展稳中有变,互联网搜索环境持续改善。

● 搜索引擎市场发展稳中有变。从市场观察看,一是搜索引擎企业二次上市寻求多项新增长。2021年3月,百度完成港交所二次上市,将募集资金净额用于持续开展科技投资,包括进一步发展百度移动生态、智能驾驶等。二是微信搜索布局进一步巩固。2021年9月,搜狗宣布完成私有化交易,成为腾讯全资子公司,在保留独立搜索品牌的同时,为微信提供搜索技术与内容支持,可进一步提升微信的内容分发能力。三是新入局者取得一定发展成绩。字节跳动旗下搜索产品进一步发展,截至2021年2月,抖音视频搜索月活跃用户已超过5.5亿,搜索投入力度持续加大。四是电脑端搜索有所创新。在搜索方式方面,微信"搜一搜"的电脑端应用对搜索方式进行升级,用户选中聊天信息即可直接实现搜索;在内容方面,微信电脑端"搜一搜"新增公众号、小程序、新闻、视频等内容,进一步丰富了微信搜索生态,提高竞争力。

● 互联网搜索环境持续改善。一是在未成年人保护方面,百度内容安全中心联合百度搜索建立"百度搜索少儿语音绿色项目",实时巡查线上情况、全程监控页面内容、过滤有害信息、确保内容安全;抖音对14～18岁实名用户在搜索、内容推荐等方面提供更严格的安全保护,未成年用户实名认证后,只能在经过平台精选的内容中进行搜索。二是在规范搜索广告方面,相关部门加大对违规投放虚假医疗广告行为的处罚力度,多个应用市场下架相关应用,北京市市场监督管理局对个别搜索引擎做出行政处罚。

互联网与人们日常生产、生活的关系日益密切,企业不管采用付费还是免费或者两者结合的方式进行搜索引擎营销,都是必要的。搜索引擎营销作为传统营销方式的补充和升级,已经成为企业营销管理中不可缺少的一部分,对企业的发展有重要价值。

1. 树立企业形象,提高品牌知名度

当前人们已经习惯使用互联网去查询信息,如果某个企业的信息不能够在网络上搜索到,则很容易让用户对企业的真实性或者实力产生疑问。随着用户消费的升级,他们更喜欢那些知名度、美誉度比较高的品牌产品,更愿意选择那些形象比较好的企业提供的产品。通过搜索引擎进行适当的营销行为,能够满足用户对企业或产品信息了解的需求,能够有效地树立企业形象,提高品牌知名度。

2. 带来更多的点击与关注

搜索引擎营销一般都是针对目标客户采用比较精准的方法,能够带来更多的点击与关注。用户搜索某个词,带有很强的目的性,就是想通过搜索结果解决自己的问题。互联网上

有很多与搜索词相关的企业,企业在搜索结果中的排名越靠前,被用户点击与关注的概率越大。假设企业出现在搜索引擎搜索结果的第50页,那么被用户发现的概率就很小。企业通过搜索引擎营销能够使网站页面在搜索结果中的排名尽量靠前。

3. 高效率、低成本、可控性强

互联网信息传播的特点决定了营销的高效率,特别是付费方式的营销,能够在短时间内获得明显的传播效果,而且企业能够及时得到量化的传播数据。很多搜索引擎都提供了相应的工具,企业可以根据营销数据,随时调整付费情况、传播途径等策略,使营销变得可控。与传统营销方式相比,搜索引擎营销的成本比较低,特别是搜索引擎优化方式,除了员工工资,基本不需要其他支出,而且企业完全可以根据优化效果,调整优化策略。由于各大搜索引擎平台都遵循一定的机制,针对某个平台搜索引擎优化的效果,极有可能也适用于其他平台,因此能够进一步降低信息传播的成本。

4. 不受空间限制和时间约束

互联网能够超越时间约束和空间限制进行信息交换,因而营销信息的传播能够摆脱时空限制,企业有了更多时间和更大的空间进行营销,可以每天提供全球性的营销服务,针对的目标客户范围极广。用户只要愿意,随时随地在搜索引擎平台上了解企业信息。

5. 用户有更好的应用体验

有了搜索引擎营销,用户通过搜索引擎能够更快、更方便地找到自己需要的信息,而且用户可以在多个信息间进行分析,找到自己最满意的选择。不可否认,有些搜索引擎营销方式不利于用户体验,如在显眼位置植入广告等,会引起用户的反感,这也督促搜索引擎适度管理自己的行为。

6. 助力企业在市场中取得竞争优势

就用户的某个搜索词,搜索引擎会展现很多结果,但是靠前展现的位置是有限的,那些靠前展现的信息更容易被用户关注。企业进行搜索引擎营销,占据了比较好的展现位置,对于竞争对手就有了一定的优势;相反,一旦让竞争对手占据优势位置,就容易使自己在竞争中处于劣势。

7. 是企业了解市场的门户

企业通过搜索引擎直接面对用户和竞争对手,能够根据营销策略的实施,积累大量的数据,通过对数据的分析和利用,更能把握市场的发展,为产品、营销等策略的制定提供有价值的一手数据,因此,搜索引擎成为企业了解市场的一个门户。

(三)搜索引擎营销的方法

从企业的角度看,通过搜索引擎将营销信息传递给目标客户,并且成交,使目标客户变为忠实客户,是企业进行搜索引擎营销的重要目的。为了达到这一目的,企业需要掌握不同的搜索引擎营销方法。在此将企业在全网搜索引擎和内置搜索引擎经常采用的营销方法分为4类,分别是按展现付费、按点击付费、按成交付费和SEO。

1. 按展现付费

按展现付费的方法一般指企业购买的广告信息,在一定时间段内,在指定位置、指定情况下展现。企业需要与搜索引擎运营方就广告信息的内容、展现形式、价格、付费方式等事

项达成一致。这种形式的营销不能确定用户是否看到了信息、信息是否引起了用户的反感、广告的效果如何等,而且难以用数据统计分析广告效果。这种营销方法常用到的术语是 CPM(Cost Per Mile,千人展现成本),即每一千人次看到广告的费用。常见的形式如淘宝网钻石展位广告。

2. 按点击付费

按点击付费的方法一般是指企业购买的广告信息,在一定时间段内,在指定位置、指定情况下出现,按用户的点击次数计算费用,用户没有点击则不计费用。企业需要与搜索引擎运营方就广告信息的内容、展现形式、价格、付费方式等事项达成一致。显然,在用户自然点击的情况下,通过点击次数能够统计出广告信息的到达情况,但不能有效衡量广告的效果,如不能确切知道用户点击后是否关注了企业想展现的信息、用户点击的原因是否是对信息感兴趣等。这种营销方法常用到的术语是 CPC(Cost Per Click,点击成本),即用户每点击一次广告信息的费用。常见的形式如淘宝网直通车广告、关键词广告和百度竞价排名广告等。

(1)淘宝网直通车广告

淘宝网的直通车是为淘宝卖家量身定制的按点击付费的营销工具。直通车可以让卖家的宝贝出现在手机淘宝或淘宝网搜索页明显的位置,以优先排序来获得买家关注。用户点击了卖家的宝贝时才付费,而且淘宝网会智能过滤无效点击,为卖家实现宝贝的精准推广。以在淘宝网搜索"太阳镜"为例,直通车显示的产品如图 3-1-18 所示。

图 3-1-18 显示淘宝直通车产品的页面

(2)关键词广告

关键词广告是根据搜索引擎的运行机制产生的一种营销方式,即用户搜索某关键词时,结果展现页面出现与该关键词相关的广告内容。这类广告具有目标精准、呈现结果显著的特点,容易被用户"发现",一旦产生点击,用户就可能成为企业的潜在客户。通常,在搜索结果页面,这种广告形式的页面与自然搜索结果分开,并且占据更显眼的位置。

关键词广告主要包括下面几种类型：

①与企业相关的关键词广告

与企业相关的关键词即与企业的某些特质相关的关键词，如企业的名称、法人代表的名字、品牌等信息。当用户搜索这些信息时，页面会出现企业的相关广告信息。实际上，这些信息都是本企业独有的，按照搜索引擎的算法，企业的相关信息也可能会出现在搜索结果页面的靠前位置。因此，这类广告对企业的意义不是很大，这种形式的广告也比较少见。

②购买关键词广告

企业预先向搜索引擎平台购买与企业产品、服务、形象等相关的关键词和展现位置，在购买期间，用户搜索这些关键词时，与企业相关的网站或页面超级链接等相关信息就会出现在搜索结果页面的特定位置。这种情况对企业选择关键词的质量有很高的要求，选择不当就可能达不到满意的营销效果。

③竞争关键词广告

竞争关键词即企业购买的与企业某些信息相关且具有一定竞争性的关键词。用户在搜索某关键词时，互联网上有很多与该关键词相关的企业产品或服务等信息。搜索结果的排名或在页面中出现的位置是根据企业对该关键词的出价多少，按照特定算法得出的。

（3）百度竞价排名广告

百度竞价排名也就是百度推广，是百度向企业提供的按效果付费的网络营销服务。根据企业的付费情况，页面在搜索结果的特定位置展现企业核心产品的标题、简要描述和网址等信息，用户可以点击超级链接进入相关页面，阅读详细信息。广告信息出现的位置由企业的出价和页面的质量度决定。质量度高、与用户搜索需求吻合度高的信息优先展现在搜索结果首页左侧位置，其他结果依次展现在首页及翻页后的右侧位置。百度竞价排名帮助企业提升页面质量度，以获得最佳的推广效果。企业参与百度竞价排名后，搜索结果的右下角会显示"广告"字样，自然搜索排名会显示"百度快照"字样，如图3-1-19所示。

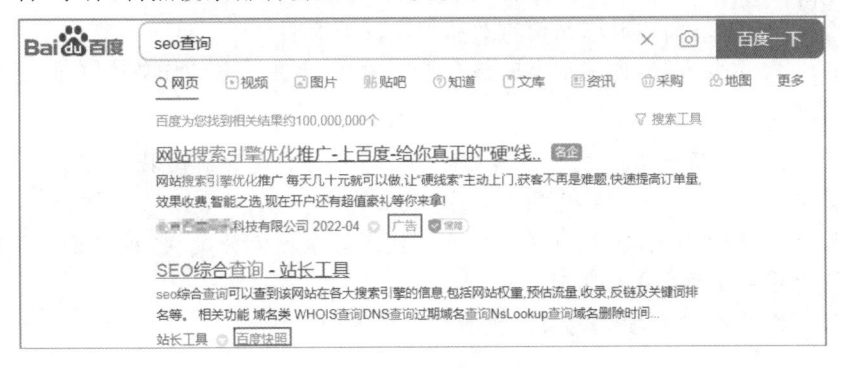

图3-1-19 百度竞价排名与自然搜索排名

百度竞价排名免费展示信息，用户点击推广链接时才计费，没有点击则不计费。百度竞价排名可以根据客户需求设置分地域、分时段的广告投放，客户还可以根据需要设置每天、每周的推广费用上限，方便客户管理预算。客户还能够根据百度竞价排名提供的统计报告清楚地了解每一次点击的用户、点击的费用等信息。

每次点击价格的计算公式为：

每次点击价格(元)＝下一名出价×下一名的质量度/自己的质量度＋0.01

出价、质量度、每次点击价格的含义如下：

● 出价是信息被点击一次，客户付出费用的金额。按照百度的计费机制，实际点击价格不高于甚至远低于出价。出价并不是客户最终的花费，只是愿意承担的最高价。

● 质量度也称质量得分，满分为 10 分，以整数为计分形式。它主要反映网民对参与百度竞价排名的关键词及关键词创意的认可程度。质量度由多个因素决定，包括点击率（推广信息的点击次数/展现次数）、关键词与页面内容的相关性、竞争者的页面优化情况等。百度经过特定算法得出数值，体现竞争的公平性和科学性。

● 每次点击价格则是客户实际付出的费用。这个价格由客户和竞争对手的排名关系、出价、质量度等因素综合确定，且动态变化。

这种计费方式充分体现了企业的竞争力，光靠出价并不能得到最好位置，可以给更多企业公平的竞争机会，只要推广信息质量高，更符合潜在客户的需求，就能获得更好的位置。

3. 按成交付费

按成交付费的方法一般是指企业购买的广告信息，在一定时间段内，在指定位置、指定情况下出现，只有用户通过该信息的引流作用与企业成交了，才计算费用。企业需要与搜索引擎运营方就广告信息的内容、展现形式、价格、付费方式等事项达成一致。这种方法很容易衡量广告效果，但费用也较高。与这种付费方式相关的常用术语为 CPS（Cost Per Sale，单位销售成本），即用户每达成一笔交易收取的广告费用。

淘宝客就是一种按成交付费的推广模式，同时它也是一个营销平台，还可以指通过推广专区获取收益的一类人。淘宝客平台聚集了超百万的推广者，分散在互联网的各个领域，属于全面推广的一种营销方式。卖家可以自主设置销售商品的佣金，与客户成交之后再付费，无风险，投资回报率可自己掌控。

4. SEO

SEO 是在了解搜索引擎自然排名机制的基础上，对网站进行内部及外部的调整优化，改进网站在搜索引擎中的关键词自然排名，获得更多流量，从而达成网站销售及品牌建设的预期目标。这是搜索引擎营销的一种重要方法，也是本书的核心内容，我们会在后面的任务中详细展开介绍。

认识SEO

课堂练习

1. 打开本任务涉及的不同搜索引擎的主页，使用这些搜索引擎搜索相关信息，熟悉搜索引擎的应用。

2. 分别使用百度、搜狗搜索、神马搜索 3 种搜索引擎搜索关键词"福建旅游"，分析不同搜索引擎搜索结果首页信息的区别。

3. 查询相关资料，进一步了解百度竞价排名的使用方法。

任务 3-2　百度 SEO 关键词策略分析

一、关键词基础知识

用户在互联网上查找信息，首先是在搜索引擎中输入相应的内容，用户输入的内容即为

关键词。关键词是网站优化的基础,选择关键词正确与否决定了网站优化的成败。做好关键词优化,首先要了解关键词基础知识。

（一）关键词词频与关键词密度

1. 关键词词频

关键词词频是指某个关键词在某个页面出现的次数。关键词在页面中出现的次数在一定程度上说明了页面内容与关键词的相关性,相关性越强在搜索排名中越靠前。在搜索引擎算法不是很完善的时候,有些人就在页面中植入大量的关键词,实际上页面内容与关键词的关联性一般,这样就影响到用户的阅读体验。但是,页面中关键词出现的次数也无法说明页面内容与关键词的关联性强或者不强。关键词密度的出现,在一定程度上解决了这个问题。

2. 关键词密度

关键词密度是表示关键词与页面总词汇之间关系的一个指标。很多第三方工具网站提供了关键词密度查询功能,但在查询结果方面可能存在一定差异。因此,关键词密度只能作为关键词优化的一个参考指标。相对来讲,关键词密度能在一定程度上说明某个关键词在某个页面的重要性。

（二）主关键词与辅关键词

1. 主关键词

主关键词是表达核心意思的关键词。例如,某个页面主要描写的内容是关键词优化的几个方法,那么页面的主关键词就是"关键词优化方法"。"关键词""优化""方法"可以理解为页面的关键词,但不是主关键词。一个网站的主关键词可以有多个,但要注意内容方面不要缺乏相关性,也不能漫无目的地设置。对某个页面来讲,建议主关键词越少越好,方便页面主题的集中,也能够让搜索引擎给页面一个精准的定位。

2. 辅关键词

与主关键词对应的是辅关键词,是围绕着主关键词进行相应的改变,对主关键词进行补充或说明的关键词。有效地使用辅关键词能够增加主关键词词频,突出页面主题,提高页面的排名权重。辅关键词主要有以下几种形式:

(1) 习惯称呼

人们约定俗成地对一些名词或行为等的称呼,有可能不符合语法规则,但是人们往往习惯把它们作为关键词进行查询。例如,有些人称搜索引擎优化为"SEO",有些人则称为"SEO优化",还有些人称为"搜索引擎SEO"等,我们就可以确定"SEO"为主关键词,其他两个为辅关键词。

(2) 习惯用法

人们在搜索引擎中输入关键词的时候,会输入一些口语化或者习惯性的词语。例如,有些人搜索小米手机,可能输入关键词"手机小米"或者"Xiaomi";有些人搜索减肥方法,可能输入关键词"瘦身方法"或者"方法减肥";有些人搜索华为手机mate9,可能觉得切换中英文输入法麻烦,直接输入关键词"华为9"等。

（3）错别字误用

不管是英语还是汉语，都会出现错别字的情况，甚至很多用户不知道是错别字，他们只是用自己认为对的字进行查询。例如，页面的主关键词为"篮球培训"，有些用户可能搜索"蓝球培训"，那么后者就是辅关键词。

（4）结构化语句

很多人搜索信息时喜欢使用一些结构化的语句，比较详细地描述自己的想法，而非输入简单明了的关键词。例如，有些用户在搜索"篮球培训"时喜欢使用结构化的语句，如"哪里的篮球培训好""什么地方的篮球培训好""如何选择篮球培训"等，这些都属于辅关键词。

总之，搜索引擎能够正确判断人们输入关键词的真实意思，满足用户的需求。但即使搜索引擎能够判断用户的真实意思，页面的关键词密度、主关键词和辅关键词的设置也要恰当，如果关键词的分布和表现形式处理不当，也会影响页面排名。

二、百度关键词分布与表现形式

相同的关键词，在同一网页中分布的位置与表现形式不同，对网页的排名会有很大的影响。重要的关键词分布在页面的重要位置，并采用多种方式突出，可以增强搜索引擎的友好性，提高关键词的搜索排名。

（一）关键词分布

1. 用户的浏览习惯

网站设计者对网站和页面的设计，搜索引擎对网站和页面的抓取与分析，都应该遵循用户的浏览习惯，这样才能给用户带来更好的体验。下面以浏览淘宝网的首页为例，体会浏览顺序。淘宝网首页如图 3-2-1 所示。

图 3-2-1　淘宝网首页

通常，用户浏览页面的顺序是从上向下、从左向右。也就是一般情况下，用户对页面位置的重视顺序自上向下、自左向右逐步降低，左上角是最重要的位置，搜索引擎对页面的分析顺序也是由重要到一般。重要的关键词或者内容理应分布在重要的位置。所谓关键词分布，就是指关键词在页面中的位置情况，既包括主关键词，也包括辅关键词。

2. 关键词分布的原则

(1) 头部优先

页面头部主要包括标题、概要和关键词标签。标题内容在页面头部最先出现,然后是关键词和概要描述。

(2) 分布自然

所谓分布自然,是指关键词在页面的分布既没有刻意地增加出现的次数,也没有特意安排在重要的位置,而是根据内容需要自然呈现。人们的阅读习惯:通过题目了解文章写什么内容,通过概要了解文章的主体思想,通过结尾了解结论,文章主体部分就是详细的描述。因此,在文章的题目、概要、结尾和主体部分出现关键词是自然的分布,但是在文章的每一部分反复多次出现就是有意的行为,可能会引起用户和搜索引擎的反感。

(3) 协调出现

主关键词与辅关键词在页面中要协调出现,通过辅关键词的运用,加强主关键词出现的频率,同时又不至于引起用户和搜索引擎的反感。例如,为了强化主关键词"手机"在页面中的重要性,又不至于重复出现,可以设置如"音乐手机""拍照手机""手机维修"等辅关键词,防止搜索引擎判定为作弊行为。假设用户在百度搜索关键词"手机",搜索结果排在前面的部分商品如图 3-2-2 所示。

图 3-2-2 搜索结果排在前面的部分商品

(4) 主次分明

关键词并不是越多越好,也不是在网站内分布得越广越好,而是要围绕着网站的核心内容,做到主次分明。网站管理者要对网站的关键词进行 ABC 分类,核心关键词的数量要少,并将它们安排在网站首页的重要位置。其他次重要关键词安排在网站首页的分类导航栏位置,或者导航栏包含的二级链接中,其他更多的关键词出现在页面内容中。用户和搜索引擎都很喜欢这种层次分明的布局,像京东的主页,关键词的安排主次分明,其中鼠标放在"电脑/办公"上时,就会出现二级关键词链接,如图 3-2-3 所示。

另外,网站每一个页面的内容也要做到主题分明,确保每个页面对应的主关键词不重复。这样当用户需要某方面的内容时,可以直接找到这个页面,同时也不会引起搜索引擎的疑惑。

图 3-2-3　京东关键词安排情况

（二）关键词表现形式

关键词表现形式指关键词在页面中显示的格式，包括字体、字号、颜色、样式等。其中，样式包括粗体、下划线、斜体等。

例如，用户在百度搜索关键词"搜索引擎优化"，在搜索结果页面单击某链接，得到的页面正文内容如图 3-2-4 所示。

图 3-2-4　页面正文内容

由图 3-2-4 可知，文章标题包含关键词"搜索引擎优化"，并且字体加粗、加大显示。页面文字效果的显示通过 HTML 标签实现，在此，我们主要介绍 5 种常用的标签。

1. <h>标签

<h>标签又称为标题标签,通常有 6 种样式,从<h1>到<h6>,表现形式不同。<h1>定义最大的标题,<h6>定义最小的标题,可根据标题的重要程度选择不同的标签进行标注。<h>标签对页面相关性方面起到重要的作用,通常用来标记主关键词。该标签代码编写及显示效果如图 3-2-5 所示。

图 3-2-5　<h>标签代码编写及显示效果

2. <font>标签

<font>标签具有定义文本的字体、字体大小和颜色功能,其中字体大小和颜色的属性相对更重要。用户通过字体大小和颜色的变化,可以很容易地发现关键词,从而使重点更突出。该标签代码编写及显示效果如图 3-2-6 所示。

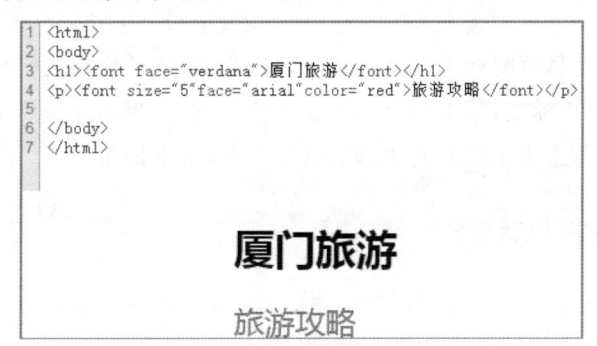

图 3-2-6　<font>标签代码编写及显示效果

3. <b>标签

<b>标签具有定义粗体文本的功能。用户通过加粗的字体很容易发现关键词,使重点突出。该标签代码编写及显示效果如图 3-2-7 所示。其中,<p>标签表示普通文本格式。

图 3-2-7　<b>标签代码编写及显示效果

4. <i>标签

<i>标签具有定义斜体文本的功能。用户通过斜体文字较容易发现关键词,因而重点突出。该标签代码编写及显示效果如图3-2-8所示。

```
1  <html>
2  <body>
3
4  <i>旅游攻略</i>
5
6  </body>
7  </html>

旅游攻略
```

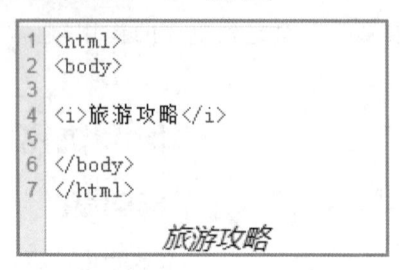

图3-2-8　<i>标签代码编写及显示效果

5. <u>标签

<u>标签是下划线标签,是页面链接的默认样式,表示为文本添加下划线。使用该字体样式,通常表示指定内容含有超级链接。该标签代码编写及显示效果如图3-2-9所示。

```
1  <html>
2  <body>
3
4  <p>如果"旅游攻略"不是超链接,就不要对<u>"旅游攻略"</u>使用下划线</p>
5
6  </body>
7  </html>

如果"旅游攻略"不是超链接,就不要对"旅游攻略"使用下划线
```

图3-2-9　<u>标签代码编写及显示效果

总之,标签对提高页面的相关性具有很重要的作用,能够突出关键词,但也要使用适当。如果整个页面全部使用标签,则无法突出主要的关键词,容易引起搜索引擎的反感。如果把页面内容比作绿叶,那么使用标签的关键词就是红花,适度即可。

三、关键词查找与分析

SEO工程师对网站进行优化前,需要查找与网站相关的关键词,并对关键词进行分析,通过分析结果对关键词进行评估,选择优质的关键词进行优化。

(一)关键词查找

关键词查找也称为关键词挖掘,也就是确定网站或者页面的关键词,使网站内容最大限度地与用户的搜索相匹配。假设用户习惯搜索关键词"SEO优化",而网站中优化的关键词是"搜索引擎优化",那么网站被用户"发现"的概率可能会很低。下面介绍使用搜索引擎法查找关键词。

搜索引擎接受用户的查询,积累了大量的用户行为数据,根据用户输入的关键词以及打开结果页面的情况等数据分析,逐步形成了智能推荐关键词的算法。SEO工程师可以根据这些智能推荐的关键词优化自己的网站。目前,主流搜索引擎智能推荐关键词主要体现在3个方面:搜索下拉框、结果页搜索框下部的"为您推荐"、结果页底部的"相关搜索"。以在360搜索中搜索关键词"旅游"为例,以上3个方面推荐的关键词如图3-2-10所示。

项目3　搜索引擎营销

（a）搜索下拉框

（b）结果页搜索框下部的"为您推荐"

（c）结果页底部的"相关搜索"

图 3-2-10　360 搜索推荐的关键词

另外，不同的搜索引擎输入同样的关键词，其智能推荐的关键词差别较大。以在百度搜索关键词"旅游"为例，关键词的推荐结果如图 3-2-11 所示。

因此，对于不同的搜索引擎，SEO 工程师要有针对性地优化关键词。对于不同主流搜索引擎都推荐的关键词要突出优化。

（二）关键词分析

SEO 工程师查找到的关键词可能有很多，但并不意味着这些关键词都要选择，都要优化，要掌握一定的原则，通过一定的方法对关键词进行分析。

1. 选择关键词的原则

选择关键词要掌握相关性和适度性的原则。相关性是指关键词与网站主题的相关程度。与网站主题相关性弱的关键词即使再好，也没有实际意义。适度性指关键词的竞争程度。竞争激烈的关键词即使再好，也可能付出努力多、所得回报少，达不到优化的效果。

例如，关键词"旅游"非常重要，非常符合人们的搜索习惯，但竞争非常激烈，优化的难度

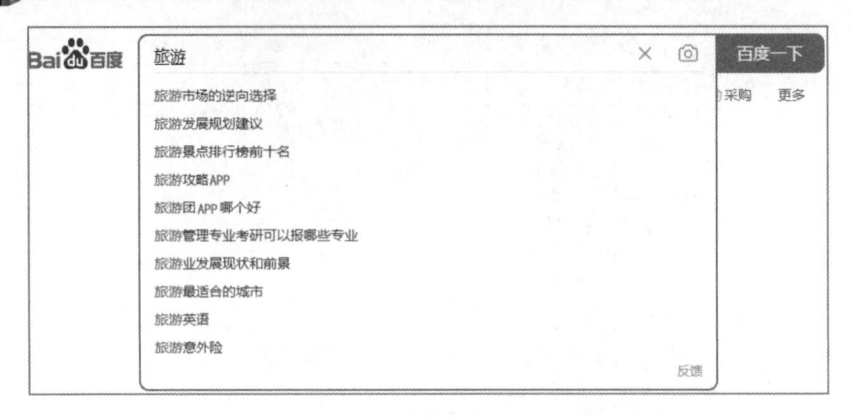

（a）搜索下拉框

（b）结果页底部的"相关搜索"

图 3-2-11　百度推荐的关键词

相当大,就不宜选择;如果网站的主题是自驾游,那么选择关键词"自驾游"要好于"旅游",并且"自驾游"的相关性更强。

2. 关键词分析的指标

SEO 工程师经常通过以下指标来分析关键词:关键词搜索指数、关键词页面数量、关键词竞价排名价格和关键词排名靠前网站的影响力。常用的分析工具有搜索引擎搜索指数工具、百度竞价排名工具和第三方分析工具等。

（1）关键词搜索指数

关键词搜索指数表示某关键词在某个搜索引擎被搜索的情况。关键词的搜索指数越高,说明搜索越频繁,人们对与之相关的信息越关注,竞争也相对激烈。很多搜索引擎都提供了搜索指数工具,用户能够很方便地查询关键词的搜索指数,并且提供了搜索指数的数据分析,如 PC 端指数趋势、移动端指数趋势、最近一周的数据、最近一个月的数据、最近一年的数据等。

例如,百度提供的百度指数,360 搜索提供的 360 趋势,搜狗搜索提供的搜狗指数等都是很好的关键词分析工具。使用百度指数工具查询关键词"旅游"最近一个月的搜索情况如图 3-2-12 所示。

（2）关键词页面数量

关键词页面数量表示搜索引擎数据库中包含某个关键词的页面的数量。关键词页面数量越大,说明包含该关键词的网页越多,竞争越激烈,优化难度也越大。用户搜索关键词时,有些搜索引擎会显示找到了多少条结果,也就是关键词页面数量,有些则不显示。搜索引擎显示的结果条数是个约数,仅作为参考,能够在一定程度上反映出关键词的竞争程度。

项目3 搜索引擎营销

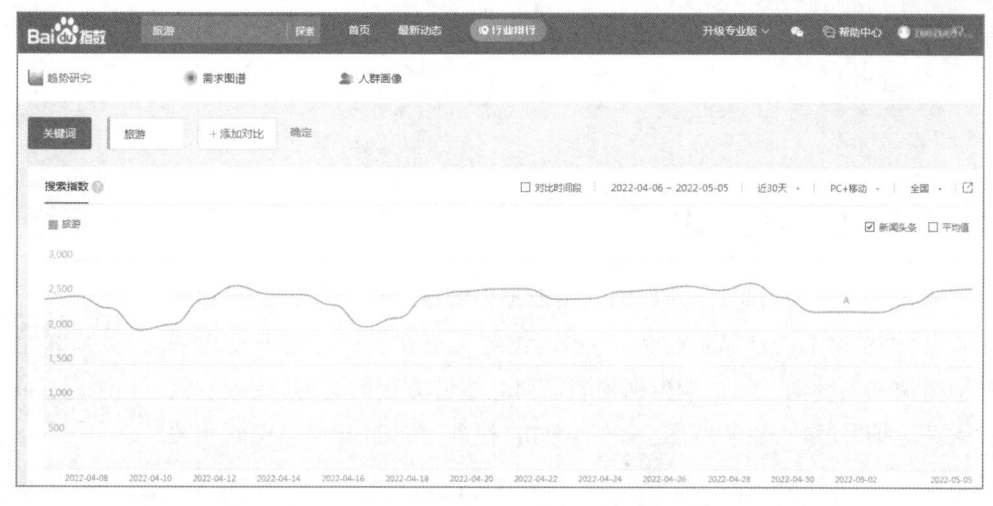

图 3-2-12 使用百度指数工具查询关键词"旅游"最近一个月的搜索情况

(3) 关键词竞价排名价格

关键词竞价排名价格表示商户为了使用户搜索某个或某些关键词时,自己的网站排名靠前,而愿意支付给搜索引擎的点击付费价格。一般情况下,点击付费价格越高的关键词,竞争越激烈。目前,在国内,商家常用的关键词竞价排名工具是百度竞价排名(百度推广)。例如,在百度中搜索关键词"自驾游",排在首页前5位的网站就是通过百度推广实现的。

(4) 关键词排名靠前网站的影响力

关键词排名靠前网站的影响力是用户搜索某关键词时,自然排名靠前网站的知名度、行业地位、规模大小等综合因素形成的一种评价。排名靠前网站的影响力越大,可能关键词的优化难度也越大。例如,在百度搜索关键词"体育",首页自然排名在前两位的网站分别是hao123、新浪网,如图3-2-13所示。

图 3-2-13 百度搜索关键词"体育"部分界面

任务 3-3　淘宝 SEO 关键词策略分析

一　淘宝关键词相关知识

买家在淘宝网购物时，一般在网站页面提供的搜索框内输入信息搜索相关宝贝（淘宝网上的产品俗称为宝贝）。淘宝买家搜索产品时所使用的信息即为淘宝关键词。如在淘宝网搜索新西兰旅游方面的内容，在搜索框内输入关键词"加拿大旅游"（图 3-3-1），单击"搜索"按钮，就可以得到相关产品信息。

这里主要从关键词搜索人气、关键词的分类和关键词的分布 3 个方面，介绍淘宝关键词相关知识。

（一）关键词搜索人气

关键词搜索人气是反映买家关键词搜索次数的数据。某关键词被搜索的次数越多，说明该关键词的搜索人气越高。关键词搜索人气越高，说明对应宝贝的需求量越大；反之，关键词搜索人气越低，说明对应宝贝的需求量越小。也就是说，关键词搜索人气相当于关键词对应产品的买家数量。

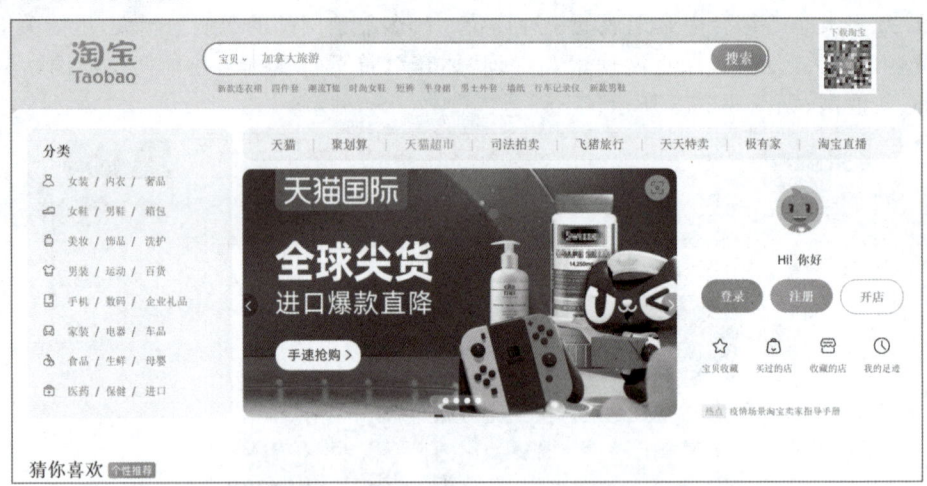

图 3-3-1　输入关键词"加拿大旅游"

另外，还有一个指标称为关键词搜索热度。关键词搜索热度与关键词搜索人气代表的意义相同，虽然查出的数值不同，但二者成正比关系。关键词搜索热度也能反映产品的需求情况，可以通过淘宝官方提供的"生意参谋"软件进行查询。

以查询"连衣裙"为例，其搜索热度与搜索人气如图 3-3-2 所示。

项目3　搜索引擎营销　　　63

搜索词	热搜排名	搜索人气	点击人气	点击率	支付转化率
连衣裙	1	103,428	74,119	154.28%	4.44%
t恤女	2	80,349	40,714	104.81%	9.77%
裙子	3	78,799	52,791	139.54%	4.00%
通勤女装夏	4	77,933	48,296	126.32%	2.60%
外搭夏季	5	73,897	37,506	85.15%	1.79%

图 3-3-2　"连衣裙"的搜索热度与搜索人气

（二）关键词的分类

掌握关键词分类的知识，可以从系统的角度提示卖家是否遗漏某些类型的关键词。根据用户搜索的输入习惯，淘宝关键词一般分为以下几类：

1. 主关键词

主关键词是对宝贝常用的称呼。如"衬衣"和"衬衫"都代表同一种商品，但用户对其称呼不同，因此这两个关键词在淘宝网都有一定的搜索量。分别输入这两个关键词会得到不同的搜索结果。

图 3-3-3 分别是搜索"衬衣"和"衬衫"搜索结果中排名前两位的商品，差距较大。每一个主关键词都有一定的搜索人群，所以在设置宝贝标题时，要注意选择最合适的关键词，并且主关键词必须在标题中出现。一个宝贝最少有一个主关键词，部分宝贝的主关键词可能存在多个。

虽然主关键词的搜索量比较大，但目标客户不够精准，这也需要引起优化人员的注意。

(a)"衬衣"搜索结果　　　　　　　　　(b)"衬衫"搜索结果

图 3-3-3　"衬衣"和"衬衫"搜索结果

2. 属性关键词

属性关键词是对主关键词的补充和说明，对主关键词的范围起到限制或缩小的作用。例如：主关键词是"衬衣"，那么用来描述衬衣的颜色、面料、款式等的关键词就是属性关键词。一个宝贝存在多个属性关键词。

相比主关键词，属性关键词搜索量少很多，并且不稳定，但属性关键词的搜索用户目的

性强,带来的客户精准,转化率高。例如,买家搜索关键词"纯棉纯色衬衣",基本能够说明买家想要的就是包含这几个特性的衬衣。

3. 错拼关键词

很多用户输入关键词时会选择拼音输入法,由于汉字的特殊性,输入时会出现同音不同字的情况。这些同音不同字的关键词就是错拼关键词,例如"礼物定制"与"礼物订制"。虽然用户输入错误,但搜索引擎也能正确理解其真实意图,并返回用户想要的搜索结果。卖家如果在宝贝标题中设置了错拼关键词,并且用户搜索使用了该错拼关键词,那么卖家的宝贝会比没有设置错拼关键词的宝贝具有优先展示的机会。如在淘宝网搜索框内分别输入关键词"礼物定制"和"礼物订制",搜索结果中分别出现在前两位的宝贝如图 3-3-4 所示。

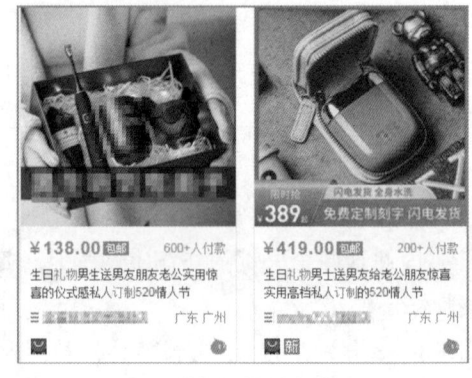

(a)"礼物定制"搜索结果　　　　　　(b)"礼物订制"搜索结果

图 3-3-4　"礼物定制"与"礼物订制"搜索结果

从图中可以看出,4 家店铺在主题描述中出现了"定制"和"订制"。目前很多大卖家为了企业形象,很少在宝贝中设置错拼关键词,对于中小卖家来说,正确设置错拼关键词,有时会带来更多流量。

4. 时间关键词

时间关键词是代表时间属性的关键词,如"元旦爆款""六一儿童节礼物"等。宝贝中设置的时间关键词要随着时间的推移做出调整,如现在是 2022 年夏季,如果宝贝标题中还设置"2021 年新款"这样的关键词,不但对用户没有任何吸引力,而且很可能造成负面影响。例如,输入关键词"2021 年新款连衣裙",搜索结果中排在前列的两款宝贝如图 3-3-5 所示。

图 3-3-5　"2021 年新款连衣裙"搜索结果

图中两款宝贝虽然搜索排名靠前,但宝贝的价格较高,对于2022年夏季要购买连衣裙的买家来讲,可能"2021年新款"字样会给他们留下不好的印象。

5. 地点关键词

地点关键词是表示地点属性的关键词,如"同城自提""阳澄湖大闸蟹"等。地点关键词适合线上、线下结合的营销方式,即本地有实体经营的店铺,通过线上交易后,到实体店铺提取商品或享受服务。

6. 促销关键词

促销关键词是宝贝促销时使用的关键词,如"特价""秒杀""包邮""满减"等。促销关键词主要起到吸引眼球的作用。在宝贝中设置促销关键词会提高转化率,增加销量。如搜索关键词"新款连衣裙满减",搜索结果排名靠前的两款宝贝如图3-3-6所示。

图3-3-6 "新款连衣裙满减"搜索结果

图中"满100减40""满减"等字样都会引起买家的注意,吸引买家单击链接进入店铺,了解宝贝的详情。

7. 事件关键词

事件关键词是与热门新闻事件或热播节目等相关联的关键词,如"××同款"等。事件关键词主要是借势营销,通过把用户关注的某些热点话题或事件与自己的宝贝结合起来,达到事半功倍的营销效果。

通过了解关键词分类方面的内容,优化人员可以根据宝贝的特点,从不同的分类角度,为宝贝选择最合适的关键词。

(三)关键词的分布

对全文搜索引擎来说,关键词分布在网页的任何位置都会对网页权重起到一定作用。但是淘宝搜索引擎作为内置搜索引擎的一种,关键词只有分布在特定的位置才能被搜索引擎抓取,参与到宝贝的排名中。这些位置主要是指以下4个方面:宝贝标题、宝贝卖点、宝贝属性和店铺简介。

1. 宝贝标题

宝贝标题也称为宝贝名称,是通过对关键词的排列组合对宝贝进行真实恰当的描述。卖家在发布宝贝时,宝贝标题是必填项。

宝贝标题是关键词的重要分布位置。搜索引擎主要通过标题来判断宝贝与买家搜索内

容是否具有相关性。在搜索显示结果中,如果宝贝标题与买家搜索的关键词具有一定相关性,则宝贝显示在搜索结果中,如果没有相关性,则该宝贝无法在搜索结果中显示。

宝贝标题相当于网页中＜title＞标签的内容,在淘宝关键词优化中占主导地位。以搜索"女鞋"为例,宝贝标题在搜索结果中的显示如图 3-3-7 所示。

图 3-3-7　宝贝标题搜索显示结果

2. 宝贝卖点

宝贝卖点是为了满足卖家自主营销的诉求,对标题进行确定性、补充性、扩展性的说明。宝贝卖点可以是宝贝的属性与特点,也可以是与其他宝贝的不同点,能促使买家下单购买。例如,某款连衣裙,其款式、面料、颜色、设计风格等都可以作为卖点来描述。

淘宝网中,宝贝卖点是选填项,相当于网页中＜description＞标签的内容,虽然作用不如宝贝标题明显,但也是关键词分布的重要位置,有一定的搜索权重。宝贝卖点的显示结果如图 3-3-8 所示。

图 3-3-8　宝贝卖点的显示结果

3. 宝贝属性

宝贝属性是指商品的类型、适合的人群、颜色、款式、价格区间等信息,不同类目宝贝的属性不同。如服装类目的宝贝属性有颜色、面料、风格等信息,而食品类目的宝贝属性一般是生产日期、保质期等信息。

宝贝属性所包含的项目,有些是必填项,有些是选填项,但都必须如实填写,不能错填和漏填。

宝贝属性包含的关键词占有一定的搜索权重。如果宝贝标题中不含买家搜索的关键词,而属性里有,同样也可以显示在搜索结果中。例如,买家搜索"纯色雪纺衫",宝贝标题中没有"纯色",但宝贝属性里有,那么这个宝贝同样也可以被找到,如图 3-3-9 所示。

项目3　搜索引擎营销

宝贝详情	评价	专享服务	手机购买

适用年龄：25-29周岁　　　尺码：S M L XL 2XL　　　面料：雪纺
图案：纯色　　　　　　　风格：甜美　　　　　　　领型：娃娃领
衣门襟：单排多扣　　　　颜色分类：白色　　　　　袖型：常规
年份季节：2022年夏季　　袖长：短袖　　　　　　　衣长：常规款
服装版型：直筒型

图 3-3-9　"纯色雪纺衫"的宝贝属性

4.店铺简介

店铺简介是对本店铺的介绍，一般包括店铺主要项目、商品概况、优惠活动、服务承诺等内容。买家通过查看店铺简介，能大体了解店铺的基本情况，为最终做出下单决策提供依据。

为了增加店铺的被搜索次数，要为店铺简介设置恰当的关键词。除了介绍店铺情况的常规内容以外，还需要在店铺简介中添加买家搜索的关键词。

卖家在店铺基本设置里填写店铺简介的内容，该内容会加进店铺的索引中。以某化妆品店铺为例，其店铺简介内容如图 3-3-10 所示。

> A公司从1975年起即是一个致力于提供女士、男士和儿童潮流趋势的国际时尚品牌。
> 时至今日，品牌已经在全球范围94个市场拥有超过2000多家店铺。
> 仅在中国，A公司已经在66个城市和地区开设了203家店铺。
> 作为一家全球性企业，A公司从始至终通过线上和线下广阔的零售网络与消费者保持紧密的联系。
> A公司产品系列每周更新两次以满足来自全球各地不同的人群和文化对于潮流的需求。

图 3-3-10　店铺简介内容示例

二、淘宝关键词查找

不同买家搜索同一款宝贝可能使用的关键词不同，有些关键词使用的次数多，有些关键词使用的次数少，甚至有的关键词没有使用。要为宝贝选择合适的关键词，首先要查找与宝贝相关的关键词。查找关键词的方法主要有以下几种：

（一）使用生意参谋

生意参谋是经营淘宝店铺常用的数据分析工具，也是查找关键词常用的工具。它为淘宝店铺提供关键词分析、诊断、建议、优化、预测等一站式服务。通过生意参谋，卖家可以查找行业相关的关键词，能一目了然地分析出关键词的优劣。

生意参谋是淘宝官方的关键词及数据分析软件，此外还有一些第三方公司开发的关键词查找软件，如江湖策、超级店长等。卖家可以通过"淘宝服务市场"订购这些软件。

（二）使用搜索下拉框

买家在淘宝网首页搜索框输入宝贝的关键词，搜索下拉框会自动显示最近搜索量大的关键词。这些关键词可以帮助买家进行购买选择，有时候买家会选择这些关键词查找宝贝。对卖家来说，可以通过搜索下拉框查找与宝贝相关的关键词。

例如：买家在淘宝网搜索框中输入关键词"连衣裙"，下拉框的显示内容如图 3-3-11 所示。

图 3-3-11　关键词"连衣裙"淘宝下拉框的显示内容

从图中可以看出,下拉框会自动显示多条与"连衣裙"相关的关键词。卖家可以根据自己宝贝的实际情况,有技巧地选择下拉框的关键词。

(三)使用相关推荐

买家在淘宝网输入关键词搜索时,在宝贝列表页的上面,每一个关键词都会有一些相关推荐,推荐的关键词与买家输入的关键词有一定相关性。例如,买家在搜索"运动鞋"时,网站会推荐"跑步鞋"等相关关键词,如图 3-3-12 所示。

图 3-3-12　相关推荐的关键词

相关推荐的关键词与下拉框关键词具有一致性,是买家近期搜索量比较大的关键词。不同之处是相关推荐的关键词比下拉框的关键词的相关性更强一些。

查找关键词除了以上 4 种方法,卖家也可以搜索主关键词,选择人气排名和销量排名较高的宝贝,查看宝贝标题中的关键词,从中找出与自己宝贝相关的关键词。

三、淘宝关键词筛选

通过不同的方法,卖家会找到与宝贝相关的一些关键词,但这些关键词不一定都适合设置在宝贝信息中,所以要筛选出优质的关键词,并把这些关键词合理分布在宝贝信息中,达到最佳搭配。筛选关键词主要考虑以下 3 个因素:关键词竞争值、相关性和搜索人气变化。

(一)关键词竞争值

淘宝关键词竞争值是判断关键词是否容易优化的一个重要指标。与百度关键词竞争值相似,淘宝关键词竞争值主要由关键词搜索人气与全网宝贝个数决定,三者之间的关系为

关键词竞争值=关键词搜索人气/全网宝贝个数

关键词搜索人气值越高,说明搜索该关键词的人数越多;全网宝贝个数越多,说明同行竞争者越多;关键词搜索人气为 0 时,说明关键词没人搜索,没有优化价值。当关键词搜索人气越高,全网宝贝个数越少时(可以理解为买得多、卖得少),关键词竞争值越大。关键词竞争值越大,关键词越容易优化,所以比较两个关键词哪个更容易优化,只要比较关键词竞争值即可。

查找完关键词后,把与宝贝相关的关键词统计出来,再使用生意参谋工具中的行业相关关键词搜索,可以将每个关键词的搜索人气与全网宝贝个数查询出来。将查询结果用 Excel 导出,通过计算,可以把每个关键词竞争值计算出来,并按数值大小,由高到低排序。使用生

意参谋查找关键词的指标示例见表 3-3-1。

表 3-3-1　　　　　　　使用生意参谋查找关键词的指标示例

关键词	全网搜索热度	全网搜索热度变化	全网搜索人气	全网搜索人气变化	商城点击占比	全网点击率	全网商品数（个）
棉麻连衣裙	2 257 778	↑0.85%	309 646	↑28.84%	50.00%	130.88%	2 873 096
黑色连衣裙	2 255 670	↑0.53%	338 239	↓3.37%	37.07%	133.19%	4 293 586
真丝连衣裙	2 180 929	↑0.32%	302 445	↑1.63%	55.80%	131.12%	791 816
红色连衣裙	1 997 675	↑0.96%	266 054	↑29.45%	47.78%	131.37%	2 409 690
大码连衣裙	1 876 168	↓0.74%	248 084	↓47.58%	36.34%	172.50%	3 217 233

计算关键词竞争值并排序，具体见表 3-3-2。

表 3-3-2　　　　　　　计算关键词竞争值并排序

关键词	全网搜索热度	全网搜索人气	全网商品数（个）	关键词竞争值
大码连衣裙	1 876 168	248 084	3 217 233	0.077 110 983
黑色连衣裙	2 255 670	338 239	4 293 586	0.078 777 74
棉麻连衣裙	2 257 778	309 646	2 873 096	0.107 774 331
红色连衣裙	1 997 675	266 054	2 409 690	0.110 410 053
真丝连衣裙	2 180 929	302 445	791 816	0.381 963 739

由表 3-3-2 可知，如果卖家卖连衣裙产品，并不是全网搜索人气高，关键词就容易优化，而是要看关键词竞争值的大小。如"真丝连衣裙"关键词竞争值最高，相比其他关键词容易优化，"棉麻连衣裙"虽然用户的全网搜索热度最高，但宝贝数量多，关键词竞争值小，也是比较不容易优化的关键词。

卖家在筛选关键词时，关键词竞争值是一个非常重要且能量化的指标。卖家找到与产品相关的关键词，如果关键词个数超过标题中能放置的数量，可以通过计算关键词竞争值的办法来判断其优劣，筛选优质的关键词。

（二）相关性

相关性是指买家输入的关键词和卖家宝贝的匹配程度，包括类目相关、属性相关、标题相关、店铺相关 4 个方面。相关性也是宝贝排名靠前的基础，宝贝信息和买家输入的关键词相关性好，排名才有可能靠前；相关性不好，排名靠后；无相关性则无排名。

例如，当买家输入关键词"运动鞋"时，返回搜索结果的宝贝中会包含"运动鞋"这个关键词，如果卖家宝贝没有设置该关键词，则宝贝无法显示。

相关性是筛选关键词的重要因素：卖家在为宝贝选择关键词时，要选择与宝贝属性相关的关键词。设置与宝贝属性不相关的关键词，靠欺骗手段得到的流量，不仅转化率低，而且容易遭到处罚。

（三）搜索人气变化

在筛选关键词时，要注意搜索人气的变化。通过生意参谋等工具可以查看关键词被搜索情况的走势图。如果发现搜索人气近期上升很快，要注意分析这类关键词是否能给店铺带来更多流量。

例如,电视剧热映期间,很多影迷在观看电视剧后,会在淘宝网搜索电视剧周边配套产品。在热映之前,尽管这些关键词搜索人气不高,但是通过生意参谋等发现这些关键词增长速度很快,如果卖家卖这类产品,应该及时将这些关键词加入到商品标题中。

四、宝贝标题关键词优化

宝贝标题由关键词组成,每一个关键词背后代表着一批想买商品的买家,因此宝贝标题含有关键词的数量与质量,直接决定了能吸引多少买家。宝贝标题关键词优化在淘宝 SEO 中占有重要的地位。

(一)宝贝标题关键词的写法

1. 正确写法

正确书写宝贝标题关键词主要注意以下 3 个方面:

(1)语句通顺

宝贝标题由关键词组成,找到宝贝相关的关键词后,要通过排列组合将这些关键词组成一个标题。组合后的标题要保证语句通顺,表达清晰,让买家通过标题就知道宝贝是什么。

为了保证标题语句通顺,可以套用书写标题的公式,最常用的公式为:品牌关键词(促销关键词)+属性关键词+主关键词。

(2)标题字数适当

淘宝店铺的宝贝标题最多可以添加 60 个字符,相当于 30 个汉字。超过 60 个字符的内容无法显示,也无法被搜索到。宝贝标题的关键词不足 30 个汉字,虽然也能发布宝贝,但因为关键词数量少,会损失一部分买家。

(3)符号使用正确

宝贝标题中的符号主要起断句的作用,避免产生歧义。对搜索引擎来说,能够识别的符号是空格与英文状态的"/",无法识别其他符号。有些宝贝标题会添加"【】"符号,主要目的是突出重要关键词,吸引买家的眼球。

2. 错误写法

不合适的宝贝标题有多种表现形式,需要注意的因素较多,此处主要介绍以下 4 个注意事项:

(1)禁止堆砌关键词

关键词堆砌是指标题中含有多个相同或相近的关键词。例如,某宝贝的标题为"品牌运动鞋男女透气休闲网面运动鞋轻便耐磨缓震运动鞋"。在该标题中,关键词"运动鞋"出现 3 次,很容易被判定为关键词堆砌。

一般情况下,在一个宝贝标题中,相同的词组出现一两次即可,相同汉字出现的次数不要超过 5 次。

(2)禁止滥用品牌词

品牌词只有品牌的拥有者或品牌授权代理商才可以使用。有些没有品牌授权的商家,为了吸引某些品牌的买家到自己的店铺,在标题中加入类似"非某品牌,胜似某品牌"等关键词,这样虽然能成功发布宝贝,也可能会吸引买家,但是一旦被搜索引擎发现或被买家举报,将会受到惩罚,严重的会导致店铺被关闭。

项目3　搜索引擎营销

（3）禁用敏感词

在多数网站，敏感词一般是指带有敏感政治倾向、暴力倾向、不健康的词或不文明用语，也有一些网站根据自身实际情况，设定一些只适用于本网站的特殊敏感词。如在淘宝网中，一些涉及侵犯知识产权的商品不能销售，类似"高仿""水货""盗版"等词被设置为敏感词，这些敏感词无法在搜索结果中显示，如图3-3-13所示。

图3-3-13　敏感词搜索结果

（4）禁用最高级

2014年底，淘宝网发布了关于商品绝对化、最高级用语违规通知，在标题、详情页等位置禁止使用"最低""最好""最大""最佳"等绝对关键词。带最高级的关键词也不能应用在宝贝详情页、店铺简介和宝贝属性中。

（二）宝贝标题关键词的优化原则

优化宝贝标题关键词需要掌握以下4个原则：

1. 紧密优先原则

在其他影响宝贝权重因素相同的情况下，关键词越紧密，权重越高。例如，买家搜索"纯银耳钉"，优先展示的是图3-3-14(a)的宝贝。

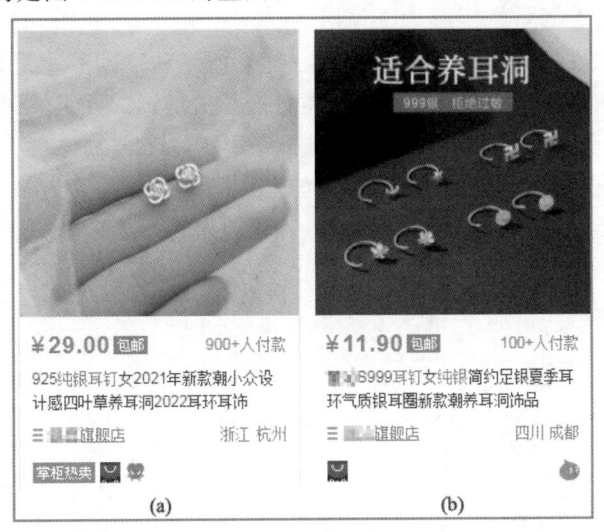

图3-3-14　宝贝展示结果

2. 顺序原则

关键词在标题中的位置对宝贝的排名没有影响，放在标题前面、中间、尾部达到的效果是相同的。

3. 权重原则

卖家设置好宝贝的标题后,可以在淘宝搜索宝贝标题的全部关键词。因为搜索的关键词多,搜索结果显示的宝贝相对少,所以淘宝根据搜索内容,指定了相关的关键词,并在搜索结果中提示"您是不是想找"等内容。这些结果提示的关键词是淘宝根据宝贝标题内容和买家搜索习惯生成的,所以这些关键词的权重也高,是买家搜索次数较多的关键词。

卖家通过搜索宝贝标题的所有关键词,可以判断出哪些关键词的权重高一些,再根据关键词紧密优先的原则,把权重高的关键词紧密排列在一起。

例如,搜索宝贝标题"××书包小学生男1—3—4—6年级儿童书包女6—12周岁双肩包护脊",淘宝网页无法找到,会提示"书包""小学生""双肩包"等关键词,如图3-3-15所示。这些关键词与该宝贝相关,所以设置标题时,应该把提示的关键词更紧密地组合在一起。

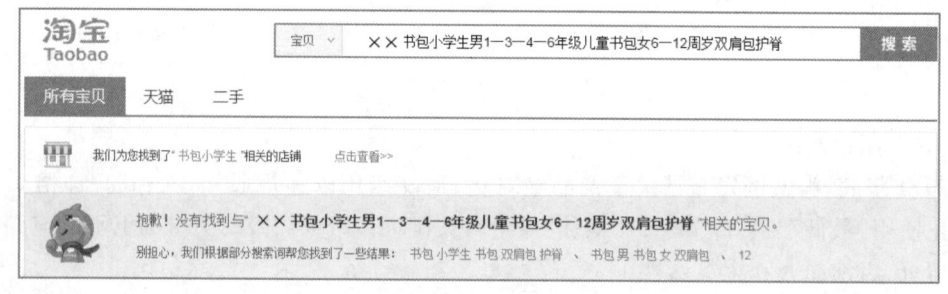

图3-3-15 标题关键词权重分析

4. 重复原则

卖家在写宝贝标题时,不要完全复制其他卖家的标题,更不要重复自己店铺的标题,这样会让淘宝误认为是同一个宝贝,容易判定重复铺货违规,给店铺造成不必要的扣分或降权。

(三)宝贝标题关键词的优化方法及注意事项

1. 优化方法

设置符合宝贝属性的关键词可以提高搜索排名,滥用和堆砌不相关的关键词将降低搜索排名。优化宝贝标题可以先查看淘宝网上同类目产品关键词的搜索情况,再比较单个宝贝关键词的搜索情况,发现搜索量大的关键词,并维护好这些关键词。

以某店铺为例,在千牛工作台打开该店铺的"卖家中心"—"商品"—"商品管理"—"我的宝贝",如图3-3-16所示,单击某一个商品,可以看到该商品的关键词整改意见,也可以全店诊断,如图3-3-17所示。

图3-3-16 淘宝后台查找商品路径

2. 注意事项

优化宝贝标题主要应注意以下事项：

（1）不要频繁优化宝贝标题，否则宝贝容易被搜索降权。因为每修改一次宝贝标题，淘宝就要重新收录宝贝，这种做法会增加淘宝服务器的负担。如果卖家修改宝贝标题过于频繁，淘宝会误认为宝贝有问题。建议每隔约7天优化一次宝贝标题。

（2）宝贝标题优化过程中避免修改高点击率、高转化的关键词，并且尽量保持其在原有宝贝标题中的位置。

（3）宝贝标题中尽量避免使用空格与特殊字符，减少资源浪费，不使用与宝贝属性不相关的关键词。

（4）不要在宝贝标题中添加未获得的授权及未加入的服务。

（5）卖家应经常到"卖家中心"—"宝贝管理"—"体检中心"查看宝贝是否有违规现象。如果发现违规提示，要尽快处理。

（6）不要对销量高的宝贝（俗称爆款）进行标题优化。因为修改标题后，淘宝会重新收录宝贝，盲目地修改可能会使宝贝排名下降。

图 3-3-17 关键词整改意见

思政园地

农产品如何通过互联网推广？如何才能做好农产品互联网营销推广？

如今互联网的快速发展，已给农民和各行各业带来了诸多便利，农民也要随着社会的发展而发展。近几年好多农民面临的困境是自家的农产品大丰收却为销路犯难。在这个互联网普及的时代，"互联网+信息化"已经为越来越多的新农人所熟知，但是，如何把自家的农产品放到互联网上呢？

以下几种方法可供参考：

1. 如果要想省钱，可以直接利用公共平台，比方微博和微信。我们可以通过微博发表文章聚集粉丝，再引流到微信群，有效地整合资源。若产品足够好，粉丝不但不会流失，相反还会拉更多的客户进来消费。

2. 自己建立渠道和品牌，通过一些常规的平台进行自我品牌及渠道的打造，比如淘宝、拼多多、微信朋友圈和微信公众号等。在淘宝、拼多多等平台开店卖农产品很不错，一些流量大的店铺每月销量能有几千单。

3. 建立和开发自己的农产品网站。虽然前期要花精力和时间去推广，但是一旦普及到位，会吸引很多的顾客上网站购买。

4. 自媒体平台。基于公众号、今日头条、一点资讯、百家、搜狐等自媒体平台的快速发展，目前已是几乎人人都是自媒体的时代，再加上论坛、博客和一些互联网媒体平台，人人都可以写"软文"来宣传自己的产品。

那么，在当今竞争激烈的互联网时代，企业如何才能做好农产品互联网营销推广呢？

企业要想做好互联网营销推广首先应掌握互联网营销推广的基本策略。

首先是自己的企业官网,一定要建设适合 PC 端和手机端,最好是自适应的网页形式,这样方便用户观看,也符合百度关键词优化的要求。

网站建设完毕之后,开始优化网站关键词,也就是 SEO。很多企业都有自己的官网,但是关键词排名却不好,这时候,一定要配备专业 SEO 人员进行优化调整。如果老站点没有优化的价值,可以放弃进行新建网站,进行重新优化!

其次,优化自己网站的同时,要做网络推广,手动把自己的企业信息推广到各大平台,让更多的用户看到,这是必须做的一步!要注意的是,一定要结合自身的产品优势以及能帮用户解决什么问题,用户关心什么问题,从用户需求和心理的角度制作相关的广告内容,还要根据目标投放媒体的特征制定不同的广告内容,最好不要千篇一律。

最后,看农产品是不是适合在电商平台上面直接销售,可以的话,做一下淘宝、拼多多和阿里巴巴,如果产品确实不是很适合这些平台,可以适当进行 SEM 推广,更加迅速地为企业提高关键词的排名和带来精确的流量!

(资料来源:经纬传媒营销)

任务实训

1. 查询宝贝关键词"旅游"的搜索人气。
2. 自拟关键词,分别使用关键词分类中介绍的关键词类型查询相关宝贝。
3. 使用不同的关键词查找方法查找与"运动鞋"相关的宝贝关键词。
4. 以关键词"自驾游"为例,查询相关关键词并计算它们的竞争值。
5. 根据所学知识优化自己或朋友淘宝店铺的关键词。

同步练习

一、单选题

1. 以下不属于 SEO 范畴的是( )。
  A. 将淘宝的商品自然搜索排名提高　　B. 将美团店铺自然搜索排名提高
  C. 优化速卖通商品属性　　　　　　　D. 优化淘宝直通车主图
2. 以下哪种关键词的配比方式比较适合新推广宝贝计划?( )
  A. 5%热门词,95%长尾精准词　　　　B. 20%热门词,80%长尾精准词
  C. 50%热门词,50%长尾精准词　　　　D. 95%热门词,5%长尾精准词
3. 以下不属于店铺 DSR 评分因素的是( )。
  A. 店铺动销率　　　　　　　　　　　B. 品质退款率
  C. 纠纷退款率　　　　　　　　　　　D. 退货退款自主完结时长

4. 以下不属于搜索排序机制的是（　　）。
  A. 用户引导　　　B. 搜索词拓展　　　C. 搜索词解析　　　D. 内容重定向
5. 新品/滞销品进行宝贝标题优化，应该尽量选择下列哪种关键词？（　　）
  A. 行业热词　　　B. 行业短词　　　C. 曝光度高的词　　　D. 竞争度小的词

二、简答题

1. 选择关键词的原则是什么？举例说明。
2. 淘宝关键词的分类有哪些？如何组织一个好的宝贝标题？
3. 网站中关键词分布的原则有哪些？

三、案例分析题

当用户在百度搜索"旅游"或"西藏旅游"等旅游相关的关键词时，会发现除了广告，马蜂窝网站总是大概率排在百度快照的第一个，如下图所示，请针对这个网站的关键词分布及网站结构等 SEO 的可取之处进行分析。

拓展延伸

我国搜索引擎的发展趋势

互联网基础建设的发展及移动互联技术的深入应用，促进了我国网民规模及结构、搜索市场的发展。2020 年 4 月 28 日，CNNIC 发布的互联网统计报告显示，截至 2020 年 3 月底，我国互联网用户规模超过 9 亿人，网络普及率达到 64.5％以上，手机网民规模达 8.97 亿人，手机网民占比为 99.3％；域名总数 5 094 万个、IPv6 地址数居全球第一，"CN"域名数持续增长。目前，中国互联网普及率高、移动互联网持续深入发展、上网设备丰富多样，这也使得我国互联网发展规模、发展速度达到了前所未有的水平。面对浩瀚的网络海洋，庞大的网民群体通过搜索引擎实现互联网应用成为可能，搜索引擎也成为继即时通信之后的第二大互联应用。《2019 年中国网民搜索引擎使用情况研究报告》显示，截至 2019 年 10 月，

中国搜索引擎用户规模达6.95亿,占整体网民的81.3%;手机搜索引擎用户规模达6.62亿,占手机网民的78.2%。而到2020年3月底,我国搜索引擎用户规模增至7.5亿,占整体网民的83%。网民使用搜索引擎呈现出不同的搜索行为、满意度等,除网民自身原因外,与搜索引擎服务平台功能的智能性、知名度、渗透率等也有一定关系。通过对比历年中国网民搜索引擎使用报告发现,我国品牌搜索引擎的数量、规模在2013年发展到巅峰时刻,累计有超过14家(如百度、360搜索、宜搜、谷歌、搜狗搜索、soso、有道、雅虎、新浪爱问、必应、易查、即刻搜索、盘古搜索、儒豹)的主流品牌搜索引擎。一时间,各大门户网站(如新浪、网易、搜狐)、实时通信软件(如腾讯)等相继开拓搜索市场,纷纷推出自家品牌搜索引擎。然而,到2014年时缩减到11家,2015年8家,2016年6家到现今仅5家(百度、360搜索、搜狗搜索、必应、中国搜索)。几年时间里,为什么我国品牌搜索引擎会从14家缩减到目前的5家?通过查阅文献及网站资料了解到,品牌搜索引擎数量的缩减主要由更名、合并、直接关闭以及退出中国市场等因素造成。鉴于PC端与移动端搜索用户需求所在,品牌搜索引擎是否构建了尊重用户行为和用户体验的搜索服务平台成为搜索引擎健康存在和持续发展的重要原因。

用户为什么会产生搜索行为?主要是遇到不熟悉的概念或问题时,产生了对特定信息的需求,这种搜索行为通常是用户在搜索引擎服务的各种使用场景中呈现,并通过搜索引擎日志形式记录,包括输入信息方式、输入信息内容、召回结果等。因此,搜索引擎使用场景的不同,必然使得用户搜索行为存在一定的差异性。面对超过7.5亿的搜索引擎用户群体,搜索用户在各类场景应用时,工作和学习场景下使用搜索引擎比例最高(占76.5%),其次为查询医疗及法律等专业知识场景(占70.5%)、查询新闻及热点事件(占69.5%)等。但通常来说,不论是工作、学习、查询医疗和法律知识,还是查找新闻和娱乐信息等不同场景,它们拥有一个共同特点即用户对遇到的问题或概念不熟悉,需要通过搜索引擎寻求互联网资源帮助,以得到相应的解决方案。

当前,实现用户搜索行为的媒介主要是PC端和移动端。其中,各种品牌智能手机成为移动端用户访问搜索引擎的主要设备,占97.1%;台式电脑或笔记本电脑等PC端访问搜索引擎用户比例为65%;用户体验效果的差异性,使得PC端和移动端品牌搜索引擎的渗透率(近期访问过搜索引擎)、首选率等各不相同。如PC端,百度渗透率达82.4%,排第一。其次为360搜索,达57.4%;搜狗搜索,达32.4%;必应,达10.9%;中国搜索,达2.4%。从PC端搜索引擎用户首选率来看,百度为57.2%、360搜索为28.1%、搜狗搜索为5%、必应为0.7%、中国搜索为0.1%。移动端搜索引擎用户首选率集中度高,排前两名的品牌搜索引擎超过了80%,即百度为66.8%、搜狗搜索为13.9%,其他均未超过10%。而77.3%的搜索用户认为"可以搜到想要的信息",18.8%的搜索用户认为"很难找到想要的信息",3.9%的搜索用户"说不清或不知道";从搜索满意度看,84.9%的搜索用户"对搜索引擎表示满意",15.1%的搜索用户"不满意"。与服务满意度相比,用户对搜索引擎提供搜索结果信任度偏低,71.5%的搜索用户"对搜索结果表示信任",28.5%的搜索用户"不信任搜索结果"。自2017年5月以来,微信发布"搜一搜"功能,其搜索服务能力逐步加强,成为移动端搜索信息的重要载体,43%的搜索引擎用户在微信上搜索过商品或服务。

依托人工智能技术,移动端品牌搜索引擎 APP 首页文字、图片或视频内容推出的信息流广告服务模块,在用户产生或可能产生搜索行为前就为其主动展示可能感兴趣的内容,成为未来品牌搜索引擎服务商服务方式之一。当前 60.9% 的用户会主动关注移动端搜索引擎信息流内容,这也被认为可能是主流品牌搜索引擎未来发展的重要方向之一。总之,用户在 PC 端和移动端,呈现出了不同的搜索行为。于搜索引擎服务商而言,应把握用户搜索行为的特征,构建基于用户体验的搜索引擎平台。

[资料来源:刘敏.基于用户体验的品牌搜索引擎服务评价及优化.2020(19),图书馆学研究,41-43]

项目 4
微博营销

学习目标 通过学习本项目,我们将达到:

1. 认识微博的内涵、发展历程和功能,微博营销的特点及优势;
2. 掌握微博的基本操作,熟悉微博的运营规划与合作推广;
3. 熟悉企业微博的组织体系和运营流程;
4. 培养微博营销意识、微博基本运营能力和通过数据分析营销效果的能力。

学习导图

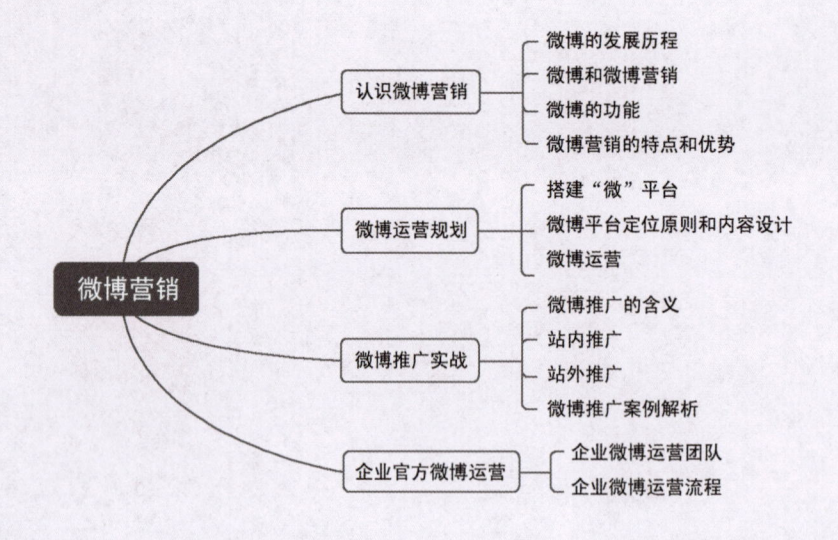

微博营销
- 认识微博营销
  - 微博的发展历程
  - 微博和微博营销
  - 微博的功能
  - 微博营销的特点和优势
- 微博运营规划
  - 搭建"微"平台
  - 微博平台定位原则和内容设计
  - 微博运营
- 微博推广实战
  - 微博推广的含义
  - 站内推广
  - 站外推广
  - 微博推广案例解析
- 企业官方微博运营
  - 企业微博运营团队
  - 企业微博运营流程

案例导入

H花店——新一代线上花店

H花店是新一代线上花店,曾经它没有实体店,也没有淘宝店,仅凭微博上几张花卉礼盒的照片和140个字的文字介绍,从2011年12月底开通微博至今,已经吸引了百万粉丝。

为什么传统简单的花店会有如此新鲜的生命力?答案是,它卖的不仅仅是花。

2011年末,顾客Y先生在H花店订花,希望能表现出莫奈的名作《睡莲》的意境,可是当时并没有合适的花材进行创作,Y先生回信说,"美值得等待",此后,竟不再催促。数月之后,店主想起日本直岛的地中美术馆藏有《睡莲》,从中获得灵感,做成了后来H花店的镇店作品之一:"莫奈花园"。与其他花店不同的是,H花店倾听客人的故事,然后将故事转化成花束,每束花因为被赋予了丰满的故事而耐人寻味。这其中,有庆祝结婚周年的、有求婚的、有祝父母健康的等。在日复一日的寻常生活中,阅读140个字的动人故事,也成为粉丝们的一种调节剂。

和传统的花店相比,H花店绝对算得上花店中的奢侈品品牌。从H花店出品的花卉礼盒少则三四百元,多则近千元,然而即使是如此高的价格,仍然有众多顾客追捧。H花店会针对不同的人群,根据送花人与收花人的心境起上文艺的名字,包装完成的花束只在微博上出售,顾客在微博上通过私信下订单,客服通过私信回答顾客的问题,最终达成交易。

案例思考

1. H花店与传统花店有什么不同?
2. H花店为什么能够获得成功?

任务4-1　认识微博营销

如今,微博越来越普及,尤其在年轻人的日常生活中已经成为不可缺少的一部分,几乎每天都会因为热搜事件去开展近日的聊天内容。随着微博影响力的提升,也有越来越多的企业开始重视微博营销,通过微博实现与用户的互动和交流。那么对于微博的发展历程你了解多少?什么是微博营销?微博营销又有什么特点和优势呢?

一、微博的发展历程

2006年3月,美国人伊万·威廉姆斯推出Twitter(推特)网站,它支持多种客户端发表文字、图片、音乐、视频等内容,最早的微博由此诞生。Twitter在海外如火如荼的发展影响了国内的互联网行业,2007年,国内陆续开始出现微博服务商,在经过阶段性探索成长后,2010年我国迎来微博元年,新浪等门户网站均开设旗下微博,将其瞬时普及开来。从产品生命周期来看,我国微博的发展主要经过了以下阶段:

（一）第一阶段：起步期（2007—2008年）

2007年5月，中国第一家带有微博色彩的饭否网成立。随后，又出现了一批微博网站，如做啥、嘀咕、同学网、腾讯滔滔、9911等。但是由于技术和网站管理方面的原因，国内微博的代表网站相继出现了故障，用户根本无法登录。微博在国内的发展势头弱了下来。

（二）第二阶段：成长期（2009—2012年）

2009年上半年，以嘀咕、follow5为代表的微博网站在进一步深化探索失败。2009年8月28日，门户网站新浪涉足微博领域，正式开始内测，将我国微博的发展推向了一个新的阶段。随着新浪微博的迅猛发展，搜狐、网易、腾讯等门户网站和人民网、凤凰网、天涯社区等大型网站也相继推出了微博服务，不断拓展市场，发展了大批用户。

（三）第三阶段：成熟期（2013年至今）

目前，微博市场内部的品牌竞争格局已经清晰。自2013年开始，搜狐、网易、腾讯等公司对微博投入力度陆续减弱，微博市场竞争逐步减小，市场进入洗牌期，新浪微博突出重围，用户逐渐向新浪微博迁移和集中。2014年3月，新浪微博宣布改名为微博。现有微博用户中，使用新浪微博的用户占比超过70%。

二、微博和微博营销

微博（Weibo）是微型博客（MicroBlog）的简称，或者称为"一句话博客"，是一种通过关注机制分享简短、实时信息的广播式社交网络平台。用户可以通过Web、WAP等各种客户端组建个人社区，以不超过140个字更新信息，并实现即时分享。

微博营销，无非包含两个概念："微博"和"营销"。简单说就是借助"微博"实现"营销"。微博营销，是指通过微博平台为商家、个人等创造价值而执行的一种营销方式，也是指商家或个人借助微博这一平台进行的包括品牌推广、活动策划、个人形象包装、产品宣传等一系列的营销活动。

三、微博的功能

微博对于用户来说主要具有以下功能：

(1)发布功能：用户可以在微博中发布信息，包括文字、图片、视频等多种形式。

(2)删除功能：在自己的微博列表中可以将已发表的微博删除。

(3)转发、评论、点赞、收藏功能：转发是指用户可以把自己喜欢的内容一键转发到自己的微博；评论是指用户可以对感兴趣的微博发表评论与其互动；点赞是表达对某一微博的喜爱；对某一微博收藏后方便之后查找。

(4)关注功能：用户可以对自己喜欢的用户进行关注，成为这个用户的关注者（粉丝），那么该用户的所有内容就会同步出现在自己的微博首页上。查看用户关注列表，可以取消对某人的关注。

除此之外，微博还具有查看热点微博、私信、@他人、发起话题、搜索、相册、投票等功能，如图4-1-1所示。其中，功能和其他功能模块是用户直接使用的模块；策略则是微博的一种

项目4　微博营销

营销手段和方法;关系是管理用户资料模块;客户端主要描述微博支持的发布方式。

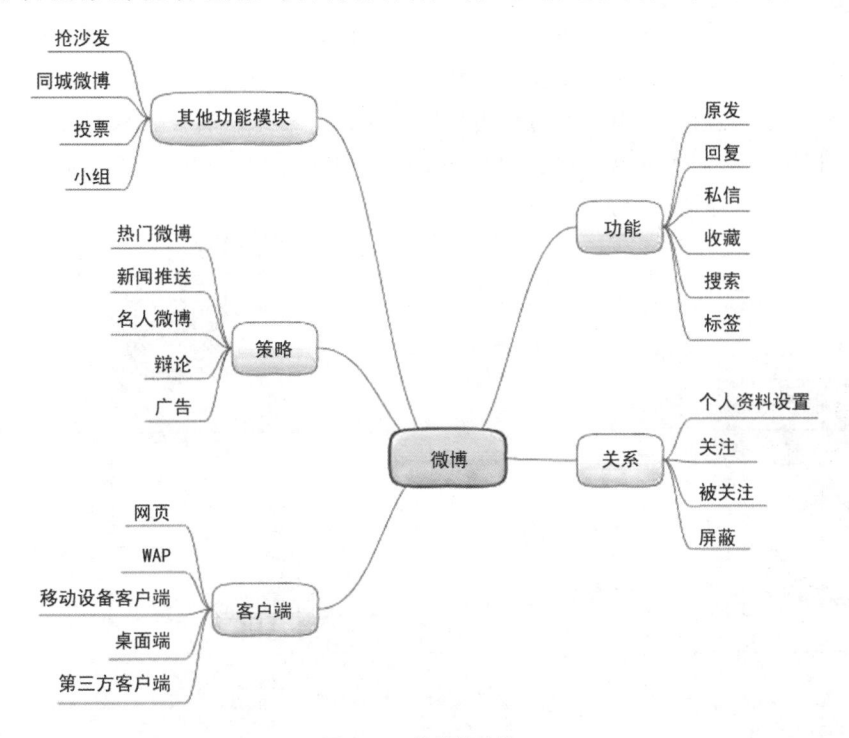

图 4-1-1　微博的功能

四、微博营销的特点和优势

(一)微博营销的特点

1. 发布门槛低

微博发布门槛低,内容短小、口语化,远比博客容易得多。微博的申请也非常简单,可以通过邮箱和手机号码进行申请,仅需两步就可以获得自己的微博账号,企业则需在此基础上将营业执照等证件扫描、上传,审核通过之后就可以获得加V的企业微博。

2. 营销成本低

微博是免费的平台,企业在微博上发布产品信息无需任何费用。此外,传播内容的制作费用较低。微博营销常用的方法是"关注+转发"的抽奖活动,通过关注提高了粉丝数量,通过转发加乘了信息传播的效果,而所花费的营销费用则非常有限。除了企业的推广广告之外,相比传统营销方式,微博推广信息的花费较少,前期一次投入,后期维护成本低廉。

3. 传播效果好

微博显著的特征之一就是其传播迅速,微博的信息传播方式不是线性有序传播,而是无中心的开放式传播。微博个人用户多、媒体用户全、企业用户广,一条关注度较高的微博在互联网上发出后短时间内通过互动性转发就可以抵达微博世界的每一个角落,达到短时间内最多的目击人数。利用名人效应、大V、粉丝关注的形式进行传播,能够使事件的传播量呈几何级数放大。

4.即时互动性

在微博上,形象拟人化,更具有亲和力。政府可以和民众一起探讨,企业可以和用户互动,微博其实就是在拉近距离。企业可以利用微博与用户即时沟通,及时获得反馈,还可以第一时间将营销信息传递给目标用户,用户通过对营销信息的转发、评论、点赞等相关反馈内容与企业沟通,从而实现营销信息的交互,这种双向沟通是成功营销的前提。如图 4-1-2 所示为海尔利用微博进行营销及与粉丝互动。

图 4-1-2 海尔微博营销及与粉丝互动

5.支持多媒体

微博信息支持包括手机、计算机、平板电脑与其他传统媒体等多种平台。微博营销可以借助多媒体的技术手段,利用文字、图片、视频等多种展现形式,从多维度对企业的产品和服务进行全方位的展示与描述,从而使潜在消费者更形象直接地接收产品信息。微博营销的多媒体特性让潜在用户更直观地感受营销信息,从而达到更高的信息到达率和阅读率。

(二)微博营销的优势

微博不仅是品牌传播的窗口,更是价值转化的平台。通过微博的运营,可以把关系、社区、粉丝、关注转化为订单。而且随着社会化媒体的兴起,品牌宣传和营销活动越来越重视受众的互动性和参与感,以微博为代表的社交媒体将为电子商务发展带来新的机遇和平台。

1.实现精准营销的绝佳平台

微博营销针对性极强,可以帮助企业快速寻找到自己的目标用户。关注企业或者产品的粉丝可以接收到微博最新发布的信息,通过对粉丝的积累,能够有效利用众多粉丝的关注进行病毒式传播,有利于企业一对一实现精准营销,不断提高自己企业的影响力。

2.社会化营销的有力武器

微博可以说是企业开展社会化传播的优质媒体。微博具有开放性、互动性、分享性等特征,为病毒营销、事件营销、话题营销传播等一些社会化传播形态提供了温床。企业可以通过开展社会化营销活动,引发粉丝转发,免费扩大营销传播的广度。加之微博上影响力较大的各类大V用户、营销号对信息迅速扩散的推动及微博用户自身的二级传播,企业微博信息能够借助转发在短时间内在微博世界中大规模扩散。

3. 品牌个性塑造的有效途径

微博巧妙地融入用户生活圈,用拟人化的语言、语调、词汇、句式等与用户沟通,具有浓厚的个人色彩。借助这一特性,企业可以将品牌官方微博打造成品牌的发声、交流平台,通过独特的内容、语言风格,个性化的互动等方式向用户展示品牌鲜明的个性。企业通过微博与用户保持良好的双向交流,能够改变和影响他们对品牌的固有认知,有利于塑造品牌形象。

4. 维护用户关系的便捷渠道

微博改变了企业与用户沟通的方式,营销行为由单向传播变成双向沟通。用户从中得到了尊重、自由和满足;企业从中可以实现与目标用户群的个性化沟通,准确把握用户的行为特征和消费心理,亦可在双向沟通过程中监测、塑造、改善、强化用户关系。强化用户关系不仅可以了解用户对于企业及产品的看法,更深层次地了解他们的需求,进而改进产品、品牌活动的设计、广告宣传、品牌形象的塑造等,有利于培养粉丝对企业品牌的忠诚度。

任务 4-2　微博运营规划

一、搭建"微"平台

这里以新浪微博为例进行介绍。

(一)新浪微博简介

新浪微博成立于 2009 年 8 月,是一个由新浪网推出,提供微型博客服务的网站。目前,新浪微博已成为中国用户数较多的微博产品,公众、名人用户众多是新浪微博的一大特色,已经基本覆盖大部分知名文体明星、企业高管、媒体人士。

(二)新浪微博账号申请

要进行微博营销,首先需要注册微博账号,开通微博后才能关注相关人员并且发送营销信息。新浪微博账号申请步骤如下:

第一步,打开 PC 端新浪微博官网首页,单击页面右侧登录区域"立即注册"按钮,如图 4-2-1 所示。

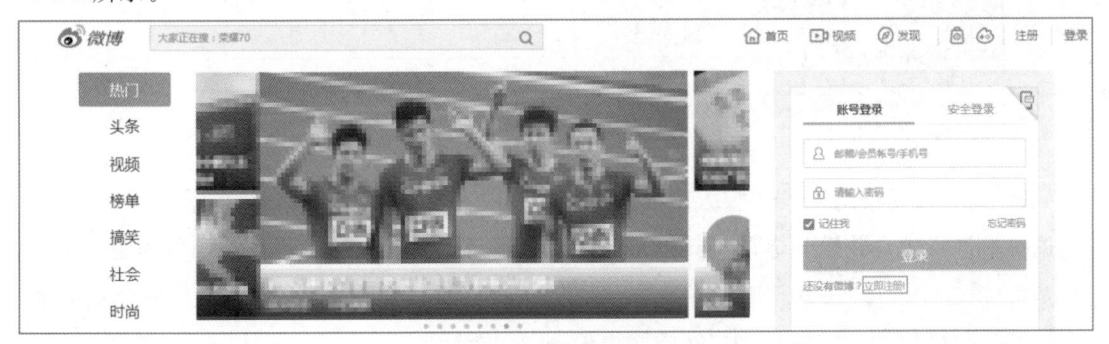

图 4-2-1　PC 端新浪微博登录界面

第二步，在注册页面，选择要申请的账号类型——个人注册或官方注册（图4-2-2、图4-2-3），根据提示进行申请。其中官方认证类型包括：政府、企业、媒体、网站、应用、机构、公益、校园组织。非官方类用户，应在个人注册处注册。

图 4-2-2　个人注册页面

图 4-2-3　官方注册页面

第三步，成功申请个人或官方微博后，可以选择个人申请认证或机构认证（图4-2-4），再根据要求进行填写并提交申请。其中企业认证申请需把营业执照和认证公函作为附件上传到系统（图4-2-5），并付款。申请成功后，客服会进行审核，如果资料缺乏，会有专门的客服人员进行电话核实，审核结果由"@微博小秘书"私信通知。

项目4　微博营销

(a)个人申请认证　　　　　　　　　　　　(b)机构认证

图 4-2-4　微博认证体系

图 4-2-5　企业认证

二、微博平台定位原则和内容设计

微博号主要包括个人微博、企业微博、政务微博和其他类微博。每一类别还可以细分为不同专业领域和垂直市场。

(一)微博平台定位原则

1. 选择自己感兴趣或擅长的领域

微博定位要以自己的兴趣和特长为中心,选择感兴趣和擅长的领域。例如,对美食感兴趣可以定位为健康与美食领域的微博;对护肤、化妆感兴趣可以定位为护肤与美妆领域的微博;对运动感兴趣可以定位为运动或健身领域的微博……总之,在明确了个人兴趣和特长之后,微博定位就能够以此为中心展开了。如图 4-2-6 所示为以美食为主要领域的微博账号。

2. 明确要传递的价值和要实现的目标

不同的人使用微博的目的不一样:微商使用微博是为了推销产品;企业使用微博是为了宣传企业、树立品牌形象和维护客户关系……因此,在设计微博平台定位时,一定要清楚使用微博的目的,明确自己要传递的价值和要实现的目标,并以此来开展营销。目前,微博的作用主要有学习、娱乐、资讯获取、品牌宣传、产品推广、微电商创业、自媒体等。明确使用微博的目的是微博运营的前提。

图 4-2-6　美食领域微博账号

3. 赋予微博独特的个性

微博要想脱颖而出就一定要有特色,有个性。微博的特色就是运营者个性的体现。每一种个性都会给粉丝不同的感觉。体现自己独特的个性,可以让你的粉丝通过微博了解你、喜欢你。一般来说,专业的微博账号要坚持 2/8 原则,即 80% 是关于账号的专业内容,20% 是关于非专业的内容。

(二)微博内容设计

在信息泛滥的微博中,应该如何吸引用户的注意,给用户留下深刻印象呢?微博营销作为新媒体运营方式,仍旧是内容为王。微博内容简单来说就是微博平时要发哪些东西,微博内容设计是将目标受众转化为粉丝并长期保留的最佳途径。因此,营销人员可根据微博定位,发布高质量、原创的内容,以有趣、有用等特点,扩大微博的影响力,这对打造个人或产品品牌以及后续的粉丝维系是非常必要的。微博内容设计要注意以下几点:

1. 内容的相关性

微博内容设计可以与粉丝的兴趣相关、与自身营销目标相关、与专业知识相关,而不是单纯为了迎合大众。内容设计首先要确定垂直领域,如美食、娱乐、萌宠、穿搭、美妆护肤、育儿、健康养生等不同的领域。所打造的内容要围绕确定的领域,有利于精准引流。一个定位于垂直领域却有五花八门内容的账号并不是那么让人喜欢。如图 4-2-7 所示的微博账号定位为时尚美妆,以视频和图文的形式推荐美妆、时尚类产品给消费者,现已拥有微博粉丝数 1 099 万。

2. 内容的原创性

微博内容的打造是十分重要的。微博内容如果仅仅是转发别人的微博,而不去原创的话,微博官方会认为该微博内容没有价值,从而进行降权,这样不仅不会被粉丝以外的人看到,就连粉丝本身都有可能看不到。

项目4　微博营销

图 4-2-7　时尚美妆博主

3. 内容的高质量

微博内容 140 个字的上限形成了一种"微原则"。因此,要将最精彩、最核心的内容用最简短的文字表达出来,同时在这简短的 140 个字中充分运用心理学、营销学、传播学的原理使其达到最佳的效果,可以选择以分享生活、发布作品、发布教程等有趣或有用的内容为主。

4. 内容的多元化

为避免内容枯燥,微博在内容的表现形式上呈现多样化的特点,如文字、图片、头条文章、视频、直播等。微博内容不要拘泥于某一种形式,可以多生产更具创意的内容,让内容更具多元化。

5. 内容的规律性

微博平台一般对信息发布频率不做限制,但对于营销来说,微博的热度与关注度来自微博的可持续话题,因此要不断地制造新的话题。要想长期吸引粉丝注意,必须对微博定期更新,提前做好内容发布的计划表,这样才能保证微博的可持续发展。如果今天发 1 条,明天发 20 条,这样的微博大概率做不好。当然,长期更新更好、新颖的话题,还可能被网友转发或评论。

微博营销要做得好绝非易事,一定要在微博平台定位和内容设计上下功夫,一切的微博营销活动都要围绕着这些来进行,才能更好地运用好微博这个营销平台。

三、微博运营

（一）确立目标群体

微博是很适合向用户进行展示的平台,如果做得好,那么将以最小的成本获得数以万计的用户。但是由于它是分众的,因此,当建立自己的微博账号时会发现,如果没有任何人关注你的账号,那么你将无法实现任何营销目的。因此最基础的就是找到适合自己的粉丝群,

才能根据粉丝的喜好进行精准的信息投放,达到精准引流效果。例如,如图 4-2-8 所示的萌宠博主,以可爱的宠物和极具创意的文案,吸引了众多喜欢宠物的粉丝。

图 4-2-8　萌宠博主

(二)定期更新微博信息

保持发文频率这一点看起来很简单,但是也很难做。很多人觉得日更一条不难,但是坚持下来却不是每个人都能做到。最关心你发文频率的是粉丝,保证发文频率本质上只是为了让粉丝感受到你微博号的态度,认可你的恒心。粉丝不见得会去看内容,但是他们可能会养成阅读习惯。发微博不宜过于频繁,最好控制在 20 分钟到 1 小时一条,一天的微博数量也要控制在 20 条以内。

(三)选择合适的发布时间

对于运营方来说,发微博是工作,但在工作时间发微博,势必将遇到粉丝互动低的问题,毕竟,正常工作时间粉丝也在工作。那么什么时间段最适合发微博呢?据调查,工作日的清晨(7:30～9:00)、午休(12:00 前后)及晚饭后(18:00～23:00)时间段,用户活跃度较高,营销价值大,这几个时间段就是发微博的黄金时段。周末午饭后(13:00～14:00)和晚饭前后(17:00～20:00)的用户互动更加积极:这两个时间段用户转发和评论都比较积极。周末休息较晚,23:00 之后发布微博仍然可以获得较多的用户反馈。

(四)"视频＞图片＞文字"法则

视频、图片能让用户快速阅读并产生联想和记忆。图片越精彩,越容易引起粉丝的关注和深入阅读,也越容易被记住,被分享。所以为了解决纯文字的单调枯燥的问题,提高微博点击率,就要多发视频和图片,分享的时候也尽量通过视频和图片的形式进行传播。

(五)善于与粉丝进行互动

在进行微博运营时,要主动出击与一些活跃用户交流,参与他们的讨论以吸引他们的关注,还可以经常参与一些热点微博事件的评论,增加自己账号的曝光,获得粉丝。维护好与活跃用户的关系,这样才能得到转化。

任务 4-3　微博推广实战

要想微博营销效果好,推广也十分重要,需要通过多种渠道来进行宣传推广,大致可以归纳为站内推广和站外推广。

一、微博推广的含义

微博推广是以微博作为推广平台,每一个用户(粉丝)都是潜在营销对象,利用微博把推广信息广泛传递给粉丝和潜在粉丝来进行产品营销。

二、站内推广

站内推广就是基于微博平台的推广方式,具体包括:

1. 主动关注

通过搜索相关关键词,找到潜在用户,主动求其关注。主动关注的微博数量,最高上限为 2 000 人,日关注 500 人。充分利用关注配额,同时积极评论或者@名博博主,以增加自身关注度。

2. 活动推广

活动推广包括平台活动和自建活动,通过活动吸引粉丝参与,增加搜索结果数。常见的活动推广有转发抽奖、发起挑战、话题讨论。

(1)转发抽奖:线上微博活动较为常见的形式,一般表现为转发、点赞、评论 3 种方式,还可通过关注、@好友、关键词筛选以及同时关注他人对抽奖结果进行筛选。开展活动前要确定营销活动目标以及活动时间,合理设置活动奖品,最终编辑发布微博内容。

(2)发起挑战:一般表现为由发起人确定挑战项目,以@或点名的形式,邀请下一位用户参与挑战,被邀请用户完成挑战后,还可继续邀请其他用户参与。除此之外,企业可通过发起挑战,设置奖品,吸引用户发布挑战视频或照片,宣传推广产品或品牌。可以选择与知名人物合作,提高趣味性或活动意义,设置有吸引力的奖品。

(3)话题讨论:营销人员借助已有的热门话题,引起用户的讨论。营销人员可借助热门话题,发表自己的态度、看法等,吸引有相同价值观的用户,积累粉丝数。话题讨论的关键在于对话题的选择,一般来说,应在时事热点、微博热搜榜和微博话题榜中,查看其实时排名,选择与微博定位或产品、服务相关的内容,作为话题切入点。

3. 微博红人账号推送

微博红人包括微博大号、认证加 V 用户、名人明星等,通过付费请微博红人转发,可以利用微博红人自带的流量达到宣传的效果。在推广时要考虑预算问题,同时要调研博主的粉丝是否真实有效,博文质量是否高,互动量多少,慎重筛选。

4. 微应用

开发微博 APP 应用,吸引用户参与,同时可以推广企业微博。

5. 超级粉丝通

超级粉丝通目前是微博上比较常用的推广模式,是新浪微博在 2013 年启动的,属于信息流的推广方式。可以根据博主的风格及行业,筛选出有针对性的目标人群进行精准投放,是带有"广告"字样的博文(图 4-3-1)。

6. 粉丝头条

这主要是以自有粉丝为核心的较轻量级的推广方式,在 24 小时内,可以使推广博文出现在粉丝账户第一条,即自有粉丝热门页面信息流的第一条,让粉丝不错过账户的重要信息(图 4-3-2)。对于具体购买价格,与自有粉丝数量、博文内容有关,粉丝数量越多,博文就会被更多的粉丝看见,价格自然更高。

图 4-3-1　超级粉丝通推广效果　　　　图 4-3-2　粉丝头条推广效果

7. 合作互推

这是指联系在某一领域有影响力的博主或同类型、相关类型的博主进行合作,联合众多微博账号的影响力,推广营销内容,扩大宣传范围。一般来说,应选择有影响力的微博账号合作,或者邀请网络大 V 互动,为合作双方带来利益。

三、站外推广

站外推广就是在微博以外的区域进行的推广(包含线上和线下)。

(1)传统媒体合作:可以和线下的广告公司或传统媒体进行合作,如公交广告、电台广告、户外广告牌广告、宣传单等。

(2)在企业官网、社区、论坛、贴吧上发布企业微博信息。把微博与这些资源进行关联推广,能显著地提高企业微博的知名度和曝光度。

(3)微博组件推广,如在官网上添加一键关注、收藏、分享等微博按钮。

(4)有条件的企业可以在企业门店醒目位置放置微博广告牌,或者是在电子邮件、宣传册、名片等中添加微博信息。

四、微博推广案例解析

支付宝——祝你成为中国锦鲤

作为国庆小长假的预热,2018年9月29日支付宝在其微博账号发布了一条"【祝你成为中国锦鲤!】十一出境游的朋友,请留意支付宝付款页面,可能一不小心就会被免单……"的微博,称将在10月7日抽取转发这条微博的一名粉丝为"中国锦鲤",领取一份超级大礼包(图4-3-3)。区别于以往的营销事件,此次活动事先没有预热,9月29日支付宝微博发布活动通知前,没有在其他任何线上或线下渠道发布消息,是一次真正意义上的"冷启动"。然而这条微博在最短的时间内,转发、评论、点赞热度直线上升,达到将近500万的转发、评论、点赞,亿级的曝光量,相关的话题在公布结果后,迅速占据微博热搜第一和第三位,相关关键词的微信指数日环比更是大涨288倍。随着参与转发抽奖人数的增多,最终抽奖时,获奖的概率达到了惊人的三百万分之一。10月7日上午10时,支付宝公布中奖人信息,活动进入高潮,微博热搜榜持续霸屏,评论区热闹非凡,而那位幸运儿,也从一个普通用户,一跃成为粉丝达到100多万的微博认证用户,成为大家都羡慕的那个人。此次微博营销创造了企业传播案例中迄今为止总转发量最高,企业营销史上最快达到百万级转发量,企业营销话题霸占微博热搜榜单最多,企业营销24小时内给个人涨粉量最多四项纪录。

图4-3-3 支付宝"中国锦鲤"活动

(资料来源:知乎,2018-10-08)

案例解析:

(1)优秀的文案。活动微博文案的第一句便是:祝你成为中国锦鲤。中国网民将锦鲤与"转运""好运"等词汇紧密联系在一起,并形成了转发锦鲤便能获得好运的固化思维。简言之,"锦鲤"一词在微博生态下具备极强的传播性。选中了中国锦鲤这个概念,就仿佛是选中了一个极佳的广告词,用户见到文案之后,可以直接参与、转发,不需要再转述或者是发明新的概念,这相当于将传播的阻力降到最小。

(2)借助国庆热点。国庆期间是出游和消费支付的高峰,在这个节点做免单活动能达到加倍的效果。

（3）奖品极具吸引力。在活动通知微博发布正好一个小时之后，奖品清单的海报就出现在了留言区，丰厚的奖品远超用户的心理预期，有效撬动了参与者的参与热情，进一步带动转发带来更多的用户，从而让传播进入到一个正向的循环中。

（4）制造话题点。随着活动的进行，这次活动的获奖概率达到了极度夸张的三百万分之一，"三百万分之一的概率"成为话题点。面对这样一个意味着"你根本不可能中奖"的概率，支付宝巧妙地把它利用起来，成为一个造势的点。

任务4-4　企业官方微博运营

微博自2010年全面发展以来，已经走过了十几个年头，成为企业有效的实时营销平台，为进驻的企业带来更多盈利的可能。从企业角度讲，微博为企业提供了一个与客户面对面沟通、即时展示、服务的平台；从消费者角度讲，消费者可以利用微博反馈自己对产品和服务的需求；从功能角度讲，微博营销集中了市场调研、产品推介、客户关系管理、品牌宣传和危机公关等。

一、企业微博运营团队

企业微博应该有较为完备的组织体系，至少应设一名专职管理员，并由销售、技术和客服等跨部门的团队成员提供支持。企业微博运营团队有四大职责：一是日常微博信息采集与发布，包括加粉丝、做评论、策划选题，进行粉丝互动与推广；二是客户服务，如答复用户的咨询、建议、批评等，满足客户的个性化需求，协调各职能部门工作等；三是微博数据分析与总结，包括周期性统计微博运营数据，对与本企业有关的信息进行监测搜集和归纳分析，对微博危机事件进行及时有效处理；四是商务运作，为微博商务活动提供有效支持，进行营销活动的策划与执行。这样看来，企业微博运营团队至少包括运营经理、图文编辑、活动策划三个岗位。

（一）运营经理

运营经理主要负责企业官方微博的整体运营，包括团队的日常管理、制订营销计划和目标、舆论的实时监控和危机处理、微博运营数据的统计分析及策略优化。运营经理要具备社会化媒体营销的思维，熟悉微博的属性和用户特点，善于应对突发事件，并具备团队领导能力、危机公关意识等。

（二）图文编辑

图文编辑主要负责微博内容的采集、制作和粉丝互动等工作，具备一定洞察力，有较强的写作能力，能够发现时尚、趣味、新闻性的信息，熟悉网络化用语，具备与用户沟通、反馈能力。图文编辑要在阶段性营销目标指导下，结合企业近期的动态和社会热点事件，策划若干微博话题，组织和管理企业微博信息，维护企业官方微博所需的原创性，包括撰写微博文字、图片制作和编辑，多媒体视频内容的设计、开发、剪辑及制作。

（三）活动策划

活动策划主要负责微博各项活动的策划和执行，具有较强的项目管理能力和沟通能力，

了解用户心理,具备一定网络推广、策划、商务合作文案撰写的能力。日常工作包括营销活动方案的撰写、媒体的联系和合作、各部门之间的协调配合、特邀人员(名人等)的联络和沟通、参与活动的用户信息收集和整理等。

以上三个岗位是微博运营初期基本的人员需求,可以根据企业的实际情况由员工来兼任或调整,也可以进一步细化,如分为更加专业化的主任编辑、文字编辑、图片编辑、客服人员、美工人员、数据分析人员等。

二、企业微博运营流程

企业是以营利为目的的,运用微博往往是想要通过微博来提高品牌知名度、促进销售。企业微博运营应服从于企业营销战略,服务于企业目标客户,并有长期(半年以上)的内容规划。此外,微博更新速度快,信息量大,企业利用微博营销时应当建立自己固定的消费群体,与粉丝多交流,多互动。

(一)微博矩阵

微博矩阵是同一企业或品牌旗下,多个功能定位不同的微博组成的微博群体。一般来说,企业只注册一个微博,但部分大企业为了更好地实现品牌推广、活动转化、客户服务等具体的功能,会打造微博矩阵。

1. 微博矩阵的模式

(1)蒲公英式

蒲公英式指由一个核心账号统一管理旗下多个账号,比较适合拥有多个子品牌,且子品牌或其业务线的目标用户既具有特性又具有共性的集团。蒲公英式微博矩阵可以利用不同账号之间的转发,以整体优势扩大营销信息的传播范围,持续影响用户,加强用户对产品或品牌的印象。如"京东"在一个主账号下又有"京东家电""京东物流""京东数码""京东白条""京东手机通信"等子账号。

(2)放射式

放射式主要由一个核心账号统领各分属账号,分属账号之间是平等的关系,信息由核心账号放射给分属账号,分属账号之间信息并不进行交互。放射式微博矩阵能够扩大营销信息的覆盖范围,缩短信息传播路径,提高传播速度。如万达集团开设一个代表万达院线的官方微博@万达电影,各个地方的万达分公司也积极开设账号,如@厦门万达影城,@北京万达影城,@广州万达影城等。各大银行开通的核心账号和地方账号也属于这一类型。

(3)双子星模式

双子星模式存在两个或者多个核心账号。双子星模式要求各核心账号都拥有较强的影响力,并且不同账号之间转发内容时,需要选择符合定位的内容,并加入一定的观点和态度,以达到更好地传播营销信息的效果。这种情况主要出现在企业高管具有较强社会影响力或行业影响力的领域。例如,小米公司开设了官方微博账号,其创始人微博关注度也较高,两个微博账号都对公司产品进行宣传,形成良性的互动。

2. 建立微博矩阵的方法

(1)根据品牌需求建设。不同的产品线都有不同的品牌,可以根据产品线、品牌的不同来建立微博矩阵。如图4-4-1所示的"达利食品集团"微博矩阵即为此类。

(2)根据功能定位建设。比如客服中心、用户社区、招聘等,根据不同的功能来划分不同的微博账号。如图4-4-2所示的"OPPO"微博矩阵即为此类。

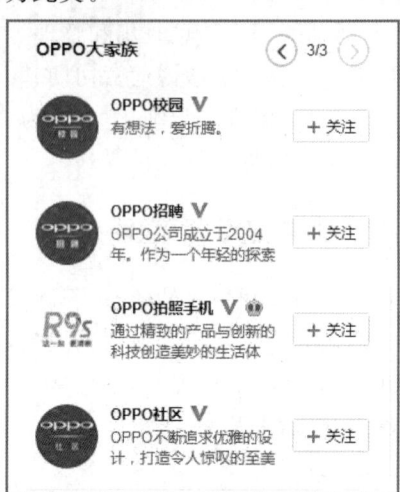

图4-4-1 "达利食品集团"微博矩阵

图4-4-2 "OPPO"微博矩阵

(3)根据地域不同建设。这个原则在银行、网站等较为普遍,便于区域化管理。例如招商银行就开通了北京、上海、广州、厦门等子微博。

(4)根据业务需求建设。根据公司业务不同开通不同的子微博,如阿里巴巴旗下天猫、淘宝、聚划算等子微博。

(5)发挥创始人个人影响力建设。如果企业有极具表现力的老板或者高管,可以利用其影响力。

打造微博矩阵与运营单个企业微博相比需要投入的资金和人力都大幅增长,企业需要根据自身的实际情况做决策。我们以小米公司为例,其拥有企业官方微博小米公司,主要任务是分享企业文化、价值观,实现品牌推广,打造品牌IP;有产品微博,如小米手机、小米MIX、小米电器,主要任务是活动执行、销售转化和客户服务;有创始人、高管微博,拥有百万以上的粉丝,主要任务是跨界引流、用户调研;有粉丝运营的微博,小米之家,主要任务是引导米粉参与线上、线下的活动。

(二)微博开设

1. 账号的申请

微博用户群体庞大,粉丝活跃度高。企业可进入微博网站进行账号申请,选择"官方注册",按步骤操作开通微博。开通微博后可进行企业认证。

2. 微博设置

(1)昵称:一个好的企业微博昵称,是企业开始微博营销的第一步,昵称应简洁易记,与企业具有相关性,以公司名称、品牌命名为宜,且不能仅为通用性词语(例如不可以用@中国)。此外,新浪微博的昵称是唯一的,不可重名,且不可太长,否则在手机端会显示不完整。

(2)头像:企业微博头像是企业的门面,可以尝试使用清晰的企业标志,或者使用企业形象代言人、吉祥物、企业产品等作为企业微博头像。

(3)简介:好的简介是微博营销成功的一半,尽量使用简练的文字说明微博的主题,让粉

丝知道关注你的好处在哪里,能够获取到什么样的内容。

(4)封面图、背景图:封面图、背景图是整个企业微博页面的形象体现,应以简洁、清晰为主,可以根据微博尺寸合理设计,充分利用其广告价值进行品牌和产品宣传。

(5)标签:根据公司、产品或人群定位设置关键词,便于潜在用户搜索,可以帮助粉丝迅速从标签中判断微博的内容方向。

(6)友情链接:可添加企业官网、论坛等相关链接。

3. 微博认证

企业微博进行认证可以增加粉丝信赖感,也防止混淆,流程可根据微博官方认证要求进行。如图4-4-3所示的小米公司微博已经经过认证。

图4-4-3 小米公司微博

(三)微博运营

1. 日常运营

(1)信息的采集和制作

根据企业营销目标进行微博内容规划,制作每日微博内容和配图,每天第一条和最后一条可以是"早安"和"晚安"语,这样给用户一个亲切、有规律的感觉。企业发布的信息要是原创的,可以发一些趣闻逸事/正能量/温馨提示、企业资讯、行业干货/行业资讯、产品介绍、顾客的分享与活动互动,更容易获得粉丝关注。热门话题内容可摘自微博或网络,但与公司受众人群相关度要高,#和@要灵活运用。

(2)微博发布时间

微博发布时间要有规律,切忌凭喜好随意发布,建议每天9点和23点问早安、晚安,其他内容以相同时间间隔来发布。具体也可以根据企业用户的习惯来合理安排。针对活动的发布时间建议安排在粉丝较活跃的午休、饭后这样的时间段,往往能起到事半功倍的效果。

(3)微博维护与粉丝建设

做好微博日常信息维护工作,搜集整理用户反馈,针对客户进行舆情分析,删除言语恶劣的留言,并做好沟通,转发、回复好的评论。主动关注与某一个行业相关的用户,可以建立

粉丝群,定期与粉丝互动,提升粉丝活跃度及黏性,还可以加入社群进行微博互相关注。

2. 活动策划

(1)活动类型

微博活动一般分为微博平台活动与企业自建活动。

①微博平台活动:基于微博平台发起的活动,如有奖转发、微博抽奖、有奖征集、有奖竞猜。

②企业自建活动:企业在自己微博中发起的各种活动,如有奖转发、晒单有礼、盖楼、随手拍、话题互动等各种形式的活动。企业自建活动可分为独立活动和联合活动,独立活动就是自己发起的活动,联合活动就是与其他微博联合开展的活动。

(2)活动关键要素

①规则设置要简单、明了,门槛不宜过高。大部分用户都不喜欢过于复杂、条件苛刻的活动。

②抓住用户的需求心理。只有激发用户欲望,用户才可能积极参加活动。活动标题、活动奖品和中奖率要有吸引力,此外还要有创意,不要千篇一律,要与众不同。简单来说就是活动奖品既要个性出众,又不要太廉价。

③积极进行活动推广。活动可以内部、外部同时进行,内部就是邀请公司内部员工积极响应参与,外部就是在所有渠道上做出推广海报及文案,包括但不限于公众号、自媒体平台以及公司网站等。

(3)活动开展步骤

①确定活动主题。确定开展本次微博活动是为了品牌传播、产品销售或者是获取更多的粉丝。无论出于哪种目的,主题应鲜明,吸引人。例如,支付宝推出"寻找中国锦鲤"特别活动,随机抽取出境游用户免单和从转发该条活动微博的粉丝中抽取"中国锦鲤",为其"走向全球"做广告。

②撰写活动方案。活动方案包括活动形式或参与方式、活动规则、活动奖品、活动时间、执行人、宣传文案及活动海报等内容。

③活动发布和维护。根据活动方案进行活动的发布,与粉丝进行互动,跟踪活动效果。

④公布活动结果,并安排奖品发放事宜。

⑤活动效果分析。对阅读数、转发数、评论数、点赞数、新增粉丝数、ROI(投资回报率)等数据进行分析,并做好记录。对本次活动做总结以及复盘,查找出本次活动的优势与劣势。

3. 微博推广

企业微博推广一个很关键的原则就是"一切围绕客户"。为了争取更多人关注微博,应充分利用线上和线下的多种媒体进行宣传推广。

(1)线下推广

企业应重视线下推广。企业一线员工每天都要接触大量顾客,这使得发展微博粉丝的工作变得比较容易,可以邀请顾客现场直接"关注"或互粉。当然,这就要求企业对销售、客服等一线员工进行培训,使他们充分了解微博的相关知识,提高发展微博粉丝的说服力。此外,有条件的企业可以在店内醒目位置放上标有微博个性域名的广告牌,或是发放印有微博ID的小册子或小礼品。企业微博关注用户增多之后,就有可能在微博平台的首页曝光,以

吸引更多的用户跟随。

(2) 网络媒体关联推广

企业应重视网络媒体关联推广,利用已经拥有的一些网络媒体资源,如企业网站、社区、搜索引擎、粉丝群等进行推广。

(3) 微博账号关联推广

加强相关企业微博之间的互动。企业微博可以与一些相关性强的企业官方微博或是行业账号之间进行互动,不同类型企业之间也可以进行跨界合作,使更多微博用户接触并了解企业微博,有效地扩大企业微博的影响范围,提高其影响力。

(4) 微博"大号带小号"推广

在企业微博刚注册、粉丝不多的情况下,属于"小号"。此时一个有效途径是找到粉丝数量大的微博"大号",让"大号"转发"小号"的微博内容,从而为"小号"引入流量,增加粉丝数量。

4. 商务合作

企业微博营销过程中不可避免地会与合作伙伴、第三方服务公司等展开商务合作,以利于微博营销工作的开展,主要有以下几方面:

(1) 与微博平台服务商合作。如与新浪、腾讯开展微博组件合作、APP应用合作。

(2) 与其他企业微博合作。异业合作就是如此,与其他企业微博开展活动、友情链接等合作。

(3) 与第三方服务公司合作。如与微博代运营公司、微博营销分析工具供应商等合作。

(4) 参与业内各种会议活动。企业微博营销中可能会参与一些业内的会议、沙龙活动等,以建立广泛联系。

思政园地

2021年3月12日,新浪微博发布《微博2020用户发展报告》(以下简称《报告》)。《报告》显示,截至2020年9月,微博月活用户达5.11亿,日活用户达2.24亿。微博用户群体继续呈现年轻化趋势,其中"90后"和"00后"的占比接近80%。

作为一种通过关注机制分享简短实时信息的广播式社交网络平台,微博在很大程度上冲击了原有的沟通方式,改变了当代大学生获取信息、人际交往、休闲娱乐等方式,满足了大学生自我诉求、参与社会、扩大交往等需求,以其内容简短、传播广泛、迅速便捷,成为新的沟通工具和信息发布平台,"微博文化"成为大学校园中常态化文化现象,但微博也在潜移默化中影响着大学生的世界观、人生观、价值观、道德观。如果不加以引导和塑造,会使落后的、低俗的、消极的和负能量的文化充斥网络,优秀的、向上的、积极的和正能量的网络文化就无法占据主流。2016年4月19日,习近平总书记在网络安全和信息化工作座谈会上强调,要加强网络内容建设,做强网上正面宣传,培育积极健康、向上向善的网络文化,用社会主义核心价值观和人类优秀文明成果滋养人心、滋养社会,做到正能量充沛、主旋律高昂,为广大网民特别是青少年营造一个风清气正的网络空间。

任务实训

1.打开新浪微博,进入热门微博排行榜,分别选择几个不同类型的热门微博,观察博主的粉丝及微博转发、评论、点赞数据,分析该博主运营成功的原因。

2.在新浪微博中搜索@海尔微博,从昵称、头像、标签、背景图、简介、友情链接等方面分析该微博的设置。

3.注册微博并自选产品进行推广,完成以下任务:
(1)借助热门话题,发布一篇产品上新的微博。
(2)发布一篇转发抽奖的活动微博。

同步练习

一、单选题

1.以下哪个不是微博营销的特点?( )
  A.多平台　　　　B.互动好　　　　C.门槛高　　　　D.传播快

2.微博的基本运营不包括( )。
  A.在线客服　　　B.功能定位　　　C.商务合作　　　D.活动策划

3.官方微博头像的选取通常以( )为核心。
  A.风趣可爱　　　B.品牌价值　　　C.幽默搞怪　　　D.个人形象

4.微博营销是基于( )关系的信息分享、传播以及获取的平台。
  A.客户　　　　　B.个人　　　　　C.用户　　　　　D.企业

5.微博营销是借助( )手段,将企业产品用文字、图片、视频等方式进行具体的描述。
  A.视频剪辑　　　B.网页设计　　　C.图片美化　　　D.多媒体

二、简答题

1.什么是微博?什么是微博营销?
2.微博的特点和优势是什么?
3.微博推广的渠道有哪些?

三、案例分析题

2022年,北京冬奥会的举办点燃了中国民众对冰雪运动的热情。短短几天内,冬奥健儿们驰骋冰雪赛场收获大批粉丝。♯北京冬奥会开幕式♯、♯短道速滑摘中国队北京冬奥首金♯、♯中国女冰北京冬奥首胜♯、♯中国空中技巧队摘银♯……频频刷爆社交网络,向全世界展现出中国年轻运动员的风采。

伴随运动员们热度的持续提升,冬奥健儿的穿戴也在不断被网友"挖宝",直呼"奥运同款安排起来",♯首金战袍比钢丝强韧15倍♯、♯开幕式羽绒服♯等话题热度不断上涨。作为中国奥委会官方合作伙伴、北京2022年冬奥会官方合作伙伴,安踏凭借北京冬奥会开幕式在微博上出圈,将冬奥热度承接为品牌热度,引爆安踏品牌,始终稳占这场品牌价值角逐

场的领先位置。冬奥期间,安踏联合微博发布♯冬奥会♯的主话题,实现冬奥期间连续在榜,安踏以♯爱运动 中国有安踏♯为品牌口号在微博掀起亿量讨论。♯开幕式羽绒服♯、♯83岁指挥家春晚演绎冰雪浪漫♯、♯冰雪乐团穿安踏献礼冬奥♯等诸多话题,实现其用品牌去聚拢流量、用产品去承接流量、用热点去加持流量、用IP去开拓流量的强大势能。

【问题】 安踏微博营销为什么可以成功?

拓展延伸

微博数据知多少?

微博自身涉及的数据大致有微博信息数、粉丝数、关注数、评论数、转发数、回复数、平均转发数、平均评论数、平均回复数、二级粉丝数、性别比例、粉丝分布数等,微博营销运营指标有粉丝活跃度、粉丝质量、微博活跃度等,企业考核KPI指标有粉丝增长数、搜索结果数、销售/订单、PV/IP、转发数、评论数等。这里对部分指标做简单介绍:

粉丝数:关注微博的人数,可以直接反映微博的人气。

关注数:主动关注的微博数量,上限2 000人,日关注上限500人。

评论数:用户对微博内容的回复,可以反映微博内容的受欢迎程度和微博用户的活跃度。

转发数:用户对微博内容进行的二次传播数,同样反映微博内容的受欢迎程度和微博用户的活跃度。

平均转发数:每条信息的转发数之和/信息总数量,一般计算日平均转发数或月平均转发数。平均回复数原理类似。平均转发数(评论数)与粉丝总数和微博内容质量相关,粉丝总数越高,微博内容越符合用户需求,转发数和评论数就会越高。平均转发数可以反映粉丝总数、内容和粉丝质量的好坏。粉丝基数越大,理论上平均转发数会提高,内容越契合用户,或者粉丝中的目标人群越多,该数据都会上升。

粉丝活跃度:这是一个综合数据,一般可以通过平均转发数或平均回复数来衡量。

微博活跃度:一般用作竞品微博或其他微博之间的比较,对于企业理性地看待微博营销的效果有指导意义。

搜索结果数:在微博搜索框中输入指定关键词得到的结果数,可以反映企业品牌或产品名称被提及的总数。

项目 5 微信营销

学习目标 通过学习本项目,我们将达到:

1. 了解微信营销;
2. 能够使用微信个人号建立信任,会有策略地在朋友圈发内容;
3. 了解企业公众号营销的基本方法并能应用;
4. 具有利用微信营销的能力;
5. 具备视频号的运营推广能力。

学习导图

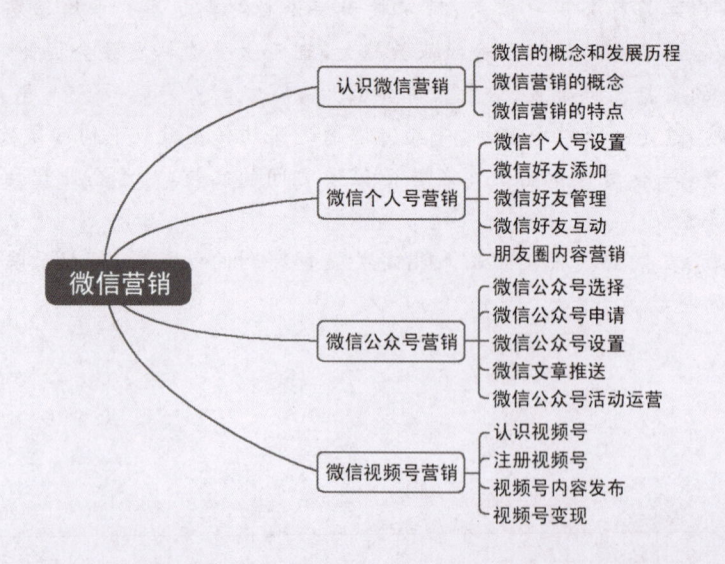

微信营销
- 认识微信营销
  - 微信的概念和发展历程
  - 微信营销的概念
  - 微信营销的特点
- 微信个人号营销
  - 微信个人号设置
  - 微信好友添加
  - 微信好友管理
  - 微信好友互动
  - 朋友圈内容营销
- 微信公众号营销
  - 微信公众号选择
  - 微信公众号申请
  - 微信公众号设置
  - 微信文章推送
  - 微信公众号活动运营
- 微信视频号营销
  - 认识视频号
  - 注册视频号
  - 视频号内容发布
  - 视频号变现

案例导入

2022虎年春节微信数据统计

2022年2月8日,微信发布2022虎年春节数据报告:春节期间(2022年1月31日至2月5日)微信红包封面领取总数超3.8亿,带有封面的微信红包收发总数超50亿;仅除夕当天(2022年1月31日 00:00~24:00),全国共有6.88亿人参与抢红包。

除夕当晚,在四个多小时的直播中,超过1.2亿人在微信视频号"竖屏看春晚",春晚视频号直播间点赞数超过3.5亿次,总评论数超过919万次,总转发数超过551万次。

此外,春节消费持续回暖,超8亿总额惠民消费券在微信支付发放;小程序助力春节期间广大用户安心返乡、低碳出行,通信行程卡小程序访问量同比增长248.8%。

案例思考

如何更好地利用微信进行营销?

任务 5-1　认识微信营销

微信(WeChat),一个超12亿用户使用的手机应用APP,从2011年推出至今,不但改变着我们的生活方式,甚至已经成为一种生活方式。它不再是一款简单的社交工具,而是已经渗透到人们吃、穿、住、行等各个方面。因此,随着5G网络时代的到来,移动终端设备的进一步发展,拥有巨大用户数据流量的微信平台将成为电商、微商以及所有传统企业的角逐之地。

一、微信的概念和发展历程

(一)微信的概念

微信是腾讯公司于2011年1月21日推出的一个为智能终端提供即时通信服务的免费应用程序。微信支持跨通信运营商、跨操作系统平台通过网络免费快速发送(需消耗少量网络流量)语音、短信、视频、图片和文字,同时,也可以使用共享流媒体内容的资料和基于位置的"朋友圈""扫一扫""摇一摇""看一看""搜一搜""附近的人""购物""游戏""小程序"等服务插件。截至2021年,微信月活跃用户数量已经达到12.682亿。目前,微信已经发展成集交流、资讯、娱乐、搜索、电子商务、办公协作和企业客户服务等于一体的综合化信息平台。

从微信用户的角度来看,微信是可以通过使用手机、台式机、平板电脑等工具免费快速发送(需消耗少量网络流量)语音、短信、视频、图片和文字的即时通信服务工具,微信用户通过使用基于位置的社交服务插件,可以实现资源的分享,还可以通过红包、转账等微信支付功能快速完成支付、提现等资金交易流程。

从企业的角度来看,微信可以用以组建微信群、分享朋友圈、查找附近的人、使用二维码扫一扫、参与摇一摇、使用微信小程序。通过多样化的互动分享沟通功能,开展创意活动的营销推广、产品的销售、粉丝群体的构建和维护等活动,最终实现强化客户关系管理,提升用户的参与体验。微信是一个多功能的新媒体营销平台。

从本质上来说,微信无论是作为应用程序还是作为服务工具、营销平台,都是一项服务,是以沟通为基础形成互动关系,并且通过互相交流来满足客户需求的服务。微信的诞生深刻地改变了我们的生活,形成了新业态下的一种生活方式。

(二)微信的发展历程

2011年1月21日,微信发布针对iPhone用户的1.0测试版。该版本支持通过QQ号来导入现有的联系人资料,但仅有即时通信、分享照片和更换头像等简单功能。

2011年8月,微信添加了"查看附近的人"的陌生人交友功能,用户达到1 500万。

2011年10月1日,微信发布3.0版本,该版本加入了"摇一摇"和"漂流瓶"功能,增加了对繁体中文语言界面的支持。

2012年3月,微信用户数突破1亿大关。随后,微信发布4.0版本,这一版本增加了类似Path和Instagram的相册功能,并且可以把相册分享到朋友圈。

2012年4月,腾讯开始做出将微信推向国际市场的尝试,并将其4.0英文版更名为"WeChat",之后推出多种语言支持。

2012年7月19日,微信4.2版本增加了视频聊天插件,并发布网页版微信界面。

2012年9月5日,微信4.3版本增加了摇一摇传图功能,该功能可以方便地把图片从电脑端传送到手机上。这一版本还新增了语音搜索功能,并且支持解绑手机号码和QQ号,进一步增强了用户对个人信息的把控。

2012年9月17日,腾讯微信团队发布消息称,微信注册用户已破2亿。

2013年1月15日深夜,腾讯微信团队在微博上宣布微信用户数突破3亿,成为当时全球下载量和用户量最多的通信软件。

2013年10月19日,微信上线LBS(基于位置的服务)图文回复,这是由商家设置店铺位置,用户提交当前所在位置后,可以找到最近的商家店铺,并进行一键导航、一键拨号,如果店铺当前有进行的活动(如优惠券、刮刮卡),也可把活动显示出来。

2013年10月24日,腾讯微信的用户数量已经超过了6亿,每日活跃用户1亿。

2014年1月4日,微信在产品内添加打车功能。

2014年3月,微信开放支付功能。

2014年8月28日,微信支付正式公布"微信智慧生活"全行业解决方案,具体体现在以微信公众号+微信支付为基础,帮助传统行业将原有商业模式"移植"到微信平台。

2017年1月9日0点,万众瞩目的微信第一批小程序正式上线,用户可以体验到各种各样小程序提供的服务。

2017年5月4日,微信支付宣布携手CITCON正式进军美国。在微信支付正式进军美国后,赴美人群可在美国享受无现金支付的便利。通过微信支付,在美国的衣、食、住、行均可直接用人民币结算。

2017年5月18日,微信迎来更新,新增"微信实验室"功能。启用的有"看一看"和"搜一搜"两个功能。

2018年1月10日,在全国第32个110宣传日之际,烟台市公安局与腾讯公司联合研

发的新型直播互动式报警方式——"@110"在全国首发上线。

2018年2月,微信全球用户月活数首次突破10亿大关。

2019年10月,微信上线"通过手机号转账"功能,他人无须加好友,即可远程转账至微信零钱。

2019年10月18日,微信宣布对《微信外部链接内容管理规范》进行升级,明确新增违规类型。新规于10月28日起正式执行。

2020年初,微信推出了"视频号"内测平台。视频号内容以图片和视频为主,可以发布长度不超过1分钟的视频,或者不超过9张的图片,还能带上文字和公众号文章链接,而且不需要PC端后台,可以直接在手机上发布。

2020年12月,iOS端微信更新至7.0.20版本,同时,个人资料页多了一项"微信豆"。据悉,"微信豆"是用于支付微信内虚拟物品的道具,可以在视频号直播中购买虚拟礼物。

2021年10月11日,微信发布iOS 8.0.15新版本,升级微信青少年模式,加入"监护人授权"的新功能。

2021年10月,微信发布声明称,微信支付已与银联云闪付实现线下条码互认互扫,银联云闪付全面支持Q币、QQ音乐和腾讯视频的充值服务,微信小程序也逐步支持云闪付支付。

2022年1月,数字人民币APP升级更新,微众银行(微信支付)数字人民币钱包上线,腾讯接入数字人民币开始提供服务。

2022年1月6日,2022微信公开课Pro在广州举行,微信公开课讲师透露,2021年微信小程序日活超过4.5亿,日均使用次数相较2020年增长了32%,活跃小程序则增长了41%。

二、微信营销的概念

微信营销是指企业或个人基于微信平台搭建社交网络,并借助移动互联网特有的功能而兴起的一种网络营销方式。微信用户与周围同样注册的微信"好友"自然形成了一种多网点联系,凭借这种联系,网络中的用户可以订阅自己所需要的信息,购买自己所需要的产品或服务,同样也可以为他人提供所需要的信息、产品或服务。同时,由于微信营销网络是由用户间的社交关系形成,因此这是一个相对真实、私密、用户价值高的营销网络,更容易实现点对点的精准营销。

随着微信平台的不断更新,微信的功能越来越多,微信营销的方式也越来越丰富。商家不再局限于在微信朋友圈、微信群里发布一些营销推广信息,而是通过微信公众号或第三方服务平台进行二次开发,开展更深入、更立体的互动营销活动,从而形成了一种全新的营销模式。相对于传统营销模式,微信营销具有比较明显的优势与特色。

三、微信营销的特点

微信营销是基于微信平台而兴起的一种营销模式,因此具有微信应用独有的特色及表现形式,主要特点有:

1. 点对点精准营销

作为一款即时性的通信工具,用户之间的互动是"点对点"的,因此商家可以根据目标客

户反馈的具体信息，对客户进行标注及分组，从而进行针对性的信息推送并提供服务，给客户带来一种量身定制的感觉。此外，基于微信提供的LBS功能，用户可以显示其所在的地理位置，商家可以根据客户所在位置，针对某一地区的客户进行区域定位营销。这种"点对点"的互动营销方式显得更为精准、私密，更具人性化，拉近了商家与客户之间的距离，使客户黏性更强。

2. 紧密的关系式营销

微信营销这种聊天式的互动方式，可以使商家与客户之间由普通关系变为强有力的朋友关系，也许你不会信任陌生人，但可能会信任你的朋友，因此客户对商家的认同度、信任度都会大幅度提升。这使商家在传播品牌形象、推送产品信息、促进销售成交、提供咨询服务等过程中都更为轻松、更为高效。

3. 营销互动更及时

微信的营销推广信息是通过通知的方式推送到客户手机上的，这样的信息传达方式多数是有针对性的。当目标客户收到信息后，微信会在第一时间以铃声、角标等方式提醒客户查看，因此信息的到达率几乎是100%。微信官方的数据统计显示，有50%以上的用户每天平均使用微信的时间超过了120分钟，这足以保证微信沟通的即时性。因此，只要目标客户带着手机，无论何时何地，商家都可以及时地为客户答疑解惑，进行双向互动交流。

4. 营销形式更丰富

随着微信版本的更新，微信提供的沟通互动功能越来越多，这使得微信营销的形式愈加丰富，如朋友圈、微信群、摇一摇、漂流瓶、附近的人、公众平台、开放平台等，如图5-1-1、图5-1-2所示。这不仅让商家与客户之间有了多维度联系，也让商家的营销活动变得更加精彩、有趣。

图 5-1-1　微信"发现"的各种功能　　　　图 5-1-2　各商家微信公众号

5. 较低的营销成本

相对于传统传播媒介,微信的营销推广成本是相当低廉的。商家下载并使用的微信软件是免费的,只要连接上网络,即可向客户发送文字、图片、音频、视频等,甚至进行实时的视频通话。商家通过申请公众平台账号,能给更多的目标客户分享资讯、提供服务,大大降低了企业的宣传推广费用。

6. 更真实的客户群体

不同于博客、微博以及其他门户网站、社交网站,微信所联结的用户都是通过点对点的即时沟通方式而来的。因此,微信"好友"的真实性更高,为企业带来的价值和意义也就更大。

任务 5-2　微信个人号营销

微信个人号作为微信营销的组成部分之一,一直拥有较高的热度。对于需要建立个人品牌的运营人员来说,微信个人号就是自己非常直观的一张名片,掌握微信个人号的营销方法,可以为运营人员带来不错的营销效果。

> **课堂讨论** 针对下列问题展开讨论:
> 1. 怎样设置微信个人号的基本资料?
> 2. 怎样进行微信好友的交流和维护?
> 3. 怎样策划朋友圈内容?

很多企业都是以公众号＋个人号的形式进行运营,而要通过微信个人号为企业带来良好的营销效果,就必须依赖于合理的管理和运营。本任务将具体介绍如何通过微信个人号的昵称、头像、个性签名等信息的设置,给好友留下基本印象,做好微信个人号朋友圈的营销。

一、微信个人号设置

使用微信的用户都知道,微信个人资料中有几个比较重要的组成部分,分别是昵称、头像、个性签名和微信号。对于微信个人营销号而言,微信个人资料中的这几个部分都具有重要意义。

(一)昵称设置

从营销的角度来说,微信昵称是与他人沟通的第一个方面。在使用微信聊天时,人们往往最先注意昵称和头像,一个好的昵称,可以快速建立起他人的第一印象,节约沟通成本。因此,建议在设置微信个人号昵称时遵循以下 3 个基本原则:

(1)简单明确:这是昵称最基本的要求。一般要求昵称字数不能太多,避免昵称显示不完整;拼写简单,不使用繁体字、生僻字、外国文字等不容易让用户记忆的文字。

(2)品牌一致:运营人员如果在多个新媒体平台中都开展了营销活动,最好在不同新媒体平台中使用相同的昵称。特别是当一个人已经具有一定知名度和影响力时,此时的昵称

就相当于一个鲜明的个人品牌,设置相同的昵称可以进一步扩大个人品牌的推广效果。

(3)标签识别:在昵称后添加标签可以方便用户对号入座,微信好友在看到该昵称时可快速产生记忆或联想,使昵称得到有效的曝光。标签可以是代表个人某个特征的重点信息,如个人定位、个人职业等,通常都比较精简,不宜过长,常以"实名+个人特征"的结构体现,如"陈薇—动漫制作"。

设置好微信个人号的昵称后,注意不要频繁更改昵称,以免用户记错或忘记。

课堂讨论 图5-2-1为几个微信个人号的昵称,分析这些昵称作为个人号运营是否合适。

图5-2-1 微信个人号昵称

(二)头像设置

微信头像代表用户的形象,与昵称一样,可以快速建立起他人的第一印象,节约沟通成本。微信个人号的头像设置,需要遵循以下原则:

(1)清晰自然:用于运营的微信个人号,一般以个人照片、特色图片、公司标志等作为头像,但不管使用哪种头像,最基本的要求都是清晰自然。如果使用个人照片作为头像,应保证背景干净,人物突出,有明显的色彩对比。真实清晰的图片有助于凸显专业性,给用户带来安全感和信任感。如果使用特色图片或公司标志作为头像,则应保证图片裁剪合理、比例适宜。

(2)专业匹配:用于运营的微信个人号头像不仅直接影响用户的第一印象,还与个人的专业度、品牌形象挂钩,因此建议选择与自己的专业或职业贴近的风格。如某微信个人号的标签是情感咨询、心理健康等,那么头像风格最好是温和轻松的,用头像传达出自己对生活和情感的态度,让用户第一眼就自我放松;如果某微信个人号的标签是理财、职场等,那么风格可以是职业的、严谨的,这样能够给用户信任感。

(三)个性签名设置

微信个性签名主要用于展示个人的特点、态度等,风格上并没有严格的要求,可以专业严谨,也可以轻松幽默,原则上不直接粘贴僵硬直白的广告,否则不仅容易影响好友申请通过率,还会给人留下不好的第一印象。

在个性签名上方的"地区"栏中可以设置微信个人号的所在地,应保证地区真实,给用户踏实的心理感受。

(四)微信号设置

微信号是指微信ID,通常是一组字母、数字和符号的组合。微信号与微信昵称一样,应该坚持方便记忆、方便识别和方便输入的原则。一般来说,微信号可以设置为有关联性的拼音、字母组合,比如与自己的名字、公司、职业相关的拼音+简单数字组合。

二、微信好友添加

微信是用户生活中不可缺少的应用,大部分用户都对微信有较强的依赖性,会习惯性地打开微信查看信息,这些现象为微信营销奠定了基础。除此之外,微信好友的数量也是微信个人号营销的基础,直接影响微信营销最终的效果和范围,因此,要想更好地运营微信个人号,微信好友的添加必不可少。

1. 通过手机通信录添加好友

微信直接与手机通信录相连接,可以将手机通信录中的联系人添加成微信好友。一般来说,手机联系人都是运营者的原始人脉,已经有过基础接触和交流,将其添加为微信好友将更方便管理和维护。

将手机通信录中的联系人添加为好友的方法为:进入微信主界面,点击右上角的"+"按钮,在打开的下拉列表中选择"添加朋友"选项,如图 5-2-2(a)所示。打开"添加朋友"页面,在该页面中选择"手机联系人"选项,如图 5-2-2(b)所示,在打开的页面中选择添加即可。

(a) 选择"添加朋友"选项　　　　　(b) 选择"手机联系人"选项

图 5-2-2　添加手机联系人

除了通过"手机联系人"添加好友外,还可以通过搜索手机号进行添加,在"添加朋友"页面中输入手机号进行搜索并添加即可。需要注意的是,通过搜索手机号添加微信好友,需要确保对方开启了手机号添加功能,该功能在"我—设置—朋友权限—添加我的方式"中开启。

2. 通过扫描二维码添加好友

每一位微信用户都有一个专属于自己的二维码,通过扫描该二维码即可添加好友。个人二维码可以通过个人信息中的"二维码名片"查看,如图 5-2-3 所示。二维码并非必须在微信中进行扫描,为了便于好友的添加,名片、图片、网页等任何有条件的地方都可以放置自己的个人二维码,方便其他用户扫描。

3. 通过社群添加好友

社群是非常流行且活跃度非常高的一种社交和沟通方式。一般来说,每个社群都有自己的表现形式,有其内在的社交关系链,群成员基于共同的需求或爱好聚合在一起,有着比

图 5-2-3　查看个人二维码

较类似的兴趣或特征,因此可以快速挖掘大量目标用户。也就是说,如果找到一个与自己产品定位相符的社群,那么该社群中的用户将更加精准。微信群一般通过好友邀请或扫描群名片加入。需要注意的是,加入社群之后,并非立即就能添加微信好友,最好在群成员认识、了解自己,且有了一定信任基础的时候再进行好友的添加,此时添加好友通过率更高,好友质量也更高,甚至能吸引群成员主动添加。微信对于社群的管理相对严格,但运营人员可以通过QQ等相关平台间接进入社群,在其中寻找对应的微信群入口。比如一个销售护肤产品的人加入美妆爱好者社群,该社群中的成员将更容易成为他的潜在用户。

通过社群添加好友的前提是寻找相关社群,可以直接在QQ中搜索相关关键词查找目标群,也可以通过QQ的"附近的群""兴趣部落"等功能进行检索。此外,还可以利用搜索引擎搜索目标群,甚至在微博、论坛、贴吧等媒体平台找到相关社群。

4.通过口碑推广添加好友

口碑营销是粉丝经济时代非常有效的营销方式,一位有名气、有影响力、有粉丝的人,去介绍或赞扬另一个人,通常会收到非常不错的效果。需要注意的是,被推广人必须拥有一定的实力,比如在某方面比较专业,或具有内涵和价值,这样才能留住粉丝,同时不损坏推广人的信誉。

5.通过软文添加好友

软文推广即写文章推广,通过在分享的文章中添加二维码,可以吸引用户扫描关注。可供软文发布的平台有很多,如微博、论坛、贴吧,甚至微信公众号,都拥有不错的用户基数和推广效果。

6.通过信用代理添加好友

如果你是装修公司的销售人员,可以在房地产中介的介绍下添加需要买房子的客户,这样找到的客户更加精准。

7. 通过线下活动添加好友

积极参加行业交流、同学聚会、同城活动等线下活动，活动中积极发言、互相交流，与大家建立关系后，相互添加好友，这种有一面之缘的好友不仅信任度高，黏性也很强。参加线下活动可以多关注相关的信息平台，可以自行发起某主题的线下活动，如豆瓣同城。

线下活动也可以通过建群和所有人建立联系，可以使用微信里的"面对面建群"功能，输入同样的4个数字，如"1212"就可以进入同一个微信群。如果想快速添加活动中的好友，可以使用"雷达加好友"功能，打开微信，点击右上角的"添加朋友"→"雷达加朋友"，扫描此刻打开雷达的用户，有绿色对钩标志的表示已经是好友状态，没有绿色对钩标志的表示还没有加为好友，只需点击头像，即可批量添加好友。

8. 通过线下推广添加好友

线下推广的方式有很多，如果有实体店，可以在店铺内张贴二维码，引导客户扫描二维码添加；也可以留下客户的联系方式，然后再申请添加客户的微信。另外，用小礼品引导的方式也很有效，可以在线下面对面兑换，这样通过验证的概率会非常高，并且面对面的方式更容易筛选出目标客户。例如，做美容产品的销售人员，可以让女士添加微信，同时赠送对方一个手工发圈。

三、微信好友管理

好友申请通过后，应该及时对好友进行管理，做好好友资源的整理与分类，提高交流沟通的效率，降低营销成本。但在管理好友前，最好能够及时向好友进行自我介绍，在表明自我身份的同时，加深好友对自己的印象。

1. 自我介绍

课堂讨论 针对下列问题展开讨论：

1. 假设你添加了一个圈内名人的微信，你将怎样设计自我介绍内容？
2. 假设你加入了一个与自己产品相关的微信群，你将怎样设计自我介绍内容？

好友申请通过后要及时进行自我介绍，避免耽误最佳问好时间。自我介绍的风格和语言可以好友朋友圈的内容为基础进行设计，比如根据对方朋友圈的语言风格设计自我介绍的风格，根据对方朋友圈中体现的喜好来设计自我介绍内容等。当然，也可以使用相对固定的自我介绍模板，第一次自我介绍最好在包含一定内容的基础上，尽量简明扼要。

自我介绍可以使用"问好＋我是谁＋我的专业或能提供的价值＋结束时的寒暄问候"的格式，例如：

"××你好，我是××，从××老师处得知您的微信号，冒昧添加了好友，之前看了您的一些文章，对我启发很大，希望今后可以继续向您请教。我是从事××工作的，××方面也略有涉及，如果您有××方面的问题，很愿意跟您共同讨论。祝好！"

2. 好友备注

课堂讨论 针对以下情况思考解决办法：

1. 微信好友频繁更换头像和昵称，隔一段时间就不知道谁是谁了。
2. 好几个微信好友的名称都比较类似，发消息时总是弄错。

微信好友的上限是 5 000 个，这个数字是相当庞大的，一般的微信个人号营销者的好友数量少则几百，若同时拥有多个微信好友群，好友数量则更多。这些庞大的好友资源管理是非常耗时耗力的，为了提高自己营销的效率和成果，进行微信好友备注非常必要，特别是一些微信昵称不容易区分和容易混淆的昵称更需要注意。

给微信好友添加备注的方法很简单，在通信录中点击微信好友，打开微信好友主页，点击"设置备注和标签"选项，打开"设置备注及标签"页面，在"备注名"栏中输入用户的备注名称即可。在下方的"描述"栏中还可以输入更加详细的备注内容，以便对具有相同特征的用户进行区分，帮助营销人员辨别不同需求的用户。

3. 好友分组

课堂讨论 针对以下情况思考解决办法：

1. 同一条信息不适合发送给所有朋友圈的好友查看。
2. 在发送某个信息时总是遗漏一些重要的用户。

通过对微信好友进行分组可以将具有相同特征和需求的用户放在同一个标签下，以便在朋友圈中快速筛选并精准定位目标用户。为微信好友设置分组的方法很简单，在微信"通信录"页面中点击"标签"选项，打开"标签"页面，在"标签名字"栏中输入标签名字，点击"添加成员"按钮打开"选择联系人"页面，在其中选择需要添加到分组中的好友，点击右上角的"完成"选项，返回"标签"页面，再次点击"完成"选项即可完成好友标签分组的设置。

若好友大多来自群中，则可在"选择联系人"页面中点击"从群里导入"选项，此时会自动弹出这个群中的好友页面，再为其添加标签。

四、微信好友互动

转发、评论、点赞、活动等都是很好的与微信好友展开互动的方法，合理掌握与微信好友之间的互动能够提高营销的效果。

1. 转发、评论和点赞

转发、评论和点赞是消息本身所赋予的自然交流状态，好友能对营销人员发布的信息进行转发、评论和点赞，营销人员也可以对好友的日常信息进行转发、评论和点赞。这是一种双向的信息交流方式，可以加深与好友之间的关系，但要注意互动的内容，特别是评论（转发和点赞相对简单，只需轻轻一点即可），要以真实、有趣的内容为主。

查看自己朋友圈的转发、评论和点赞信息，适当挑选活跃度高、互动能力强的用户进行互动，可以更好地维护与用户之间的关系。

2. 活动

策划朋友圈活动的目的是让微信好友参与互动，并将活动信息传播到自己的朋友圈，扩大活动影响力。活动的形式一般是转发、点赞、试用、互动等。转发、点赞多表现为转发、集赞微信或图片，获得奖品、优惠券、现金福利等，比如"转发图片至朋友圈参与活动，即有机会免费获得价值××元的丰厚礼品""转发并集齐××个点赞，即可获得××元现金红包，截图有效！"等。试用是指免费试用产品，提交试用报告后即可返还邮费和产品费用等。互动也是一种比较常用的推广形式，一般表现为游戏互动，比如"第××个点赞的人可以获得××""这条微信如果点赞达到××，就抽取两名朋友免费赠送××，截止到××，截图为证"等。如果技术允许，还可以在朋友圈发布一些有意思的小游戏，吸引用户参与和转发。在设计朋友圈活动时，可以通过配图的形式说明活动的相关信息，比如活动时间、参与条件、参加流程等。

需要注意的是，在活动开始之前，可以在微信朋友圈进行预告和预热，提醒微信好友准时参加，也可以适当保持一定的神秘感，引起用户的兴趣。

五、朋友圈内容营销

微信朋友圈是展示自己形象的常用窗口，也是微信个人号营销的重要途径。要想利用好朋友圈的作用，发挥最大的营销价值，首先必须设计好朋友圈的内容。通常可通过以下三种方法提高营销效果：

1. 适度的软广告

软广告是一种委婉、真实、润物细无声的广告，可以用产品故事、人物生活等进行包装，比如某微信号在朋友圈发布"看到这张图，你想对我说什么？"，然后搭配一张能引起话题的产品图片，这种方式就属于软广告。软广告要在频率、长度、数量等方面适度。频率适度是指不要在间隔较短的时间里频繁发布广告；长度适度是指广告内容不宜太长，尽量在简短的内容中保证文字轻松有趣；数量适度是指不要在一条状态中添加过多的产品信息，否则，不仅需要花费用户更多的精力进行阅读，不方便用户快速做出购买决策，还容易使他们因为选择太多而放弃决策。

2. "对症下药"发布

高成交率来源于更精准的定位，对于朋友圈广告而言，"对症下药"也非常重要，即将广告推广给合适的人更有利于产品宣传。这里的"对症下药"主要表现在两个方面：一是根据用户的风格类型"对症下药"，二是根据用户的关系"对症下药"。前者主要表现为根据用户的类型进行推广，比如某条广告比较幽默诙谐，包含了很多网络现象和词汇，可以设置给指定分组的年轻人群进行查看；后者主要表现为根据用户的关系深浅程度进行推荐，比如对刚结识不久的用户，可以推荐一些客单价不高的产品，对有了信任基础或交易记录的用户，可以进一步推荐客单价较高的产品等。此外，为了保证推广效果，还可以分析目标用户在朋友圈的活跃时间，以便在其查看朋友圈的高峰期进行推广。

3. 巧用热度

互联网经济时代，热点新闻等的传播速度非常快，一个合格的运营者必须懂得利用这些热点，打造自己的产品热度。在借助热点发布朋友圈广告时，还可以根据需要与用户保持互动，热点事件更容易吸引用户进行互动。

任务 5-3　微信公众号营销

微信公众号是腾讯公司在微信基础上开发的功能模块,是当今新媒体营销宣传的常用平台。通过微信公众号,个人和企业都可以打造专属于自己的特色公众号,在公众号上可以通过文字、图片、语音、视频等形式,与特定群体进行全方位的沟通和互动。

> **课堂讨论** 针对下列问题展开讨论:
> 1. 怎样进行微信公众号定位?
> 2. 怎样设置自己的微信公众号?
> 3. 怎样设计微信公众号的推广内容?
> 4. 怎样提高微信公众号的热度?

微信公众号为营销提供了方式,但是优质的营销效果离不开公众号的运营,只有在某一行业中有热度、有影响力的公众号才具有真正的营销价值。本任务将介绍微信公众号选择、微信公众号申请、微信公众号设置等知识,以及提升微信公众号推广能力和营销价值的方法,帮助运营人员打造更有影响力的公众号。

一、微信公众号选择

(一)微信公众号的类型

微信公众号有服务号、订阅号、小程序和企业微信 4 种类型(图 5-3-1)。每一种类型的使用方式、功能、特点均不相同,用于营销的公众号一定要选择最适合自己的公众号类型,才能达到预期的营销推广效果。

图 5-3-1　微信公众号的类型

1. 服务号

服务号为企业和组织提供强大的业务服务与用户管理能力,主要偏向服务类交互(提供绑定信息,比如银行、114 等提供服务查询的类型适合选择服务号)。适用人群:媒体、企业、政府或其他组织。服务号认证后每个月可群发 4 条消息,还可开通微信支付功能。

2. 订阅号

订阅号为媒体和个人提供一种新的信息传播方式,主要功能是在微信侧给用户传达资讯,具有信息发布和传播的能力,可以展示自己的个性、特色和理念,树立自己的品牌文化。适用人群:个人、媒体、企业、政府或其他组织。群发次数:订阅号(认证用户、非认证用户)1 天内可群发 1 条消息。

3. 小程序

小程序是一种新的开放能力,开发者可以快速地开发一个小程序。小程序可以在微信内被便捷地获取和传播,同时具有出色的使用体验。

4. 企业微信

企业微信主要用于企业内部通信,具有实现企业内部沟通与内部协同管理的能力,需要先验证身份才可以申请。

对于用于营销的公众号来说,目前服务号和订阅号的使用率更高。通过微信认证资质审核后订阅号有一次升级为服务号的入口,升级成功后类型不可以再变更;服务号则不可以变更为订阅号。

(二)微信公众号类型的选择依据

企业在注册微信公众号时选择订阅号还是服务号,可以从目的和功能两方面来考虑。

1. 目的

企业选择订阅号还是服务号,主要看企业开通微信公众号的目的是什么。如果是利用微信公众号推送信息、分享企业品牌文化及公司新产品应该选择订阅号。使用订阅号还可以推广宣传自己的理念、分享贴近用户需求的知识等,每天定时发送,使企业与客户之间联系更加紧密,关系更加密切。例如,某奶粉品牌使用微信公众号给客户提供科学的育儿锦囊。

服务号的主要功能是提供良好的服务,通过贴心式的服务提高品牌的价值,使其发挥最大影响力。如果是为了给客户、会员、粉丝提供良好的服务,则应该开通服务号。服务号可以在很大程度上降低线下的人力成本,并且可以让用户享受到更加简单便捷的服务。还可以自主研发一些特别功能,如打通客户关系管理系统,对用户进行更为细致的分类以及管理,并针对精准用户进行消息群发,或者使用多客服功能,提供更及时的服务。例如,工商银行的服务号,为其用户提供在线理财产品的购买以及查询网点、ATM 服务,使人们的生活更加便捷化。

2. 功能

如果微信公众号需要利用"微信支付"完成线上转化,或者需要借助其他比较高级的功能,如多客服管理、用户定位等,此时应该选择服务号。例如开了一个微店,需要使用"微信支付"功能,就需要开通服务号,如果企业只想简简单单地推送和分享一些资讯类的信息,就没有必要使用这些较为高级的功能,选择使用订阅号便可以满足企业需求。

微信服务号还具备第三方开发功能,如果除资讯发布之外,需要有更多、更好以及更加便捷的用户体验和操作空间,可以使用服务号与第三方开发技术相结合。如果需要自己开发一些特别的新功能,企业应该选择使用服务号,因为订阅号一般不支持第三方的开发。

根据这个维度确定微信公众号的类型,还要考虑企业自身技术与人员配备。如果技术

比较成熟,人员配备充足,服务号就能开发得像一个内容丰富的小型网站,使其具备更多的信息、更加便捷的使用方式以及更多的功能。

二、微信公众号申请

(一)注册微信公众号需准备的材料

不同主体类型注册微信公众号需准备的材料见表5-3-1。

表5-3-1　　　　　　　不同主体类型注册微信公众号需准备的材料

主体类型	个体户	企业	政府	媒体	其他组织	个人
注册微信公众号需准备的材料	个体户名称;营业执照注册号/统一信用代码;运营者身份证姓名;运营者身份证号码;运营者手机号码;已绑定运营者银行卡的微信号	企业名称;营业执照注册号/统一信用代码;运营者身份证姓名;运营者身份证号码;运营者手机号码;已绑定运营者银行卡的微信号;企业对公账户	政府机构名称;组织机构代码;运营者身份证姓名;运营者身份证号码;运营者手机号码;已绑定运营者银行卡的微信号	媒体机构名称;组织机构代码/统一信用代码;运营者身份证姓名;运营者身份证号码;运营者手机号码;已绑定运营者银行卡的微信号	组织机构名称;组织机构代码/统一信用代码;运营者身份证姓名;运营者身份证号码;运营者手机号码;已绑定运营者银行卡的微信号	运营者身份证姓名;运营者身份证号码;运营者手机号码;已绑定运营者银行卡的微信号

在填写运营者信息时有以下几个注意事项:

(1)运营者身份证姓名。填写该公众号运营者的姓名,如果名字包含分隔号"·",请勿省略。信息审核成功后,身份证姓名不可修改。

(2)运营者身份证号码。一个身份证号码只能注册2个公众号。

(3)运营者手机号码。一个手机号码只能注册5个公众号。

(4)运营者身份验证。为了验证身份,请使用绑定了运营者本人银行卡的微信扫描二维码。该验证方式不扣除任何费用。

(5)运营者的相关信息。只要提供公司/组织的负责人的相关信息即可,不一定非要提供法人的资料。

(二)微信公众号的申请流程及认证

1. 申请流程

申请微信公众号的具体步骤如下:

(1)打开微信公众平台,在首页单击右上角的"立即注册"按钮进入注册界面,如图5-3-2所示。

(2)选择账号类型,从订阅号、服务号、小程序、企业微信中选择一个类型,如图5-3-3所示。

项目5　微信营销

图 5-3-2　单击"立即注册"按钮

图 5-3-3　选择注册的账号类型

(3)根据所出现的界面提示填写邮箱信息,登录邮箱查激活邮件,填写邮箱验证码激活,如图 5-3-4 所示。

图 5-3-4　小程序注册

注意：同一个邮箱只能绑定微信产品的一种账号，已绑定了以下账号的邮箱不能再被用来注册微信公众号：①已绑定开放平台的邮箱；②已绑定个人微信的邮箱；③已绑定企业微信的邮箱；④已绑定订阅微信、服务号的邮箱；⑤已绑定小程序的邮箱。

（4）选择主体类型之后，登记主体信息。

（5）填写公众号信息，包括账号名称、功能介绍，选择运营地区。

注册了微信公众号以后，不能立即使用，审核通过后方可使用。一般个人订阅号的审核期限是1~3个工作日。

2. 账号认证

目前，只有订阅号和服务号支持认证，这两种公众号中可以进行认证的主体有4种，即媒体（事业单位媒体、其他媒体）、企业（企业法人、非企业法人、个体工商户、外资企业驻华代表）、政府及事业单位、其他组织。这几种类型的微信公众号在进行认证时，还需要具备以下几个条件：①新浪微博、腾讯微博的认证微博账号；②微信公众号粉丝数量不能低于500个；③认证时主体需要提交相关材料。

打开微信公众号，进入其后台，在"设置"功能栏中，单击"微信认证"按钮，即可进入"微信认证"页面，然后运营者单击该页面上的"开通"按钮，按照提示依次完成各个步骤。

进行微信认证时，需要一次性支付300元的费用，并且不管审核结果如何，这300元费用都不退还。在申请认证的过程结束后，可在后台的"微信认证"页面查看认证费用的支付情况。

（三）小程序申请步骤

小程序申请的主体类型为政府、企业、媒体、其他组织或个人开发者。

小程序的详细申请步骤可登录官方网站进行查询，主要步骤包括：注册小程序账号→完成企业微信认证→申请微信支付→开发并上架小程序→微信官方完成审核→发布成功。

1. 注册小程序账号

用户自行注册小程序账号（小程序注册入口与其他类型微信公众号注册入口为同一个页面）。

2. 完成企业微信认证

登录小程序后，单击"设置→基本设置"，找到"微信认证"一栏，单击右侧的"详情"按钮便能找到企业微信认证的入口。

3. 申请微信支付

可以申请微信支付权限（无法使用商家已有的公众号微信支付账户，需独立申请），已通过认证的小程序可申请微信支付功能。

4. 开发并上架小程序

通过第三方开发或者自行开发并上架小程序。

5. 微信官方完成审核

一般需要经过1~3个工作日，微信官方会完成对小程序的审核。

6.发布成功

提交审核通过后,进入开发者管理界面,提交发布,小程序即可发布到线上为用户提供便捷的服务。

三、微信公众号设置

申请并开通微信公众号之后,需要对公众号的基本信息进行设置,包括名称、头像、二维码、功能介绍等,其中部分设置原则与微信个人号类似。

(一)名称设置

微信公众号的名称是用户识别公众号的重要标志之一,也是直接与公众号搜索相关联的关键部分。从某种角度来说,微信公众号的名称就是品牌标签,因此名称的设置与营销效果息息相关。其设置方法与微信个人号类似,要求统一、简洁、便于搜索、注明功能等。

(二)头像设置

头像也是微信公众号的重要标志之一,代表了公众号的个性和风格,展现了公众号的品牌形象,同时还能方便用户对公众号进行认知和识别。公众号头像主要有 Logo、个人头像、文字、卡通形象等几种主要类型。

(1)Logo。拥有品牌的企业或个人可以将 Logo 作为公众号头像,如图 5-3-5 所示。

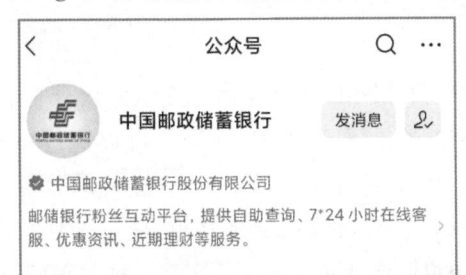

图 5-3-5　Logo 作为公众号头像

(2)个人头像。很多自媒体、明星、名人等都会将自己的照片作为公众号头像。

(3)文字。设计精美的中文、中英文组合或文字与 Logo 组合都是比较常见的头像样式,如图 5-3-6 所示。

图 5-3-6　文字作为公众号头像

（4）卡通形象。很多自媒体、创意公司、行业名人，甚至政府、学校等官方组织，都会为自己设计一个专属的卡通头像，这类头像通常具有极高的辨识度。如图 5-3-7 所示为使用个性卡通角色作为公众号头像。

图 5-3-7　卡通形象作为公众号头像

（三）二维码设置

与微信一样，每一个公众号都有一个专属的二维码，通过对二维码进行分享和推广，可以让更多人关注自己的公众号。微信公众号提供了二维码尺寸设置和下载功能，用户根据自己的推广需要，可以设置合适尺寸的二维码，还可以对二维码图片的效果进行美化。二维码的重新设计可以结合自己的产品特色，添加一些能够展示产品特性的元素，使其更具个性化。

（四）功能介绍设置

微信公众号的功能介绍主要用于描述公众号的作用，其会在用户搜索公众号时显示，因此需要重点设置。一般来说，功能介绍必须突出重点、便于理解，让用户可以通过该介绍快速了解公众号提供的服务和公众号的价值等，比如直白地展示卖点，快速打动目标消费人群。除了说明功能和作用外，功能介绍也可以用来表达情感、展现特色，通过个性化吸引用户。大部分品牌的公众号通常会在功能介绍中进行品牌介绍，或者放置一些文案标语，以便进一步进行品牌推广。例如，"中国南方航空"微信公众号的功能介绍是"中国南方航空官方服务号，方便您随时随地预订机票、办理值机选座、掌握航班动态、查询里程信息……还有会员日特惠机票和各类旅行信息，赶快体验吧！"

四、微信文章推送

首先，常规来看，用户查看推送文章内容的时间一般在 7:00～9:00 的上班途中，11:00～13:00 的午休时间，17:00～19:00 的下班途中，21:00～23:00 的休息、睡前时间。在这些时间段中用户会对查看的文章内容进行反馈，因此容易出现文章反馈的高峰期。

其次，由于微信公众号文章内容的定位不同，因此用户查看内容的时间也会不同。一般来说，励志类微信公众号文章建议在 8:00 前推送，这样可以充分利用用户上班途中的时间激发用户的工作热情；趣味类微信公众号文章建议在 19:00 后推送，通过内容的有趣性减少用户的疲惫，博用户一笑，从而增加流量与转发量；消费类微信公众号文章建议在晚上推送，因为用户挑选并购买产品需要花费较多的时间，在较为充足的晚间休息时间用户可以充分地挑选;情感类微信公众号文章建议在22:00后发布,夜晚人的感情会更加丰富,此时发布更容易触动用户并获得用户的认同与共鸣。总的来说,要以用户需求为出发点,选择合适的推送时间,方便用户查看,才能达到最佳的营销效果。

当然,这并不意味着必须在推送时间前才写作微信文章内容,运营人员要提前写好微信文章,然后根据实际需要进行定时推送,以避免在深夜写文或在节假日期间没有文章推送的情况。同时,充足的文章内容创作时间也可以提高文章的质量,使文章内容更加吸引用户,从而提高用户的阅读量和转发量。设置微信文章定时推送的方法很简单,编辑好需要推送的文章后先将其保存但不发送,然后返回微信首页选择"素材管理"选项,在其中选择需要推送的文章,单击页面下方右侧的下拉按钮,在打开的下拉列表中选择"定时群发"选项,在打开的页面中设置发布的时间即可。

最后,推送频次也需要重视。订阅号(分为认证用户和非认证用户),1天可群发1条消息(每天0:00更新,次数不会累加);服务号(分为认证用户和非认证用户),1个月(按自然月)内可发送4条群发消息(每月底0:00更新,次数不会累加)。

运营者刚开始推送的时候,可以根据企业或者自身的情况设定推送频次,"每日一更"是大多数品牌公众号的推送频次,如果企业或者个人没有太多的内容需要输出,那么可以三天推送一次订阅号,或者也可以直接使用服务号。推送次数增加,对公众号运营者来说并不一定都是好事,它需要相关媒体在微信策划选题、采写、编辑和发布上投入更多、更精干的人员、物力,特别是对于刚成立的微信公众号而言,由于人员经验不足,没有大量优质内容做支撑,只为了保证推送频次而推送文章,很可能会导致持续掉粉。

微信公众号发布内容,无论是推送次数还是条数,绝非多多益善,一定要讲究精心制作,追求头条阅读量、平均阅读量、转发数、点赞数等指标。总之,在推送时间上还是要因地制宜,根据自身情况来制定合理的推送时间和频次。

微信公众号文章的排版工具有:秀米编辑器、135编辑器、i排版编辑器、易点编辑器、小蚂蚁微信编辑器等。

五、微信公众号活动运营

活动运营是指围绕企业目标系统地开展一项或一系列活动,包括阶段计划、目标分析、玩法设计、物料制作、活动预热、活动发布、过程执行、活动结束、效果评估等全部过程。

一场成功的活动,不仅可以提高粉丝活跃度,还可以提升营销转化率,通过搜集到的用户信息,进一步有针对性地进行服务和营销。透过活动与用户高频次互动,可以加深用户对品牌的认知,强化品牌忠诚度,对于企业而言意义重大。

微信公众号活动运营

(一)活动前

通过企业的全年宏观活动规划,运营人员对公众号在各时间节点的具体工作有了较为清晰的认识。具体到一场活动策划时,活动前期需要对本次活动的目标、主题、对象、形式、流程和预算等进行详细的梳理,以便能够保质保量地完成运营目标。

1. 目标定位

活动的目标是活动策划的起点,是微信公众号运营者想要通过活动达成的最终结果。从营销的角度而言,公众号活动各阶段的目标主要是:①起步阶段,提升公众号的粉丝量,吸引潜在用户的关注;②初期阶段,提升文章的阅读量,扩大品牌影响力;③中期阶段,激发用户的活跃度,包括促进用户的转发、留言、点赞、收藏、打卡等;④全过程,促进商业转化,引导用户的消费行为,为产品带来盈利。在进行活动策划时,需要明确本次活动的目标,以及想要达到什么样的效果。

2. 主题确定

有趣的,有用的,能够与用户产生情感上的共鸣,能够让用户有足够参与感的内容,都能够成为活动的主题。除常规节假日庆典活动外,运营人员还可以抓住各类热点进行借势营销。例如,冬奥会、神舟十二号载人飞船发射等,借此延伸出更有深度的思想内容,都能够成为近期活动的主题。

3. 对象分析

根据用户画像,深入研究这一类人群在某个事件或者某个节日中的行为习惯,以此有针对性地提出活动的策略,从而激发他们积极参与。

4. 形式选择

借助微信平台的各种功能,公众号的活动形式多种多样,丰富有趣的活动形式可以提升用户的参与感和体验感,大大提高粉丝的活跃度。如留言抽奖、投票活动、打卡活动,还有征文征稿、发红包、好友邀请等形式,要依托公众号自身的定位和用户场景应用的需求举办活动。

5. 活动流程

活动流程的制定步骤如下:

(1)明确开始和结束时间。尤其是追热点时,务必注意时效性。

(2)制定具体活动的参与流程,写明活动玩法的具体规则,例如满足××条件给予××奖励、奖励发放时间等。注意引导语要简洁、易懂,流程简单、易操作,否则会严重打击用户参与的积极性。

(3)奖品设置及领取。在活动方案中明确奖项的设置,包括奖品的名称、数量、获奖概率和具体的领取方式,最后在公众号公布获奖名单。

6. 活动预算

活动预算中涉及的成本和费用包括人力成本、宣传渠道成本、奖品成本和物流费用等。

(二)活动中

活动运营阶段,需要对活动中呈现的阅读量、转发量、观看量和参与量进行实时监控,如果一直没有增量或者降幅过大,应及时查看原因,进行调整处理。

活动过程中,用户反馈和讨论的精彩之处,应注意及时截图保存,在后期复盘总结时,可以用于二次传播,以放大活动价值。

(三)活动后

1. 数据收集

活动运营的价值体现应落脚到具体的数值,包括公众平台吸粉人数、文章阅读量、互动留言数量、小程序获取用户数、拉入社群人数、加个人号好友人数、总交易额、毛利/净利等,以此来反映整场活动的效果是否达到预期,能否为企业带来对应的影响力和转化率。

2. 用户追踪

基于活动的目标,为了吸引新用户和激发老用户的活力,在活动结束后,务必要对参与的用户进行进一步的追踪和管理,让活动的效益最大化。因为愿意参与活动的用户,往往都是对公众平台有一定了解或者有好感的用户,经过培养可以成为忠实粉丝,后期持续关注和产生消费行为的概率也更大。

参与活动的用户分为获奖用户和未获奖用户,对于这两类用户有不同的维护方式:

(1)获奖用户。奖品发出后,鼓励用户主动分享至朋友圈。分享不仅可以让获奖用户得到社交层面的满足感,还能通过分享进一步曝光,扩大影响力。

(2)未获奖用户。对于未获奖用户应重视他们的参与积极性,对他们表示感谢,鼓励他们下一次主动参与,以及推荐给身边的朋友。

3. 活动复盘

在活动复盘的报告中,可从活动总结和改进两个部分呈现。

(1)活动总结部分包括:哪个页面跳出率最高?哪句文案转化率最高?用户对什么奖品最感兴趣?

(2)改进部分则是将活动中呈现的问题一一罗列,找到对应的解决方法,并且指定负责人与时间节点去跟踪落实。

(四)活动策划的关键

1. 关注用户的体验感

(1)趣味性要强。只有活动好玩有趣,参与的人才会多,活动的气氛才能营造起来。

(2)活动的门槛要低。一般来说,根据自己的目标人群,门槛越低越好。活动面向的人群越初级越好,因为越是高级用户,用户群越少。

(3)参与方式要简单。在做营销活动设计时,其目的应尽可能明确、单一,很多人喜欢在一个营销活动中融入多个营销目的,而每个目的都会增加用户的操作步骤,最后用户反而觉得体验不好或因难度太大而放弃参与。

2. 关注用户的获得感

活动一定要让用户受益,要让用户得到足够的好处才有价值,因为只有活动的回报率高、奖品丰厚,用户的积极性才能被调动起来。活动奖品既可以是物质层面的,也可以是精神层面的。

3. 注重运营的回报率

公众号运营活动应严格控制活动投入,即有限的投入。有限的投入在营销活动中应该

可控,一旦不可控,它会成为活动风险,因此务必保证投资可量化的效果。一个好的营销活动,其效果应该是可衡量的。

任务 5-4　微信视频号营销

一、认识视频号

(一)基本定义

微信视频号是 2020 年 1 月 22 日腾讯公司官微正式宣布开启内测的平台。微信视频号不同于订阅号、服务号,它是一个全新的内容记录与创作平台,也是一个了解他人、了解世界的窗口。视频号放在了微信的发现页内,在朋友圈入口的下方。

腾讯推出微信视频号的目的是补全微信的内容生态,将小程序、公众号和视频号打造成一个闭环来营销。视频号为微信补全了短内容平台、中距离广告能力和用户的被动获取能力。

短内容平台:微信公众号更适合发布长篇幅、有深度和专业的内容,不适合发布短内容,也不适合短内容创作者发展。

中距离广告能力:朋友圈的传播能力有限,不能突破 5 000 个微信联系人的限制。

用户的被动获取能力:微信公众号需要关注公众号才能获取内容,再加上用户很少自己主动搜索公众号,所以,视频号出现之前,微信公众号的用户一般都缺失被动获取能力。

(二)视频号的功能特点

下面介绍视频号的功能特点,帮助运营者更深入地了解视频号,方便以后进行精准定位和精细化运营。

1. 顶部功能

进入视频号后,可以看到顶部的 3 个功能:关注、朋友和推荐(图 5-4-1)。其中"朋友"界面显示的短视频是基于微信好友数据统计的,不仅会显示朋友发布的视频,而且朋友点赞过的短视频也会一起显示。

2. 可以发布 1 分钟以上的视频或者 9 张以内的图片

运营者在视频号发布的内容可以直接调用系统相机进行拍摄,也可以从相册选择。不过,运营者需要注意的是,短视频时长不能低于 3 秒。

视频号内图片的显示方式和朋友圈不同,只能左右滑动查看。而且,发布的图片不能点击放大,也不能保存,图片中如果有二维码也不能长按识别。

图 5-4-1　视频号的顶部功能

3. 视频自动播放

视频号内的短视频内容都是自动循环播放，不能暂停，视频播完之后会自动重播，不会跳到下一个视频。

4. 视频号的标题

辅助表达视频号的文字介绍部分(包括标题)最多可以写 140 个字，但是不会全部显示，可以显示 3 行(约 65 个字)，其余的会被折叠。

5. 点赞、评论、收藏与转发

短视频有两种点赞方式，运营者既可以双击视频，也可以点击下方的点赞按钮进行点赞，评论最多显示两条，其余评论会被折叠，需点进评论才能看到全部内容。一般来说，不建议写很长的文字内容，这样不利于吸引用户点赞、评论、收藏和转发。

(三)视频号账号类型

根据短视频的内容和账号定位，我们大致可以将视频号账号分为以下 4 种类型：

1. 短视频号

短视频号的运营者大致可以分为以下 3 类：

(1)此前没有运营过短视频，初次尝试的运营者。这部分运营者可以将视频号作为短视频的发布阵地，通过发布短视频吸引用户关注，在视频号中打造自己的 IP。

(2)已经在其他短视频平台中运营了账号，但是运营效果不理想的短视频运营者。对于这部分短视频运营者来说，应重点运营视频号，及早入场。

(3)已经在其他短视频平台运营了账号，还积累了较多粉丝的短视频运营者。这部分运营者可以将短视频同时上传至视频号和其他平台，通过一个短视频多发的方式，增加短视频的覆盖面，同时也能增强运营者在短视频领域的综合实力。

2. 图文媒体号

图文媒体号包含的范围比较广，微信公众号、今日头条和一点资讯等以发布图文类信息为主的账号都属于此类。对于图文媒体运营者来说，视频号无疑是一个优质的内容发布平台。因为视频号单次可以发布 9 张以内的图片，而且视频号背后是流量庞大的微信平台。所以，只要发布的图文信息比较有质量，就能快速吸引大量用户的关注。

例如，拥有微信公众号的运营者可以在发布的图片内容中插入微信公众号或者微信直播间链接(图 5-4-2)。这样，视频号运营者不仅能通过图文信息获得用户的关注，还能通过内容中的链接，将视频号的用户引导至微信公众号或者直播间中。

3. 电商和微商号

目前视频号的直播间是可以添加链接的，支持多种链接，如直播间预告，文章链接，红包封面链接，企业微信名片链接，当然也支持添加商品链接(图 5-4-3)。因此，对于电商和微商来说，视频号也是一个不错的平台。

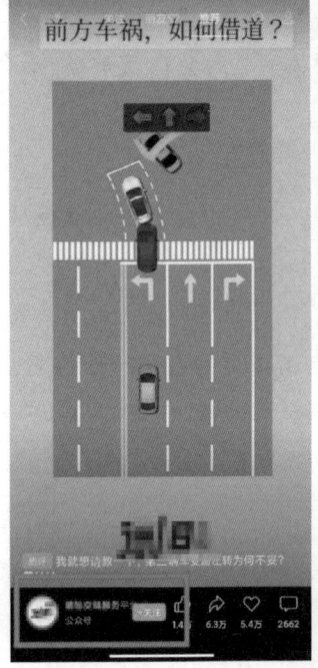

图 5-4-2　视频号导流微信公众号或者直播间 　　　　图 5-4-3　视频号添加商品链接

4. 品牌号

对于品牌运营者来说,能进行广告营销的平台就是好平台。而视频号对于品牌广告并没有限制。因此,许多品牌运营者都注册了视频号,通过视频号进行品牌广告营销。

二、注册视频号

视频号的注册使用很简单,直接从"发现"界面进入,即可自动生成一个与微信同名、同头像的账号。开通视频号之后,运营者就可以对账号头像、名字、简介和认证等基本信息进行设置。这些基本信息就像是视频号的门面,是其他视频号用户进入账号主页首先会看到的东西,也能在一定程度上影响他们对该视频号的看法。因此,运营者在设置此类信息前需要仔细琢磨,认真完善。

(一) 账号头像

账号头像必须美观大方。运营者在进行头像设置时,依次进入自己视频号主页和设置界面,点击视频号名称栏,进入资料界面,点击"头像"一栏,进行视频号头像的设置。

运营者需要注意的是,视频号的名字一年只可以修改两次;地区是根据微信定位,一般不用更改。

运营者在设置账号头像时有 3 个基本的技巧,具体如下:

(1) 头像一定要清晰。

(2) 个人账号一般使用主播肖像作为头像。

（3）团体人设账号可以使用代表人物形象作为头像，或者使用公司名称、Logo（商标、徽标）等。

（二）账号名字

账号名字需要有特点，尽量和定位相关。例如，视频号"××手机摄影"，名字通俗易懂，而且与定位相关，该账号推送的就是手机摄影类的短视频，如图5-4-4所示。

在设置账号名字时有3个基本的技巧，具体如下：

（1）名字不能太长，太长的话用户不容易记忆。

（2）名字尽量不要用生僻字或过多的表情符号。

（3）最好能体现人设感，即看见名字就能联系到人设。此处"人设"是指人物设定，包括姓名、年龄和身高等人物的基本设定，以及企业、职位和成就等背景设定。比如，账号名为"绘画学堂"，用户一看就知道此账号的人设，如果人们对绘画学习有相关需求，便会直接关注该账号。

（三）账号简介

除了头像、名字和封面的设置，运营者还可在视频号个人主页中填写账号简介。一般来说，账号简介通常要求简单明了，用一句话来突出重点，主要原则是"描述账号+引导关注"。基本设置技巧如下：

图5-4-4　视频号账号名称体现定位

（1）前半句描述账号特点或功能，后半句引导关注，一定要明确出现关键词"关注"。

（2）账号简介可以用多行文字，但一定要在视觉中心出现"关注"两个字。

（四）账号认证

运营者开通视频号后，可以选择申请认证。认证后的视频号会获得平台更多的推荐，吸引更多的流量。账号认证的步骤如下：

步骤1：运营者从"发现"进入视频号主页面后，点击右上方的设置图标。

步骤2：然后选择"创作者中心"。

步骤3：进入"创作者中心"界面，点击"申请视频号认证"按钮，进入新界面。

步骤4：运营者根据自身需求选择"兴趣认证"、"职业认证"或"企业和机构认证"选项，如图5-4-5所示。"兴趣认证""职业认证"需要满足3个条件才可以申请，即近30天发表了一个内容、粉丝100人以上以及填写简介。

此外，视频号进行"企业和机构认证"可以用已认证的公众号。在认证的过程中出现什么问题，运营者可以放弃认证，不过要慎重考虑，因为认证的机会一年只有两次。认证完成后，个人号后边会出现黄色认证图标，企业和机构号后边会出现蓝色认证图标。

图 5-4-5 视频号认证

三、视频号内容发布

在视频号中,每个账号获得的权重不尽相同。视频号平台会根据账号的权重对账号发布的内容进行推送。权重越高的账号,获得的推送量就会越多。因此,视频号运营者要在账号的运营中,将账号权重的提高作为重点工作来抓。而决定账号权重的直接因素就是账号发布的内容的质量,所以内容是运营视频号的核心环节。我们只有制作出精彩的内容,用户才会观看、点赞,系统才会加码推荐。

（一）选择合适尺寸素材

视频号可以发布的内容为短视频或9张以内的图片,但是有一点需要特别注意,就是视频或图片的尺寸。据官方提示,视频号的最大尺寸为 1 230 px×1 080 px 的竖屏内容,最小尺寸为 608 px×1 080 px 的横屏内容。

1. 发布图片内容

运营者在视频号上发布图片内容时,尽量选取尺寸为 1 230 px×1 080 px 的竖屏图片,或者选择尺寸为 608 px×1 080 px 的横屏图片。当然,运营者也可以选择尺寸介于此二者之间的图片。选择适合视频号展示页尺寸的图片,用户的阅读体验会更好,该视频号也就能够获得更多用户的喜欢和点赞。如果运营者选择的图片尺寸过大,在视频号中会显示不全；图片过小,会影响用户的观感。

2. 发布短视频内容

视频号最大尺寸的高宽比约为 11∶10,所以运营者在发布短视频时应该考虑视频尺寸和比例。如果运营者选择发布的短视频的尺寸超过了视频号最大尺寸,超过的那部分会被裁剪掉,从而导致视频不完整。同样地,如果短视频尺寸小于视频号最小尺寸,缺少的部分会被黑边填充。

(二)内容发布流程

运营者如果想要在视频号上发布自己的内容,可以通过准备素材、上传素材、后期处理和内容发布这4步来完成。

1. 准备素材

运营者在准备素材阶段,首先要明确视频的形式。这里收集了几种视频号上比较常见的视频形式,供大家参考。

①自己拍摄视频,记录自己的日常生活。运营者可以后期给视频配上一些如录音、字幕和文案之类的内容,增加视频的看点。

②真人出镜的讲解类视频。这类视频操作比较简单,只需要一个主讲者、一部可以摄影的机器就可以了。

③翻新影视片段。运营者可以截取影视片段,然后和自己的创意相结合,创作出新的内容,以吸引更多的用户关注。最好不要直接搬运视频,这样既容易造成侵权,又会受到账号限流的处罚。

2. 上传素材

视频素材准备完成之后,可以开始上传素材。虽然视频号上发布的视频很短,但是运营者却需要准备大量的素材,然后将准备好的素材全部上传到视频剪辑软件进行后期处理操作。其实,视频剪辑软件有很多,这里介绍几款常用的手机视频剪辑软件,如剪映、快剪辑、爱剪辑、小影等,大家可以根据自己的需要选择喜欢的、方便操作的软件。

3. 后期处理

运营者点击个人中心的"发表新动态"按钮,弹出对话框,可以根据自己的需要选择对话框内的选项。

4. 内容发布

运营者的短视频作品创作完成之后,即可在视频号中把准备好的作品发布出来。

视频号的"内容发布"界面有话题、"@提到"、所在位置和扩展链接。视频号的"话题"跟微博的"话题"差不多,相当于一个标签。运营者每一次发送内容,可以带多个话题。此外,视频号发表界面还有添加"扩展链接"的功能,利用该功能可以插入公众号的链接。运营者可以先去复制公众号的永久链接,然后将链接插入就可完成添加链接操作。

四、视频号变现

(一)销售变现

对于视频号运营者来说,运营视频号的目的,除了想要与广大网友分享自己的生活和观点外,还希望通过运营视频号来获取利益,也就是希望视频号能变现。

而视频号最直观、有效的营利方式就是销售商品或服务了。借助视频号平台销售商品(图5-4-6)或服务(图5-4-7),只要有销量,就有收入。

视频号变现

图 5-4-6　电商卖货　　　　　　　图 5-4-7　提供服务变现

（二）流量变现

微信视频号是一个流量巨大的平台，而对于微信视频号运营者来说，将吸引过来的流量变现，也不失为一种不错的变现方式。流量变现的关键在于吸引微信视频号用户观看你发布的内容，然后通过内容引导用户，从而达到自己的目的。

部分视频号运营者可能同时经营多个线上平台，而且视频号还不是其最重要的平台。对于这一部分视频号运营者来说，通过一定的方法将视频号粉丝引导至其他平台，让视频号粉丝在目标平台消费就显得非常关键了。一般来说，在视频号中可以通过两种方式将视频号用户引导至其他平台：一是通过链接引导；二是通过文字、语音、视频等引导（图 5-4-8）。

通过链接引导比较常见的方式就是在视频号中插入微信公众号文章的链接，此时，微信视频号用户只需点击链接，便可进入微信公众号。进入微信公众号之后，微信视频号用户还可以点击文章中的小程序链接，进入小程序的商品详情界面。而点击商品详情界面中的图标则可以进入该小程序的"首页"界面。这样一来，就把微信视频号中的用户引导到了该微信视频号运营者运营的微信小程序平台了。

通过文字、语音、视频等引导最常见的方式就是在短视频中简单地对相关内容进行展示，然后通过文字、语音、视频将对具体内容感兴趣的视频号用户引导至目标平台（包括线下）。

图 5-4-8　视频导流、线下变现

（三）IP 变现

1. 广告代言

当视频号运营者的账号积累了大量粉丝，账号成了一个知名度比较高的 IP 之后，可能就会被邀请做广告代言。此时，视频号运营者便可以赚取广告费的方式，进行变现。

2. 博主卖货

带货这种变现方式是比较常见的。微信视频号现在已经开通直播功能，用户在观看视频的时候如果对商品产生兴趣，可以进行购买。

思政园地

《互联网用户账号信息管理规定》自 2022 年 8 月 1 日起正式施行，其中第十二条明确规定，互联网信息服务提供者应当在互联网用户账号信息页面展示合理范围内的互联网用户账号的互联网协议（IP）地址归属地信息，便于公众为公共利益实施监督；第十三条明确要求，互联网信息服务提供者应当在互联网用户公众账号信息页面，展示公众账号的运营主体、注册运营地址、内容生产类别、统一社会信用代码、有效联系方式、互联网协议（IP）地址归属地等信息。

互联网不是法外之地，对网络秩序的规范化是为了有效治理网上谣言、不实信息和网络暴力信息，且帮助网民有效辨别网上信息真伪。自 2021 年 4 月 30 日起，今日头条、微博、抖音、快手、知乎都已经开始了 IP 归属地展示。我们相信，将来的网络环境一定是越来越好，越来越规范。

据公众号"微信珊瑚安全"公告显示，为维护网络传播秩序，进一步打击仿冒搬运、造谣传谣等行为，微信公众号将显示用户发布内容时的 IP 属地，境内账号展示到省（自治区、直辖市），境外账号展示到国家（地区），账号 IP 属地以运营商提供信息为准，用户暂时无法主动开启或关闭相关展示。

任务实训

关注豪客来企业微信号，分析近期豪客来企业公众号的营销活动，讨论以下问题：
1. 微信公众号怎样进行营销？
2. 通过微信进行营销有什么技巧？

同步练习

一、单选题

1. 以下不是微信的功能的是（　　）。
A. 听一听　　　　B. 游戏中心　　　　C. 摇一摇　　　　D. 购物

2.以下不是设计微信昵称的原则的是(　　)。
A.好记　　　　　B.好识　　　　　C.真实　　　　　D.好输入
3.英语美文阅读类微信公众号文章推送的最佳时间是(　　)左右。
A.8:00　　　　　B.12:00　　　　　C.13:00　　　　　D.22:00
4.微信公众号可以自定义底部菜单,下面哪项描述不正确?(　　)
A.子菜单的名字最多6个汉字(12个字符)
B.最多创建3个一级菜单
C.一级菜单的名字最多4个汉字(8个字符)
D.每个一级菜单下可创建3个子菜单
5.企业公众号首选(　　)图片作为公众号头像,降低认知成本,延伸品牌风格。
A.Logo型　　　　B.文字型　　　　C.卡通图像型　　　D.角色形象型

二、简答题

1、请写出至少三点服务号与订阅号的区别。
2、请写出微信营销的优势,并具体介绍一下。

三、案例分析题

金六福:春节回家互助联盟

2011年1月,国内出现了首个由民间自发组织的解决春节回家问题的公益平台——金六福"春节回家互助联盟"。据主办介绍,"春节回家互助联盟"通过主题网站征集愿意拼车的老乡,并进行网络配对。参与者分为两类:一类是有车族,本来就要开车返乡过年,而车上又有空余座位;另一类是搭车族,买不到车票或机票的旅客,希望搭老乡的顺风车回家过年。为了能带起这股风尚,前100名配对成功的车主,还将获得主办方提供的千元油费补助。自2011年1月5日启动以来,该互助联盟的报名人数在短短半个月内已超过10万,仅北京地区就有1.2万余人报名参与。1月23日,首批配对成功的车主和乘客正式启程,出发返乡。

金六福基于微信的社交属性,将公益活动的模式植入到微信中,采取了有奖报名的模式,设置了官方微信拼车报名活动,借助春运的热潮、社会媒体的报道,实现了空前的社会效应和品牌效益。

【问题】金六福的"春节回家互助联盟"与之前的营销相比有什么变化?

拓展延伸

企业微信2022新品发布会

2022年1月11日,企业微信2022新品发布会在广州举行。腾讯微信事业群副总裁、企业微信负责人公布了企业微信的最新成绩:企业微信上的真实企业与组织数超1 000万,活跃用户数超1.8亿,连接微信活跃用户数超5亿。企业微信团队同时披露,每1个小时,有115万企业员工通过企业微信与微信上的用户进行1.4亿次的服务互动。

他表示,最有意义的并不是这些数字,而是这些数字背后企业经营方式的变化,这让企业微信更加坚定连接创造价值。

在企业微信4.0中,企业微信与微信的互通能力再次升级,全面打通与视频号的连接。企业微信还推出微信客服能力,优化消费者的购物体验,深化与微信生态内各模块的协同。另外,企业微信基于自身的协同能力,推出企业上下游连接能力,助力实体经济产业链的效能提升。

作为腾讯产业互联网的重要工具,在新版本中,企业微信还将把腾讯文档、腾讯会议融合打通,联合推出全新效率协作功能,正式实现腾讯产业互联网效率工具一体化。

一、贴近消费市场,连接人与服务

尽管经历疫情的洗礼,商业的本质却并未改变,消费者开始期待更有效的信息触达和更长周期整体服务,这也需要企业对工具产品的全新思考。

疫情以来,线下门店客流减少,不少品牌商家自发选择直播带货,为产品拓展销路。边看直播边下单,也已成为不少消费者的购物习惯。视频号直播带货在2021年迎来长足增长。微信视频号团队此前透露,2021年全年,直播带货中的私域成交占比超过50%。

作为微信生态内连接消费市场的重要产品,企业微信也在发布会上宣布将与视频号实现打通。视频号开始具备高效连接消费者的能力。

在企业微信4.0中,企业员工可以在企业微信的个人资料页上关联企业视频号,企业的视频号直播间也会出现导购入口,消费者可以一键接入。两款产品互为补充,对品牌商家直播带货增效明显,基于企业微信触达的消费者也将成为商家可持续运营的长期资产。在新版本中,企业微信还基于自身的连接能力和对客情关系的思考,推出微信客服功能。只要企业选择设置,消费者可以在微信生态内的视频号、公众号、小程序、搜一搜、微信支付等页面找到客服入口;在微信外,如企业APP、官网等位置,消费者也能一键找到企业的客服。基于微信客服,消费者不论在何处发起询问,页面都会跳转到自己的微信。"顾客需要的时候才是服务,不需要的时候就是打扰。"企业微信团队表示,这一理念背后,是企业微信"人即服务"理念的不断丰富。新版本下的企业微信,基于全新的消费互联网协同能力,帮助企业与消费者之间,构建长期稳定的信任关系,通过连接为企业创造商业增长。

二、产业互联,上下游企业一体化

目前,已有超过1 000万家真实企业和组织开始使用企业微信。但要打破企业间的"协同黑箱",仍需更多尝试。

企业微信经过两年走访发现,企业与上下游的连接困难,集中体现在找人难,通知难,协作难。在制造业中,主工厂、代工厂之间协作信息滞后;在零售业中,总部与经销商之间矛盾重重,信息壁垒厚重,数字资产难以共享。基于调研结果,企业微信新近推出"产业互联"功能,企业可以创建一个包含上下游的通信录,把所有供应商、经销商都加到通信录中,让寻找上下游联系人,像寻找公司同事一样简单。通信录还能分类、分层管理,保障高效且维护隐私。上下游企业沟通的链路被缩短至手机屏幕里。一线生产人员会用微信就会用企业微信。主工厂与代工厂、品牌商和经销商之间随时随地拉群沟通。任何紧急的通知、公告、方案均可一键群发给上下游伙伴。工作台的应用也能一键共享,帮合作伙伴一起做好生意。在调研中,企业微信发现,占中国经济总量60%的中小微企业,仅有2%得以深度的数字化。而企业微信则认为,数字化不是特定人群的专利,尤其是作为中国经济毛细血管的中小企业,更需要数字化助力。如一家名为智衣链的工厂,拥有上下游企业共30家。在使用产业互联功能后,生产效率提升了35%,生产环节的损失率下降了40%。

三、三大效率工具一体化，内外协同更顺滑

自2018年腾讯推出产业互联网战略以来，企业微信、腾讯文档和腾讯会议均得到发展，在各自领域获得用户的广泛认可。在企业微信2022新品发布会上，这三款产品实现了融合，不仅可以帮助企业的内部协同更加流畅顺滑，更能安全可靠地支持多人跨企业、跨软件地实时沟通与协作。

三款产品融合后，将各自承担不同的分工。4.0版本的企业微信将作为企业专属的"连接器"，承载融合版文档、会议等原生办公效率工具，不仅在企业内部，更可在企业与上下游合作伙伴、企业与微信客户沟通协作中自由使用，让效率实现在产业链上的传递。

融合版文档将成为一个多人协作的新空间。在延续腾讯文档优势体验的同时，融合版文档与企业微信功能无缝连接。企业协作的边界也在打破。企业内外的人都可以被邀请进来协作，从过去的"把文档发出去"到现在的"把人加进来"，文档真正成为沟通场所和协作空间。

融合版会议不仅可以让企业内部员工更高效地开会，也能通过企业微信和腾讯会议的打通，帮助企业更方便地和企业以外人员沟通。开启云录制与纪要功能后，会议内容整理几乎自动完成。天南海北的合伙伙伴约个时间，省时省力。

至此，腾讯产业互联网效率工具正式实现一体化。据了解，本次联手，并非简单的接口开放，而是三大产品彼此开放底层能力，深度融合的成果。未来企业微信还将与腾讯文档、腾讯会议团队继续迭代功能，为企业每一位员工带来更流畅、更高效、更安全的协作体验。

四、生态更活跃，让好产品找到对的人

作为平台，服务商是企业微信生态中的重要力量。多年以来，企业微信长期坚持以开放、合作的心态来做好底层连接，与服务商实现共赢，帮助企业完成数字化转型中的关键一跃。

企业的需求是动态变化的，为更好地服务客户，满足客户需求，企业微信宣布推出应用"快速上线"、"快速安装"和"接口广场"三大功能，让生态产品迅速上线至企业工作台，将产品选择权下放至企业员工，让好应用更好地找到需要它的客户。同时，鼓励服务商组队协作，实现一加一大于二的价值。

据了解，企业微信的服务商总数已经达到12万家，其中表现优秀的服务商，总数已经超过6000家。生态能力可覆盖97个行业，与连接微信相关的独特接口达1232个，第三方接口则多达1900个。

这意味着，几乎国内所有类型企业都能在企业微信的开放生态中找到支持，更多的合作伙伴也愿意和企业微信一起，为客户提供更丰富的产品。

自企业微信发布上线至今，产品能力不断迭代，连接12亿微信用户，帮助企业敏锐感知消费需求变化，助力企业间组队合作，为产业升级扩容，竭尽全力实现产业互联网与消费互联网的融合。

谈及未来，腾讯微信事业群副总裁、企业微信负责人表示，企业微信还将持续发挥连接的价值，通过连接为企业带来效率提升、商业增长、协同创新，并为服务商创造更活跃的生态。未来企业微信将深化与微信的互通能力，和广大合作伙伴一起，将价值真正送到企业身边。

(资料来源：央广网官方账号，2022-01-11)

项目 6
社群营销与运营

学习目标 通过学习本项目，我们将达到：

1. 理解社群、社群营销的概念；
2. 了解社群营销的价值；
3. 掌握社群的构建步骤以及社群分享的流程；
4. 了解社群变现的概念、要素及前提；
5. 掌握商业变现的形式。

学习导图

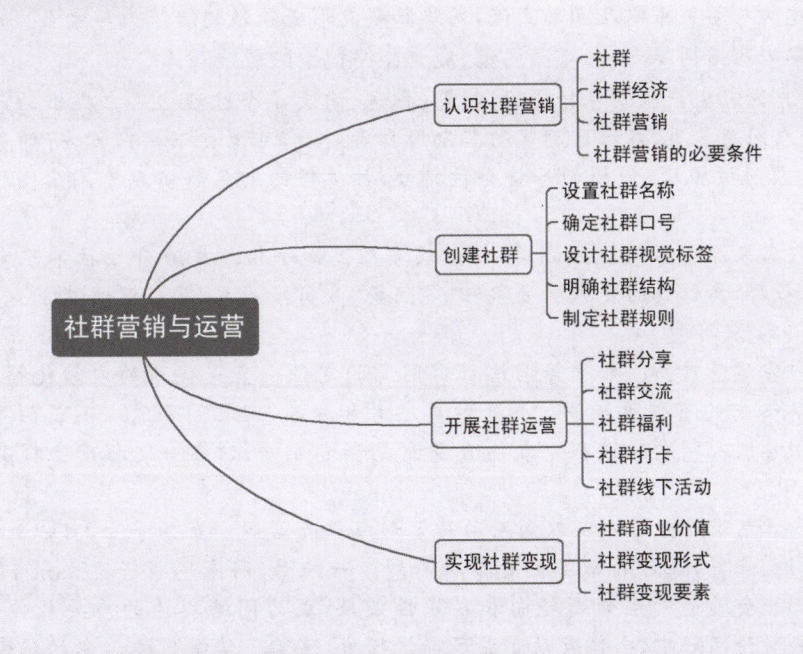

社群营销与运营
- 认识社群营销
  - 社群
  - 社群经济
  - 社群营销
  - 社群营销的必要条件
- 创建社群
  - 设置社群名称
  - 确定社群口号
  - 设计社群视觉标签
  - 明确社群结构
  - 制定社群规则
- 开展社群运营
  - 社群分享
  - 社群交流
  - 社群福利
  - 社群打卡
  - 社群线下活动
- 实现社群变现
  - 社群商业价值
  - 社群变现形式
  - 社群变现要素

案例导入

知乎的社群营销

知乎已成为中国互联网年轻一代用户沟通、交流,并分享彼此知识、经验、见解的新的知识中枢。2021年知乎财报显示,截至2021年12月31日,知乎个人注册用户总数超过4亿,2021年第四季度知乎平均月活跃用户数量为1.033亿,较2020年同期增长36.4%,平均月付费会员数为610万,人均日访问时长为4小时,月浏览量为540亿条;累计内容量达到4.9亿条,其中问答达到4.2亿条。

一、知乎网络社群用户特点:社群特征明显,思想较为活跃和理性

知乎的用户具备以下网络社群的特点:

第一,根据知乎后台的数据采集,知乎成员的行业占比大概为:互联网及IT人员占55%,大学生占26%,广告传媒人士占7%,服务业人士占5%,房地产建筑人士占3%,交通能源运输人士占2%,文化教育人士占1%,金融服务人士占1%。

第二,知乎用户男女比例相当,学历水平较高。根据艾瑞指数2020年11月统计数据,知乎的男性用户占比为51.15%,女性用户占比为48.85%。知乎用户的平均受教育水平非常高,大学本科及以上的高学历占比达到80.1%。

第三,社交属性明显,这有助于提升网络社群成员的组织化程度。与传统问答网站不同的是,知乎的社交性更明显,它将社交关系融入问答体系之中,用户不仅能够提出和回答问题,还能通过关注、私信、评论等方式构建人际关系。此外,当热点社会事件产生后,通过构建的人际关系以及互动交流,网络社群能形成较强的组织力与号召力。

二、知乎内容传播特点:多维高质量,成为网络舆论的重要载体

知乎用户内容生产机制包括提问、解答、推送、淘汰4个过程。用户提出的问题根据时间轴出现在问题首页,在社区浏览的其他用户看到后,可以在下面回答,好的答案将得到大家的投票而被推送,差的回答将会被折叠,被举报的回答将被删除淘汰。从内容角度分析如下:

第一,内容来源于不同职业社群,回答较多维。知乎信息发布者往往不限定于一个特定的行业社群,其信息的发布从多学科、多立场、多角度出发,确保了思考问题、解答问题更加全面、完整、多样。

第二,内容质量较高。知乎等网络社群网站的定位一直是优质的内容传播,专业的回答,在网民心中的可信度较高。知乎注重思考和分享,回答问题的人不是为了赚取积分,而是在回答别人问题的过程中表达自身意见和专业知识,在一定程度上提高了内容的可读性。

第三,内容结果的分享以及双向互动易于形成热点话题。在知乎上,可以互动,对知识点进行讨论、点赞,让好的回答被更多人看到。一方面,网民不断将观点分享出去,数量的骤增、膨胀会迅速产生话题转向和发散性效果,成为网络舆论的重要载体;另一方面,在回答和讨论问题中,个体互动变成了群体行为,改变了传统媒体单向的信息传播模式,促进新的议题形成。

第四,内容产生与知识传播同步。知乎中排名靠前的回答大多由拥有相关知识背景的人撰写,他们将自己在本领域或行业的知识和经验总结出来,实现专业知识的普及和传递。

(资料来源:赵雨,刘敏.社群营销.北京:人民邮电出版社,2020)

> **案例思考**
> 1. 为什么类似于知乎的问答类社群平台容易得到大家的认可和参与?
> 2. 在网络上查询并分析知乎平台的营利模式。

网络社交平台的普及和发展,使网络营销与运营逐渐走向平台化、互动化、社群化、体验化和社交化,为社群营销与运营提供了宽广的发展天地。个人和群体通过网络平台、网络服务聚集特征相似的目标用户,为其创造长期沟通渠道,创建基于社群成员的商业生态,不仅能够满足用户不同层次的个人需求,还可以通过社群口碑将品牌和产品推广出去,从而循环往复获得逐渐扩大的营销优势。

任务 6-1 认识社群营销

社群营销是随着网络社区和社会化媒体发展起来的一种营销模式,其主要基于网络社区和社会化媒体平台发展用户,通过连接、沟通等方式实现用户价值。社群营销是一种基于圈子和人脉的营销模式,通过将有共同兴趣爱好的人聚集起来,打造一个共同兴趣圈并促成最终的消费。

> **课堂讨论** 针对下列问题展开讨论:
> 1. 你在日常生活中遇到过哪些社群营销案例?
> 2. 开展社群营销需要具备哪些条件?

社群营销是由于移动互联网的发展才出现的营销模式。社群营销就是基于相同或相似的兴趣爱好,通过某种载体聚集人气,通过产品或服务满足群体需求而产生的商业营销模式。社群营销其实也是一个口碑传播的过程,其人性化的营销方式不仅广受用户欢迎,而且可以通过用户口碑继续汇聚人群,扩散口碑,让原有用户成为继续传播者。运营人员要想成功通过社群进行营销,需要先了解社群与社群营销的关系,掌握社群营销的理论基础。本任务将对社群、社群经济、社群营销、社群营销的必要条件等相关知识进行介绍。

一、社群

(一)什么是社群

自古便有"物以类聚,人以群分"的说法,可见,人类与自然界中的其他生物都有"集群"的天性。也正是这种天性使然,我们才组合成一个个不同的社群。

社群以社交文化为基础,拥有自己特定的表现形式。一个完整且典型的社群通常有稳定的群体结构、一致的群体意识、一致的成员行为规范和持续的互动关系,同时社群的成员之间能够保持分工协作,具有一致行动的能力。

社群是一种关系链接的产物,是一群有关系的人形成的网络区域,成员之间可以在这个网络中交流互动,互相了解,培养感情,共同进步。互联网的便利性,让社群成员的沟通和信息的传达可以不受任何空间和距离的限制,这不仅方便了社群成员之间的沟通,也方便了运营者的管理。

(二) 社群中的链接

社群中的链接可分为五个方面,分别是产品链接、兴趣链接、标签链接、空间链接以及情感链接。

(1) 产品链接,是指社群以一款或一类产品为链接点聚集用户。例如,小米用户社群、华为产品体验群等,在社群中用户可以讨论产品的性价比,产品出现问题时也能及时得到解决。

(2) 兴趣链接,是指社群以一个共同的喜好/兴趣为链接点,如十点读书会、罗辑思维、壁球社群等,是由一种爱好、一种手艺、一种兴趣所组建的社群。

(3) 标签链接,是指用一种很容易被识别、让人很容易记住的符号作为链接点,如身份是大学生、白领、教师、旅游达人等。

(4) 空间链接,是指社群以相同空间作为链接点,如同一个小区内的业主群、同一个地方的老乡群,人们的文化、价值观趋同,在社群中能得到认同,而且这种社群黏性很强。

(5) 情感链接,是指社群以爱情、友情、亲情等为链接点,最典型的例子就是同学社群。由情感链接所形成的商业价值、圈子人脉是普遍存在的。

课堂讨论 针对下列问题展开讨论:
1. 你加入过哪些社群?
2. 加入社群的成员之间有什么共同特点?
3. 社群成员平时是否进行互动交流?
4. 社群是否进行规范管理?

(三) 社群的特征

近几年的社群,大部分都随着微信群的应用而逐渐兴起和发展,比如罗辑思维、趁早、十点读书会等。但实际上,以前的线下俱乐部、同好会,甚至基于同一地理位置而集结的人群也可以称为社群,对这些社群的特点进行总结,会发现它们具有几个相同的特征。

1. 同好

同好是指具有共同的价值观、爱好、兴趣。同好可以是对某件事产生共同的认知,能够一起行动,它是社群成立的基本前提。同好分为很多类型,比如对科技、技术感兴趣的同好,对情感、自我感兴趣的同好,对运动、体育感兴趣的同好,对阅读、旅行感兴趣的同好等。每一个不同的同好类型,都可能形成一个与之对应的社群。

2. 完善结构

根据同好建立的社群非常多,但是可以真正存活下来并完善运营的社群却很少。影响一个社群运营的重要因素就是社群的结构。一个成熟的社群,不仅要有发起人、社群成员,而且必须细分出管理人员、组织人员,制定完整的社群原则和规范,控制社群的秩序和社群成员的质量,同时为社群成员提供必要的联系平台,以便加深成员之间的联系。

3. 创造价值

一个能够持续发展的社群，必须要为社群成员创造价值。很多社群在最初虽然可以吸引同好人群，也进行了完善的管理，但由于无法持续为成员输出价值，结果造成成员流失或社群日渐沉寂。为了让成员可以通过社群得到价值、产生价值，社群内必须要有持续的输出，能够引导群内成员互相分享，培养社群内的领袖人物，分享不同层次、不同领域的价值，激励社群内的普通成员，壮大社群的整体力量。

4. 运营

运营决定着社群是否可以长期持续地发展下去。一个保持活跃、具有凝聚力的社群，群内的每一位成员通常都会有很强的归属感，能够自发地发扬主人翁精神，自主维护社群的发展和成长。要做到这一点，群主就必须对社群进行运营，比如规范成员加入准则，用群规控制成员的行为，有一定的奖惩措施，让每一位成员都能够珍惜社群。群主还要经常在群内进行讨论和分享，保证群内有话题、有任务，可以根据实际情况进行分工，保证成员有收获、有感悟。此外，为了增加群内成员之间的联系，还可以组织一些线上或线下活动，通过活动加深成员之间的感情，增强社群的整体凝聚力。

（四）社群的分类

社群是个性化、小而美的营销组织。社群的重要性和多样性可以满足群成员的商品需求和精神需求，其中的商业价值不言而喻。目前，社群分为五大类别，分别是产品型社群、兴趣型社群、品牌型社群、知识型社群、工具型社群。

1. 产品型社群

在商业社会里，产品始终是第一位的。只不过与工业时代相比，产品的成本结构与性能属性发生了改变而已。产品的本质是连接的中介，过去承载具体功能，现在承载趣味与情感。优秀的产品能直接带来庞大的用户、粉丝群体，基于这个群体往往还可以开展更多业务，实现利润的增加。目前，产品型社群已经有了一些成功的实践，如小米产品社群。小米有着实体经营的产品，但又颠覆传统的产品销售方式，其利用线上社群的影响力和传播力，充分激发粉丝的参与度和活跃度，最终带来线下销售的增长。小米在搭建社群之前把用户定位于"发烧友"的圈子，通过小米社区（图6-1-1）、论坛、微博等寻找目标人群，将目标人群聚集在一起形成社群，并向忠实用户预售工程机，用户向客服反映问题，工程师根据用户反馈进行修改。收到工程机的忠实用户会通过社区、微信、微博、论坛晒单等方式来预先宣传。

2. 兴趣型社群

一般来说，兴趣相像的人总是喜欢类似的事物，他们总是在网上寻找类似的东西。兴趣型社群就是基于兴趣而创建的社群。兴趣相像的人通过网络进行互动交流，寻找到一群彼此兴趣相投的伙伴，实现人与人之间的自由聚合。兴趣型社群种类繁多，各有各的优势，如美食类社群大众点评、时尚消费类社群美丽说等。无论是哪种兴趣型社群，都蕴含着巨大的商业价值，值得企业和商家挖掘。

3. 品牌型社群

品牌型社群是一种新的品牌营销模式，强调品牌与消费者之间的关系。品牌型社群是产品型社群的一种延伸，是消费者以品牌为联系纽带，围绕品牌形成的组织。品牌型社群有其独特的作用和价值，消费者可以通过参与品牌型社群来分享知识、获取情感和物质等方面

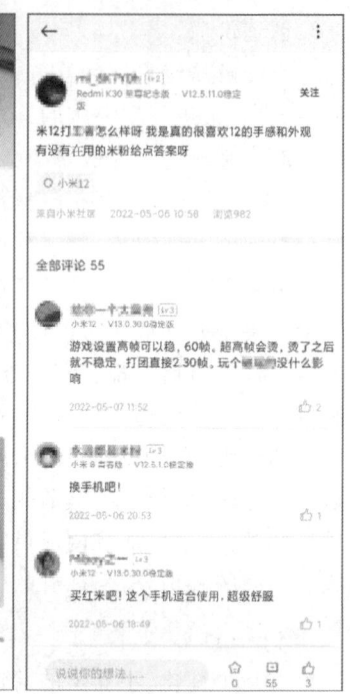

图 6-1-1　小米社区

的资源,甚至通过多种方式来构建和表达自我,如参与品牌型社群活动、展示自己喜爱的品牌、发布与品牌相关的广告。品牌型社群成员基于对品牌的特殊感情和认知,认为这种品牌的价值观符合他们的人生观和价值观,从而产生心理上的共鸣。

品牌型社群兴起初期,以线下活动为主。如××车友会,就是由一群喜爱××品牌精神而凝聚在一起的车友,通过××大奖赛等,将全球的××车友汇集在一起。随着互联网的发展,线上品牌型社群也逐步兴起。

4. 知识型社群

从狭义上讲,知识型社群是指透过互动机制(如讨论区、留言板、聊天室、公布栏等)共同创造知识、分享知识的社群。知识型社群是兴趣型社群的一种延伸,强调群成员更乐于分享自己的经验知识和成果。群成员之间相互交流和学习,并从中得到肯定和尊重。由于群成员在社群活动中自发地交换意见和观念,因此知识型社群里的成员经常会出现思想上的激烈碰撞。

5. 工具型社群

工具型社群是基于社群应用平台的社群,如微博、微信、头条、钉钉等。如今,社群已经渗透到人们的工作、学习、生活中,成为一种普遍的日常状态。在这一趋势下,社群成了加强实时沟通的一种灵活、方便的工具。

比如,越来越多的公司用微信群组织会议、协调项目、处理工作。一个工作或者学习项目成立时,一个社群就随之组建好了,比如朋友们在聚会散场的时候加入一个群来交流和互动。可以说,工具型社群具有应用性、灵活性、场景性等特点。

课堂讨论 针对下列问题展开讨论：
1. 你加入的社群是什么类型的？
2. 你加入的兴趣型社群或某品牌的产品和服务型社群有什么特色？

二、社群经济

社群经济是社群发展到一定程度的产物。互联网时代下，企业与用户之间不再是简单的买卖双方的关系，除了对产品功能本身的要求外，附着在产品功能之上的口碑、文化、个人魅力、情怀等成为用户更注重的价值。这种软性的产品内涵象征成了用户精神层面的需求，企业通过对这些内容的营销获得用户的信任，吸引一群有共同兴趣、认知、价值观的用户形成社群，进而引发后续的群蜂效应。社群成员通过在一起互动、交流、协作，互相感染，建立情感上的无缝信任，从而对产品品牌本身产生反哺价值。

社群营销实际上就是对社群经济的一种培养和利用，社群经济基于社群而存在，将社群与交易相结合，在产品与粉丝群体之间建立起情感信任，共同作用形成自运转、自循环的运营系统。比如，罗辑思维、秋叶PPT、樊登读书会等，都是以创办人为中心形成社群，吸引对社群内容感兴趣的人群，建立情感连接，培养成员的信任，打造出鲜明的个人品牌，再将个人魅力和口碑附着在产品之上，为产品赋予独特的价值。

社群经济时代，粉丝是产生价值的关键性因素，而促成粉丝消费行为的关键则是基于对品牌的信任和感情基础。因此企业要重视将用户转化为粉丝，将粉丝转化为实际的用户。这就要求社群的内容对用户具有吸引力，能够让用户自愿成为社群的成员，并支付会员费用，进而参与社群发布的一系列商业活动，甚至社群成员也会慢慢转变为社群产品的"生产者"。这就是社群经济时代用户到粉丝的转变，也是为什么具有大量粉丝的个人或企业更容易开展社群的原因。

三、社群营销

（一）什么是社群营销

在社群和社群经济发展的基础上自然而然产生了社群营销，它是指商家或企业为满足用户需求通过微博、微信、社区等各种社群推销自身产品或服务，而形成的一种商业形态。它主要依赖于社群关系，通过社群成员之间的多向互动交流，让信息和数据以平等互换的方式进行营销。社群中的每一个成员都能够成为信息的主动传播者，他们可以进行各种信息的分享与交流，通过互动的方式创建生态环境更加健康的社群，并使社群朝着稳定的方向发展，从而吸引更多具有相同兴趣、价值、主张和爱好的人员，扩大社群规模，最终提高社群营销效果。

（二）社群营销的优势

1. 传播速度快

在传统营销中，企业做促销或者推广，以线下活动居多，比如商场打折、广场促销，用抽奖或领取奖品的方式吸引用户参与活动。这种方式虽然有一定效果，但参与互动的用户不

一定就是消费者,很多人可能与产品或者服务不相关,他们参与仅仅是为了凑热闹或得到奖品。

社群营销是直接在自己的社群平台发布相关的产品信息。由于大多数成员都是基于兴趣聚集在一起的,因此,社群中的用户基本都是自己的客户,他们参与是为了得到最新的产品,即便营销时优惠或奖励少一些,效果也比传统营销好很多。这主要得益于社群交流的便捷,提前将潜在客户聚集在一起。假设群内有 500 个人,一个人朋友圈有 100 个人,每个人转发一次产品文章,该文章的曝光量就为 5 万次,可见社群的优势之一便是传播速度快、范围广。

2. 费用低

传统的营销方式广告费用高昂,针对的客户群体不聚集,资金浪费严重。社群营销则是通过微信、QQ、微博等社群平台进行产品宣传。这些平台的主动权都掌握在自己手里,只要通过合理的营销手段,就可以尽情地展示商品,粉丝便能快速地获得商品的信息,社群营销平台几乎不收取额外的费用。

3. 营销精准

社群营销是基于圈子、人脉的营销模式。社群有稳定的群体结构和较一致的群体意识;群成员有一致的行为规范、持续的互动关系;群成员间分工协作,具有一致行动的能力。也就是说,社群里面聚集的都是有着共同需求的人,营销针对性极强,每一个人都是精准用户。

4. 沟通畅快

当群成员购买的产品或服务出现问题时,商家可第一时间通过社群来为他们解决,一方面反应迅速,容易获得群成员认可,另一方面也会让其他群成员看到商家的服务,从而获得更多关注。

5. 沉淀用户粉丝

在传统的生意模式中,卖家和买家之间关系单一,只有买家想退货或者产品有质量问题时,买家才会找到卖家。采用社群营销,把用过产品的人的联系方式都沉淀到微信群或其他的社交工具中,当有新的产品推出时,随时推广,这些群成员都有可能再次购买。

(三)社群营销的价值

1. 让群成员感受品牌温度

品牌的树立是一个长期的过程,塑造的形象必须被周围大众广泛接受并长期认同。社群便于公司直接展示自身产品鲜明的个性和情感特征,让群成员感受品牌的温度。品牌的生命周期是产品在市场端客观发展的写照,当品牌处在不同生命周期时,可以通过社群运营目标的调整,满足不同阶段的需求,并减少此阶段中的各类障碍与矛盾。

2. 刺激产品销售

不论是基于共同兴趣的学习型社群,还是基于个人目的的运动塑身社群等,通过共同的价值观及社群营销活动的感染会激发人们的购买冲动。

3. 维护客户黏性

社群要留住客户,让其更深度地参与企业产品的反馈升级以及品牌的推广,就要把客户当成员工、家人,使其爱上企业,主动为品牌助力。

四、社群营销的必要条件

社会要素组织形式和专业模式的创新再造,让社群经济成为改变未来趋势的新经济模式。同时,众多社群的成功营销案例也为企业和个人提供了更加明确的营销方向。建立社群并不难,但要让社群成功运营,则必须具备以下几个条件:

1. 社群定位精准

社群是由一群有共同兴趣、认知、价值观的成员组成的,社群成员在某方面的特点越相似,就越容易建立起互相之间的感情联系。因此在建立社群之前,必须先做好社群定位,明确社群要吸引哪一类的人群。比如,小米手机的社群,吸引的是追求科技与前卫的人群;罗辑思维的社群,吸引的是具有独立和思考标签的人群;豆瓣的社群,吸引的是追求文艺和情怀的人群。当社群有了精准定位之后,才能推出契合粉丝兴趣的活动和内容,不断强化社群的兴趣标签,给社群用户带来共鸣。

一般来说,社群定位要基于社群的类型和企业的性质,保证社群既能满足成员特定的价值需求,又能为社群运营人员带来回报,形成良好的自运行经济系统。

为了更好地进行社群的定位,在建立社群之前,运营者要明确建立社群的目的。每一个社群可能有不同的价值,但其目的大多比较类似,如销售产品、提供服务、拓展人脉、打造品牌、提升影响力等。确定了建立社群的目的,可以更方便地进行社群的定位。

2. 吸引精准用户

企业要想进行精准的营销,就必须拥有精准的用户,因此任何营销推广的前提都是对精准用户的细致分析,了解目标用户的消费观念、地域分布、工作收入、年龄范围、兴趣爱好和工作环境等。因此,了解用户是与社群定位相辅相成的,了解用户可以更方便地对社群进行定位,而准确的社群定位更有利于吸引精准的用户人群。

3. 维护用户活跃度

社群成员之间的在线沟通大多通过微信、QQ 等社交群,也可以用微信公众号、自建 APP 或网站。对于社群运营而言,能否建立更加紧密的成员关系直接影响到社群最终的发展,因此社群活跃度也是衡量社群价值的一个重要指标。现在大多数成功的社群运营已经从线上延伸到线下,从线上资源信息的输出共享、社群成员之间的优惠福利,到线下社群成员的聚会和活动。其目的都是增强社群的凝聚力,提高用户活跃度。

4. 打造社群口碑

口碑是社群非常好的宣传工具,社群口碑与品牌口碑一样,都必须依靠好产品、好内容、好服务的支撑,并经过不断的积累和沉淀才能逐渐形成。一个社群要打造良好的口碑影响力,必须先从基础做起,抓好社群服务,为成员提供价值,然后逐渐形成口碑,带动会员自发传播并扩大社群,逐渐建立以社群为基础的圈子,这样社群才能真正得到扩大和发展。

随着社群营销的广泛应用,各种各样的社群不断涌现出来,甚至出现了很多类型相似、定位相同的社群。在这种环境下进行社群营销时,一定要为社群贴上个性标签,以便与其他同类社群进行区分,同时将标签打造成社群的个性化特色,这样才能从众多社群中脱颖而出。

任务 6-2　创建社群

进行社群运营需要先建立一个完整的社群,因此要聚集一群有共同兴趣、认知和价值观的用户。在拥有同好的基础上,再进一步完善社群的结构,进行合理的管理和运营,同时保证社群有持续的输出能力,能够不断为成员创造价值,建立成员之间坚实的感情联系和信任关系,形成自运转、自循环的经济系统,才能让社群持续壮大,并且复制分化出更多的社群。

课堂讨论 针对下列问题展开讨论:
1. 说说你熟知的社群运营规则,以及你对这个规则的看法。
2. 社群有哪些组成成员?成员的分工是怎样的?

社群运营的前提是拥有被所有社群成员认可的价值观,因此要进行社群的建设并完善社群名称、社群口号、社群视觉标签、社群结构和社群规则等,让社群成员有归属感并认同社群的规则,才能使社群成员持续不断地产生流量、传播、变现等价值,达到社群运营的最佳效果。

一、设置社群名称

名称是社群的标识符号,是用户对社群的第一印象。社群成员可以通过社群名称进行社群品牌的传播和宣传,吸引更多具有相同爱好和价值观的用户成为社群的新成员,这是建设社群时的首要任务。

社群名称的命名方法主要有以下两种:

1. 以构建社群的核心点命名

社群构建的核心点是形成社群的主要因素,也是区别于其他社群的核心竞争力,包括:以社群灵魂人物延伸命名,如罗辑思维的罗友会;以产品延伸命名,如小米手机的米粉群;以服务延伸命名,如定位为好友聚合的 K 友汇;等等。这种以社群核心竞争力命名的方法不容易让新用户识别,适合已经拥有大量粉丝群体的社群。

2. 以目标用户的需求命名

根据目标用户的需求,在社群名称中包含能够吸引用户的关键点,方便用户辨认和识别,如爱跑团、干货帮、趁早等。

这两种命名方法各有优缺点,实际中可以结合这两种方法命名,既方便用户辨认,又能够突出其核心竞争力。此外,还要注意不要使用生僻、不易识别的词语。

二、确定社群口号

社群口号就是社群的广告口号,或者说是广告标语,可以是令人记忆深刻、具有特殊意义、特别重要的一句话或一个短语。社群口号对一个社群而言非常重要,其可以起到宣传品牌精神、反映社群定位、丰富成员联想、清晰社群名称和标识等作用。好的社群口号,不仅可以向用户传达社群的核心竞争力,展现社群的个性魅力,激发用户的兴趣,还能够引起用户的共鸣和认同,吸引更多认同该口号的用户加入社群,成为社群的忠实成员,并以此作为社群的精神追求。

社群口号可以从以下3个方面予以确定:

1. 功能特点

通过一句话描述社群的功能或特点,这种方式简洁且直观,非常容易让用户理解。如"阅读,思考,分享,沉淀""读好书,写好文""理财交流、监督,一起走向成功""和你喜欢的人一起学习绘画"等。

2. 利益获得

直接以社群能够带给用户的利益作为口号,这种方式可以吸引对该利益感兴趣的用户,并使用户为了该利益而不断为社群做出贡献。如行动派社群的口号为"做行动派,发现更好的自己"。

3. 情感价值

以精神层面的情感价值作为社群口号,可以吸引认可社群价值观、世界观的用户群体。这种精神层面的追求往往具有一定的延伸性,不仅能够吸引更多志同道合的社群成员,还能对社群品牌和定位进行宣传,是社群口号更高层次的需求。如趁早社群的口号为"女性自己的活法"。

社群口号并不是一成不变的,在社群发展的不同阶段可以根据社群成员、社群定位和社群规模的变化进行修改。一般地,在社群建立的初期通常以功能特点、利益获得作为社群口号的出发点,以便快速吸引用户加入社群,占据市场,取得领先地位;发展到一定阶段的社群或具有一定成熟度的社群,社群口号可以向情感价值的方向转变,以便在市场竞争中处于优势地位,增强自己的核心竞争力。

三、设计社群视觉标签

课堂讨论 针对下列问题展开讨论:

1. 微博、微信中个人资料的头像有什么作用?
2. 线下聚会一般以什么为标识物?

社群一般拥有庞大的成员群体,社群成员通过统一的、具有仪式感的元素进行彼此区分。社群中,围绕社群名称、社群口号设计的各种视觉形象就是社群成员对社群的一种直观归属,可以作为社群线上、线下活动的标识元素,如社群Logo(示例如图6-2-1所示)就是社群视觉设计中较具代表性的元素。

图 6-2-1 社群 Logo 示例

在社群Logo的基础上,社群可以设计并制作出其他的视觉元素,如邀请卡、胸牌、旗帜、纪念品。它们不仅能够作为社群成员的辨别依据,还是社群品牌的一个象征,起着强化社群形象的作用。

社群Logo根据社群的成熟度有不同的设计方法。对于新建的没有自己品牌的社群,需要从头开始进行社群Logo的设计,可以将社群的核心人物、体现社群理念的卡通图形、文字等作为 Logo 设计的素材。对于成熟度较高的、已经拥有自己品牌 Logo 的社群,可直接沿用当前 Logo 或在此基础上进行修改、优化。

四、明确社群结构

社群中的成员虽然拥有相同的兴趣或价值情感,但不同个体成员之间的特性是不同的。正是由于这些不同的成员特性才创造了社群的多样性和趣味性,才会让社群朝着更好的生态环境进化,保证社群的健康成长。一般来说,一个结构良好的社群主要包括社群创建者、社群管理者、社群参与者、社群开拓者、社群分化者、社群合作者、社群付费者 7 种角色,下面分别进行介绍。

1. 社群创建者

社群创建者是社群的初始创建人,一般为具有人格魅力、专业技能、出众能力的一些人,具有一些吸引用户加入社群的特质,能够对社群的定位、发展、成长等具有长远的考虑。如秋叶 PPT 社群就是以初始创建人在 PPT 领域的影响力而汇聚起来的。

2. 社群管理者

社群管理者是社群发展的基石,对社群的发展与维护起着至关重要的作用。社群管理者需要具备良好的自控能力、责任心、耐心、决策力、大局观,要以身作则、淡定从容、赏罚分明,能够帮助并团结社群成员,解决社群中发生的各种问题。

课堂讨论 联系你身边的公司或企业,分析其管理者有什么特质,与社群管理者有什么区别。

其实社群管理者与公司或企业的管理者类似,管理方法与原理都是相通的。但社群管理由于主要涉及线上,还有一些其他的新问题,因此需要社群管理者具备良好的应变能力。同时,随着社群成员和社群规模的扩大,社群管理者需要不断发展、扩充,因此,还要求社群管理者具备一定的人员挖掘和培养能力,以组建一个完整的社群核心管理团队。

一般来说,社群管理团队根据管理任务和管理内容的不同,可以分为不同的管理层级,如管理员、副管理员、组长、实习人员等。

(1)管理员:负责整个社群的管理,包括社群管理结构的搭建、社群管理人员的培养、社群活动的规划、社群内容的输出等相关事宜,是社群发展方向与发展规模的决定性成员。

(2)副管理员:负责社群数据的统计,辅助管理员进行社群管理,同时负责管理其下层人员,以更好地维护社群的稳定发展。

(3)组长:副管理员所属的下层管理人员,主要负责社群活跃度、社群聊天、社群发言质量等具体事项的管理。

(4)实习人员:初级社群管理人员,主要负责社群基本事务的管理,如群成员打卡统计、新成员昵称修改提醒、群内容分享等。

考核合格后,低层人员可以向管理人员或更高层管理人员晋升,其顺序为实习人员——组长——副管理员——管理员。一般来说,社群管理者一经确定轻易不会变动,否则容易影响社群结构的稳定,造成社群成员的流失。

3. 社群参与者

社群参与者是组成社群的主要成员,根据二八定律,社群参与者要有 20% 的高势能人

群和中势能人群,80％的普通人群。高势能人群是社群中某个专业领域的人才,能够吸引中势能或更低势能的人群加入社群并参与社群活动,属于社群参与者中的领导型人群;中势能人群具有一定的上升空间,能够通过学习提升自己的能力;普通人群是社群参与者中的大部分人群,主要起着活跃社群气氛、调节社群氛围的作用,他们在社群中有较大的提升空间,是社群最基础的人员。

一个健康的社群应该包含不同势能的人群,通过丰富的势能人群整合社群能量,促进社群成员之间的进步与提升。当社群发展到一定规模后还能吸引其他企业或第三方平台参与合作,给社群带来更大的经济效益。

4. 社群开拓者

社群开拓者是社群的核心发展力量,要求具备良好的挖掘社群潜能的能力,良好的交流、沟通与谈判能力,能够在不同的平台中通过宣传与推广宣扬社群品牌,为社群注入新鲜血液,并促成社群的各种商业合作。

5. 社群分化者

社群分化者是社群大规模扩张的基础,他们一般具有非常强的学习能力,能够深刻理解社群文化并参与社群的建设。社群分化者是社群复制的关键性人员,一般是从社群的老成员中精挑细选出来的。

6. 社群合作者

正所谓"独木难支",有一个长远关系的合作者更利于社群的稳定发展。社群与合作者的关系可以是资源的互换、经验的分享、财力的支持等,但要求合作者之间彼此认同,理念相符,同时具有等同的资源,以便双方互惠互利。

7. 社群付费者

社群运营并不是完全免费的,时间、资源、人员成本等累积起来是相当大的支出,因此社群运营要有愿意为社群付费的社群付费者的支持。社群可以通过社群产品购买、社群活动赞助等吸引付费者。

五、制定社群规则

俗话说"没有规矩,不成方圆",社群运营要制定与社群定位相符的规则,通过规则约束社群成员的行为,更好地与社群文化、定位相符,保证社群长期发展,并进行大规模的复制。当然,社群规则在运行过程中可能会出现一些问题,此时就需要进行规则的验证与完善。社群规则根据社群运营的不同阶段分为引入规则、入群规则、交流规则、分享规则和淘汰规则5种。

(一)引入规则

健康的社群应该是金字塔结构或环形结构。金字塔结构是通过社群中的灵魂人物吸引社群成员,形成以灵魂人物为领袖,其他优秀成员为分群群主的分散式结构;环形结构是群里有多个灵魂人物,各个灵魂人物各有所长,但彼此之间都有互相值得学习的地方。一般来说,社群成员的引入规则主要有5种方式:

1. 邀请制

邀请制适合于规模较小或专业领域较强的社群圈子,群主邀请具有一定实力的人人群,

从而成为社群的成员。邀请制的社群一般都对社群成员的能力要求较高,并可能对社群成员有一些附加的条件,社群成员要在群中体现出自我的价值才不会被替换、淘汰。这种社群引入规则能够在社群创建之初就保证一定程度的社群质量,使社群始终高效、有序地运转。但由于要求较高,社群成员的数量一般不会太多。

2. 任务制

任务制是通过完成某项任务而成为社群的成员,任务有易有难,如转发消息并认证、集赞、填写报名表、注册会员等任务就较为简单,这种方式在一些大规模的社群中被广泛采用。提交作品、提供资质等就属于有难度的任务,如诗友社群要求用户提交一首或几首诗歌作品,由社群管理人员审核通过后才能正式成为社群成员。

3. 付费制

付费制与会员制类似,只要支付规定的费用后就可成为社群成员。如某社群的亲情会员需要付费 200 元。不同社群的付费数额不同,可以根据社群的定位与资源进行定价。一般来说,收费越高的社群质量也相对越高。

4. 申请制

申请制是社群通过发布公开招募信息,申请者像应聘一样投递简历,经过书面考试、视频面试,符合要求者才能成为社群的成员。这种引入规则要求申请者具备一定的才能,能够在众多的竞争者中脱颖而出,才能成功成为社群中的一员。

5. 举荐制

举荐制是通过群内成员的推荐方可加入社群,这种规则适合于知识型或技能型的社群,一般推荐的社群成员都有名额限制。这种引入规则需要推荐人先向引入者介绍社群,并且因为有熟悉的人在同一个社群中,可以加强新成员与社群人员之间的互动。

(二)入群规则

顾名思义,入群规则即加入社群后的一系列规则、规范。新加入的社群成员需要通过入群规则了解以下几项内容:①这是一个什么社群?主要是做什么的?②进群之后"我"需要做什么?③如何向其他社群成员进行自我介绍?

针对以上 3 项内容,我们可以确定入群规则的相关内容。

1. 群命名规范

一个规范的社群应该有统一的群名称命名规范与群成员命名规范,这不仅可以促进社群成员之间的互相了解,还能树立社群规范、积极正面的形象,是成员入群后首先要进行的操作。

(1)群名称命名规范:对于一些大型社群来说,一般会有很多分群,为了让新成员快速了解社群结构,应该以规范性的群名称进行展示,一般以社群名、群主名、归属地和序号等元素组成一定的规则,包括社群名+序号、群主名+序号、社群名+归属地+序号等模式,如×××1群、×××2群。

(2)群成员命名规范:加入社群的新成员名称不便于其他成员辨识与了解,应根据入群规则进行更改。一般包含身份、昵称、序号、归属地等元素,通常采用序号+身份+昵称、序号+身份+归属地等模式。

2. 群公告

群公告是对群信息及规范的说明,主要涉及群成员的行为规范等一系列相关事宜。原则上,应该让成员知晓哪些行为是可以做的,哪些行为是禁止的,如自我介绍、内容发表等是社群鼓励的行为,发广告、拉投票、争吵等是社群禁止的行为,应该在群公告中进行明确。

以自我介绍为例,可以在群公告中提供一个介绍模板,方便新成员快速且准确地提供自我信息,帮助群成员之间快速熟悉起来。

(三)交流规则

交流是社群成员日常的行为,若不规范社群成员的发言行为就会造成消息泛滥、发言质量不佳等问题。规范的交流规则不仅可以激发社群成员活跃度,还可以培养社群成员的良好沟通和交流习惯,促进社群的规范化和正规化发展。一般来说,社群交流规则主要在以下几方面进行规范:

(1)发言时间、发言格式(字体、字号和颜色设置等)、发言礼仪。
(2)问题解决方法。
(3)出现争论后的解决办法。
(4)恶意发言的处罚。
(5)进行投诉的方法。

新成员可能没有查看群规则的意识,群管理员需要引导并提醒新成员查看,并明确要求新成员按照规则执行。

(四)分享规则

分享行为可以促进社群信息的传递,加强社群成员之间的互动,提高社群的质量。可以根据社群的组成结构和人员分工制定社群分享规则,一般有灵魂人物分享、嘉宾分享、内容成员分享、总结分享几种方法。灵魂人物分享主要适用于金字塔结构的社群,由有威望的社群灵魂人物进行分享;嘉宾分享是邀请社群外的其他专家或红人进行分享,要求社群具有足够的吸引力或资金;内容成员分享是依靠社群成员进行信息的分享,这种分享方式对社群成员的能力要求较高;总结分享是发动社群中的每个成员分享自己的经验或学习所得,以促进社群成员的共同进步。

(五)淘汰规则

社群淘汰规则主要针对两种人群:一是社群"捣乱者";二是群内参与活动少、贡献小的人。常见的淘汰规则有人员定额制、犯规剔除制、积分淘汰制等。

1. 人员定额制

对社群成员的人数进行限制,规定社群的最多人数,如100人,如果社群人数达到100人,则必须剔除一个与其他成员相比,参与、互动都较少的成员,以保证社群的动态调整,使社群始终处于活跃状态。

2. 犯规剔除制

对影响社群正常发展的各种行为制定规则,如发垃圾广告、辱骂他人等,可以设置犯规的次数与处罚力度,首犯可以轻微处置,再犯则按照群规则处理,严重者应剔除出社群,以维持社群的正常秩序。

3. 积分淘汰制

社群成员参与活动即可获得积分,在某个时间段内进行积分的统计与分析,若积分未达到标准线,则说明社群成员活跃度和贡献度不够,就可以淘汰老成员,重新招募新成员。

任务6-3　开展社群运营

成功创建社群后,必须进行适当的运营才能保证社群健康持续发展。在互联网时代,新社交化媒体的出现,让事件传播呈现爆炸式增长,信息扩散的半径也以百倍、千倍增长。在这种环境下,人们的信息传播也发生了重要转变:信息开始从不对称转变为对称;信息传播的速度、影响范围也空前扩大。因为互联网信息是去中心化的传播,人们可以通过社会化媒体去分享传播,这样每个普通用户都成了信息节点,都有可能成为意见领袖。

信息传播发生重大转变后,社群又该怎样运作来提高活跃度呢?那就是不断提高社群的口碑。一个好的口碑,除了能吸引更多有价值的社群成员,还会让更多的人愿意为产品买单。

怎么才能让社群获得一个好的口碑呢?那就是提高社群用户的参与感,这样才能提升用户的黏性和活跃度。

策划并开展社群活动,让社群成员有参与感,也是加强社群成员感情联系、培养社群成员黏性和忠诚度的有效方式。社群活动可以多样化,分享、交流、福利、打卡、线下活动等都是社群活动的常见形式,本任务将对这些社群活动进行详细介绍。

一、社群分享

社群分享是指分享者向社群成员分享一些知识、心得、体会、感悟等,也可以是针对某个话题进行的交流讨论。专业的分享通常需要邀请专业的分享者,当然也可以邀请社群中表现突出的成员进行分享,激发其他成员的参与度和积极性。一般来说,在进行社群分享时,需要提前做好相应准备。

1. 明确分享模式

分享模式有语音分享、微信私密分享、纯文字分享、视频和音频分享等。

2. 确定分享内容

为了保证分享质量,在进行社群分享之前,应该确定分享内容,特别是对于没有经验的新手分享者而言,确定内容和流程必不可少。

3. 提前通知

在确定分享时间后,应该在社群内提前反复通知分享信息,以保证更多社群成员能够参与进来。

4. 分享暖场

在分享活动开始前的一段时间里,最好由分享主持人对分享活动进行暖场,营造一种良好的分享氛围,同时对分享内容和分享嘉宾进行介绍,引导成员提前做好倾听准备。

5. 分享控制

为了保证分享活动的秩序，在分享活动开始之前，应该制定相关的分享规则，约束社群成员的行为，比如分享期间禁止聊天等。在分享过程中，如果出现干扰嘉宾分享，与分享话题不符的讨论等情况，控场人员应该及时处理，维护好分享秩序。

6. 分享互动

在分享过程中，如果嘉宾设计了与成员互动的环节，主持人应该积极进行引导，避免冷场。

7. 提供福利

为了提高社群成员的积极性，在分享结束后，可以设计一些福利环节，为表现出彩的成员赠送一些福利，吸引社群成员的下一次参与。

8. 分享宣传

在分享期间或分享结束后，分享者可以引导社群成员对分享情况进行宣传，社群运营方也应该总结分享内容，在各种社交媒体平台进行分享传播，打造社群的口碑，扩大社群的整体影响力。

二、社群交流

社群交流是发动社群成员共同参与讨论的一种活动形式，可以挑选一个有价值的主题，让社群的每一位成员都参与交流，通过交流输出高质量的内容。与社群分享一样，社群交流也需要经过组织和准备。

1. 预备工作

对于社群交流来说，参与讨论的人、所讨论的话题都是必须首先考虑的问题。话题往往直接影响着讨论效果，通常来说，简单的、方便讨论的、有热度的、有情景感的、与社群相关的话题更容易引起广泛的讨论。除了确认参与成员、话题类型之外，安排话题组织者、主持者、控场人员等也非常重要，要合理分配角色，及时沟通，保证社群交流不出现意外事件，同时有一个恰当的秩序和氛围。

2. 预告、暖场

在社群交流活动开始之前，最好有一个预告和暖场阶段。预告是为了告知社群成员活动的相关信息，如时间、讨论人员、主题、流程等，以便邀请更多成员参与活动。暖场是为了保持活动的热度，让活动在开场时有一个热烈的氛围。

3. 进行讨论

讨论活动在正式开始后，一般依照预先设计好的流程依次开展即可，包括开场白、主题讨论、过程控制、其他互动和结尾等。需要注意，与社群分享一样，当讨论过程中出现讨论重点过于偏离主题，甚至出现与主题无关的刷屏时，控场人员要及时控制和警告。

4. 结束讨论

在社群讨论活动结束后，主持人或组织者需要对活动进行总结，将比较有价值的讨论内容整理出来，总结活动的经验和不足，进行分享和传播，扩大社群影响力。

三、社群福利

社群福利是激发社群活跃度的一个有效工具。一般来说，不同的社群通常会采取不同的福利制度，或者是多种福利形式的结合使用。

1. 物质福利

物质福利是对表现好的成员提供物质奖励，奖品一般为实用物品，或者具有社群个性化特色的代表性物品。

2. 现金福利

现金福利是对表现好的成员提供现金奖励，多为奖金的形式。

3. 学习福利

学习福利是对表现好的成员提供学习类课程服务，比如可以免费参与培训、免费报读课程等。

4. 荣誉福利

荣誉福利是对表现好的成员提供相应的荣誉奖励，比如颁发奖状、证书，或设置特定的头衔、称号等。荣誉福利若设置得合理，可以有效地提高社群成员的积极性。

5. 虚拟福利

虚拟福利是对表现好的成员提供暂时虚拟的奖励，比如积分，当成员积分达到一定程度时，就可以领取相应的奖励。

为了活跃社群气氛，发红包也是一种不错的方式，但红包不能随意发，否则无法起到理想的效果。发红包最好有一个理由，频繁发红包不仅无法激发成员的积极性，还容易使社群沦为一个红包群。一般来说，在新人入群、活跃气氛、宣布喜讯、发布广告、节日祝贺等情况下，可以适当发红包。此外，发红包最好选择合适的时间段，工作时间段发的红包引起的关注度相对要低一些。

四、社群打卡

社群打卡是指社群成员为了养成一种良好的习惯，或培养良好的行为而采取的一种方式，它可以监督并激励社群成员完成某项计划。因此，打卡型社群通常具有激励成员不断进步的作用。

（一）设置打卡规则

一个打卡社群，如果没有设置严谨的规则，就很难持续运营下去，并获得良好的效果。一般来说，为了保证社群成员能够坚持打卡，积极实现个人计划，主要可以从以下方面设置社群规则：

1. 押金规则

设置押金积分制度，规定入群成员需要缴纳一定的押金，在完成目标后退还押金，未退还的押金则作为奖金，奖励给表现优秀的成员。在判断完成程度时，可以设置积分制度，设

置积分加减项目,同时积分也可以作为成员等级的评判标准。

2. 监督规则

监督规则是指管理人员对社群打卡情况进行统计、管理和监督。管理人员可以通过消息或通知发布打卡情况,这一方面可以激励未打卡的成员积极进行打卡,另一方面已打卡成员通过打卡公布情况,可以产生自己的付出"被看到"的感觉,从而激发持续打卡的信心。

3. 激励规则

为持续打卡、表现优秀的成员设置特殊的奖励。奖励可以是多种形式的,如物质、精神、荣誉等,也可以根据打卡成员的个性、特色、职业等为其设置专门的奖项,体现个性化,激励社群成员的积极性。

4. 淘汰规则

设置淘汰制度,对于打卡完成得不好的社群成员予以淘汰。

为了保持社群成员持续打卡的积极性,建议总结每一次的打卡情况,定期或者不定期对规则进行优化和升级,增加体验感更好的规则,删除效果不好的规则,保持持续的新鲜度。

(二)营造打卡氛围

一个积极健康的打卡社群,必定拥有良好的打卡氛围,可以鼓励社群成员坚持在社群中进行输出,提高成员的情感联系。下面介绍一些有利于营造打卡氛围的方法。

1. 榜样

榜样是一种可以持续激励成员前进的力量,社群打卡是需要毅力的事情,当然也需要榜样的引导和激励。打卡社群的运营者,一定要起到榜样的作用,让其他成员看到榜样的坚持,才会产生加入和跟随的动力。

2. 鼓励

很多成员加入打卡社群的目的是让自己变得更好,但是打卡需要长期坚持,所以需要从同伴的鼓励中获得坚持下去的动力,当打卡人觉得自己受到了同伴的关注后,就会不断自我激励,完成更多目标。

3. 竞争

一个社群中如果有一部分普通成员拥有积极向上的精神,就能带动其他成员,为整个社群营造出积极的氛围,所以设置竞争机制刺激成员进行打卡也十分重要,比如给积极参与的人更多的权限或奖励,培养更多社群榜样。在设计竞争机制时,可以在适当范围内为社群成员分层或分组,规定优秀者可以晋级到上一层,反之则淘汰到下一层,当然对于淘汰者,需要进行鼓励;也可以设计群体投票、物质奖励、精神奖励等奖励措施,使优秀成员的持续输出起到激励作用。

4. 惊喜

惊喜是指不定时为社群成员发布一些意料之外的福利,比如奖励免费课程,邀请名人进群分享等,这样不仅可以为社群成员带来新鲜感,还能让他们觉得加入打卡社群物超所值。

5. 感情

社群是一个需要在成员之间建立感情连接的场所,在打卡的过程中,有很多值得挖掘的打卡故事，比如带病坚持打卡等，这些有温度的事情十分有利于建立社群成员之间的感情连接，让他们被坚持者的行为所感动，并努力成为优秀团队中的一员。这份感情联系，不仅增强了成员之间的黏性，还可以让成员之间更容易形成约定，比如约定一起打卡××天，××天完成一个公益项目等。

五、社群线下活动

在O2O时代，线上、线下相结合才是顺应潮流的营销方式，社群运营也不例外。线上交流虽然限制更少，更轻松自由，但线下交流更有质量，也更容易加深感情。一个社群中的成员，在从线上走到线下的过程中，有助于黏合社群，增强社群成员的参与感，以真实的场景打破地域的隔阂，让虚拟环境中的人与人之间的情感连接更紧密、更真实。线下活动可以集中发挥社群中意见领袖的作用，消除社群内部信息不对称的现象，吸引更多的社群新人参与进来，增强其归属感和认同感。线下活动也是一场公关营销，它为公关传播提供素材，为营销提供机会，是品牌提高知名度和美誉度的常用手段。线下活动如果办得火爆，还可以反哺线上社群。

社群的线下活动一般强调要有意义、有创意，例如采用分享会、宣讲会、交流会、展销会等形式将社群成员组织到一起，围绕共同话题、共同爱好进行线下交流，实现思想碰撞，拉近社群成员关系。

（一）线下活动的类型

对于社群而言，线下活动主要包括核心成员聚会、核心成员和外围成员聚会、核心成员地区性聚会等。在这几种聚会方式中，核心成员和外围成员聚会人数更多，组织难度更大；核心成员地区性聚会则组织方便，更容易成功。当然，不论哪一种聚会形式，在聚会过程中，都可以实时公布一些聚会实况到社群或社交平台，这样一方面可以增强社群影响力，增强成员对社群的黏性；另一方面也是持续激发和保持社群活跃度的有效方法，同时可以刺激更多的人积极加入线下活动。

（二）线下活动的策划

社群的线下活动根据规模的大小，具有不同的组织难度，为了保证活动的顺利开展，在活动开始之前必须有一个清晰完整的活动计划和团队分工，方便组织者更好地把控活动全局，做到有计划、有目的、有质量。

1. 活动计划

活动计划是指对活动的具体安排，主要内容包括活动名称、活动主题、活动目的、活动日期、活动地点、参与人员、活动策划团队名单、任务分配、宣传方式、报名方式、参与嘉宾、活动流程、费用、奖品、合影以及后续推广等。为了更好地对活动全程进行控制，通常在撰写活动计划时，还需要制作一个活动全程的进度表，比如活动总共有几个阶段，每个阶段的主要内容是什么，在什么时间节点进行什么环节等。

2. 团队分工

通常社群类型不同、活动目的不同，线下活动的内容和流程就会不一样，团队分工也就

不一样。一般来说，社群在策划线下活动时，需要进行以下分工：

（1）策划统筹。策划统筹是指制订活动方案，把控活动方向，统筹活动安排等。

（2）线上宣传推广。线上宣传推广是指在确定活动内容后，组织线上管理人员对活动进行推广，比如在社群、公众号、微博、QQ、论坛、知乎等平台进行宣传，涉及参与人员的报名安排、活动海报设计和发布、邀请媒体等。此外，也可收集活动参与人员关于活动的建议，反馈给策划统筹人员，以便对活动方案进行进一步优化。在活动开展的过程中，宣传人员还可以针对活动进行直播，发布参与人员的游戏、奖品、分享等图片。

（3）对外联系。对外联系是指筛选和洽谈活动场地、准备活动设备、邀请活动嘉宾等工作。对外联系人员必须确认活动场地，确保设备正常工作，活动嘉宾的邀约和分享文稿无误。为了方便及时沟通，对外联系人员可以制作一份活动重要人员的通信录。

（4）活动支持。活动支持者是指在活动现场安排与维护活动进程的人员，包括活动接待人员、签到管理人员、设备管理人员、摄影人员、主持人等。

（5）总结复盘。总结复盘是指对活动的效果进行总结和反馈，生成复盘报告，为下一次的线下活动总结经验。

团队分工可以保证活动的顺利开展，设置了合理的团队分工并明确各分工组的具体任务后，不论在活动筹备期、活动宣传期、活动进行期，还是活动复盘期，都可以做到有条不紊。

任务 6-4　实现社群变现

社群变现是社群商业化运营发展的终极目标，也是社群形成商业闭环的关键环节。社群变现就是将社群的凝聚力、向心力、购买力等无形资产转化成运营者所想要的价值。比如，微信公众号运营者通过社群对公众号的内容进行二次传播，提高图文的浏览量和点击率；电商行业从业者通过社群实现商品的售卖；某个领域的专家运用社群成功树立了自己的个人IP，或者建立起付费咨询社群获取盈利。

总之，通过社群将无形资产转变为有形资产的都可以称为实现社群变现。

实现社群变现

一、社群商业价值

社群虽然不是互联网时代的新兴产物，但随着移动互联网的普及，社群突破了地域和时间限制，社群的传播速度和效果也有了进一步的跃升，社群的商业价值越来越凸显，具体表现在以下几个方面：

1. 自带营销属性

运营者通过内容或者产品功能吸引用户，当用户积累到足够数量之后会形成社群。社群成员之间有情感链接、利益链接，有共同消费需求。用户会在社群中对产品或者品牌进行评论、分享，通过社会化媒体进行二次传播，形成自动营销。社群裂变可以快速吸引产品的忠实粉丝，通过他们的消费行为及经验分享，可以快速形成商品、信息的传播。

2. 具备双向沟通功能

进入移动互联网时代后，信息传播的速度进一步提升，企业可以通过移动互联网快速触及用户，同时用户也可以快速接触企业。社群则成为企业与用户接触较短和有效的路径。社群是基于网络的双向沟通模式，用户可以快速将对于产品和企业的建议反馈给企业，企业也可以快速将产品上新、优惠等信息触达用户，实现双向价值的传输。例如，小米的手机系统 MIUI 通过社群收集用户对于系统功能的需求及用户在使用过程中的问题，同时社群成员也可以第一时间测试、体验最新版本的系统。

3. 具备高效传播属性

随着微信、微博、抖音等工具的出现，人人都是自媒体的时代到来，信息的传播形态以裂变的形式展开，社群成为较为高效的传播工具之一。移动社交工具的出现让社群的人际传播边界迅速扩大、传播速度提高、黏性增强。2018 年网易云课堂最受欢迎的在线精品课程"区块链 100 问"，用户近 73 万人，就是借助社群的力量让课程上线后人数急剧增长的。

二、社群变现形式

1. 产品变现

产品变现是社群变现的方式之一。产品变现就是把社群作为产品的一个销售渠道或者平台，通过社群进行产品销售。对于社群运营者来说，社群只是一种工具，现在比较流行的母婴社群、美妆社群等都希望通过社群销售产品，这种社群运营的模式就是产品变现。能够通过社群成功进行产品销售，除了社群成员对社群的信任外，也离不开产品的品质及性价比。当然，除了需要过硬的品质外，一般还需要产品能够定期更新、上新，或者产品本身就属于周期性消费产品。社群产品变现示例如图 6-4-1 所示。

2. 会员费变现

有些社群必须支付一定的费用才能加入、参与活动、享受服务等。收取会员费是社群主流变现形式之一，这类社群主要通过为社群成员提供持续的服务和高价值内容输出，让社群成员对社群产生黏性，进而产生持续消费。

采用付费制的社群在运营过程中最关键的是能够持续性地输出高质量内容与优质服务，社群内成员必须享有社群外成员所享受不到的权益。以某读书会社群为例，加入会员可以每年免费收听、观看 50 本书的完整内容分享，而作为普通用户只能收听、观看免费资源及每次分享的部分资源。

图 6-4-1 社群产品变现示例

3. 广告变现

社群自带媒体属性，因此也是很好的广告投放渠道。社群的广告形式需要与社群自身的媒体属性相符，才能达到预期目的。在社群投放广告时，切勿只追求表面的送达效果，那样社群成员会认为你的广告是垃圾信息而被过滤掉。对于社群来说,运营和互动是非常重要的,投放广告前要确保社群有良好的运营基础和精准的群成员匹配,将广告作为群内容和活动推送给群成员,将广告与内容合二为一。

直接通过社群发布广告,最常见的就是在论坛等形式的社群中发布横幅广告、文字链广告以及微信、QQ 的社群信息流广告等。

4. 用户打赏变现

2015 年 3 月,微信上线赞赏功能,用以鼓励优秀原创自媒体。微博、知乎、简书等平台都开设了打赏或类似功能。根据微信披露的数据,自媒体账号每天在微信平台上收到超过 2 000 万元的赞赏金额。不过用户打赏的缺点也有:一是非强制性,用户可以先阅读后赞赏,赞赏金额较为"随机";二是金额有限,微信公众号平台规定每个账号每天收到的赞赏金额不能超过 5 万元。

5. 产品众筹变现

众筹是社群经济中常见的商业模式,社群最大的特点就是拥有广泛的粉丝群体。通过众筹,社群中有想法的粉丝参与进来,提高了社群的价值,可以帮助社群粉丝实现利益的最大化,帮助社群粉丝的项目和产品众筹到位。社群产品众筹变现示例如图 6-4-2 所示。

三、社群变现要素

社群经济正在蓬勃发展时,许多企业和个人逐渐意识到利用社群经济可以实现其商业目的。通过社群营销可以实现产品的口碑传播、品牌扩散、用户满意度提升以及产品销量的提升,企业都迫不及待地希望建立自己的社群营销体系。对于希望通过社群实现商业变现的企业和个人而言,在建立社群的营销体系前需要明白以下几个问题:

第一,目标用户的需求是什么?

第二,企业通过哪些方式能够满足用户的需求?

第三,目标用户为何加入你的社群?

图 6-4-2 社群产品众筹变现示例

第四,用户进入社群后能得到什么样的满足?

明确了以上四个问题之后,作为社群的创建者就能够清楚如何向用户证明这个社群是能够帮助用户满足需求的。

1. 提供满足用户需求的产品

需求决定一切。欲实现社群变现,要先从用户最基本的需求开始,将用户的需求转化成一系列有规划的内容产品。例如,针对某高校的一个考研社群,用户的需求就是了解这个院校研究生考试的应试策略,那么该社群对这个院校以往考试的试题进行研究并制作出相应的攻略内容就满足了用户的需求。

2. 进行等价交换

如果社群满足了用户的需求，社群运营者可以考虑等价交换。还以考研社群为例，社群工作人员将制作出来的考研攻略提供给用户，就可以要求用户付费获取或者邀请目标用户加入社群。

3. 了解用户特性

社群运营者不仅要为用户提供相应的产品或服务，还要为用户创造价值。如果想让他们成为社群的粉丝，甚至社群的忠诚粉丝，就需要对用户进行深入了解。一个社群有人加入，有人离开，是非常正常的现象。有些人进入社群之后会不断地为社群做出贡献，积极参与社群活动。作为运营者需要从社群中不断发现这些人，并重点关注这些人的需求和特性。如果社群中有成员离开了，尤其是重要的成员，社群运营者也需要了解他们退出的真实原因，避免以后出现类似的事情。

4. 打造核心内容

人们喜欢把自己购买的优秀商品分享给身边的人，而身边的人对熟人的推荐会比较信任，也会考虑购买此商品。因此，对社群运营者而言，如果想将自己的社群运营到社群成员愿意给其他人分享的阶段，就要不断地在社群中输出有价值的内容，打造社群成员愿意分享的核心内容。

5. 营造社群平等的关系

社群的组建者、运营者与社群成员之间是平等的。对于社群变现来说，必须把握以下两点：

首先，让用户对社群产生信任。如果社群中的成员对于社群运营者时刻保持警惕，那么社群永远都不会做大、做强。产生信任很重要的条件之一是，作为一名社群领导者，应该在情感上与社群中的每个人保持密切联系。

其次，倾听社群成员的声音。如果社群组建者、运营者能够认真倾听社群成员的声音，并对他们进行正确的引导与疏导，得到社群成员的认同，那么社群成员就会尊重社群组建者、运营者，倾听社群的声音，与组建者、运营者一起合作来扩大社群的影响力。

6. 让用户进行口碑宣传

用户口碑是强大的销售工具，社群成员是社群产品、服务的最终受益者，他们的正面声音往往是最能体现社群价值的声音。当用户愿意将社群推荐给身边的人时，社群无疑已经帮助用户满足了他的需求。社群组建者、运营者要积极发现这些成员，用他们的故事为自己的社群宣传，吸引更多的目标用户加入社群。社群成员的声音不仅有助于传播社群，还可以帮助社群更好地成交。

社群运营者必须明白，通过社群与用户建立长期关系是实现社群商业变现的核心要素。社群的坚决拥护者喜欢他们所在的社群，会去购买社群里推荐的商品，甚至持续购买，成为忠诚顾客；同时，他们不只自己会买，还会向家人、朋友积极推荐品牌，成为社群成长过程中的社群价值传播者。

课堂讨论 还有哪些因素会影响社群实现商业变现？

思政园地

"裂变"的微商模式是否合规?

随着我国电子商务市场的繁荣发展,微商产业快速兴起。因与传统的消费市场相比营销门槛低、自由度高,微商为大众提供了就业和创业的新平台。但是在微商产业一派繁荣景象之下,虚假宣传、商品质量良莠不齐、变相传销等问题不期而至。常规的营销模式是商家从上家进货,然后向"下线"销售,决定其利润的是进价与售价之间的差价。而传销的本质在于"多层分销",即商家的利润不仅与进价、售价相关,更取决于"下线"之后的"销售"行为。目前,微商中存在不少"分销""代销"模式,实行"跨级提成",形成网状层级结构,如果想获得更多的盈利就要不断地宣传产品,发展"下线"。另外,微商传销因其虚拟化的主体和标的、跨地域的行为等特点,与传统的传销相比更具隐蔽性、欺骗性,社会影响力强。同时,微商传销案件往往发展速度快、涉及人员多、波及地域广、涉案金额大,严重损害人民群众利益,影响社会和谐发展。

2005年8月10日国务院通过的《禁止传销条例》中明确规定,下列行为,属于传销行为:

(一)组织者或者经营者通过发展人员,要求被发展人员发展其他人员加入,对发展的人员以其直接或者间接滚动发展的人员数量为依据计算和给付报酬(包括物质奖励和其他经济利益,下同),牟取非法利益的;(二)组织者或者经营者通过发展人员,要求被发展人员交纳费用或者以认购商品等方式变相交纳费用,取得加入或者发展其他人员加入的资格,牟取非法利益的;(三)组织者或者经营者通过发展人员,要求被发展人员发展其他人员加入,形成上下线关系,并以下线的销售业绩为依据计算和给付上线报酬,牟取非法利益的。

2013年最高人民法院、最高人民检察院、公安部联合发布的《关于办理组织领导传销活动刑事案件适用法律若干问题的意见》中明确:

以推销商品、提供服务等经营活动为名,要求参加者以缴纳费用或者购买商品、服务等方式获得加入资格,并按照一定顺序组成层级,直接或者间接以发展人员的数量作为计酬或者返利依据,引诱、胁迫参加者继续发展他人参加,骗取财物,扰乱经济社会秩序的传销组织,其组织内部参与传销活动人员在三十人以上且层级在三级以上的,应当对组织者、领导者追究刑事责任。

任务实训

通过本项目的学习,对下列问题展开讨论:

1. 搜索并查看现在运营比较成功的社群,分析这些社群的同好性质、内容输出方式、运营方式和运营平台等。
2. 分析成功运营的社群是如何策划社群活动,打造社群品牌知名度的。

同步练习

一、单选题

1. 社群的分类包括（　　）。

①产品型社群；②兴趣型社群；③品牌型社群；④公司型社群；⑤知识型社群；⑥工具型社群。

　　A. ②③④⑤⑥　　B. ①②③⑤⑥　　C. ①②③④⑤⑥　　D. ③④⑤⑥

2. 因为大家有共同的爱好、手艺、兴趣所建立的社群，是（　　）的社群。

　　A. 产品链接　　B. 兴趣链接　　C. 品牌链接　　D. 情感链接

3. 社群营销的价值包括（　　）。

①感受品牌温度；②刺激产品销售；③维护客户黏性；④进行企业文化输出。

　　A. ②③④　　B. ①②③　　C. ①②④　　D. ③④

4. 做一次成功的社群分享，需要考虑的环节有（　　）。

　　A. 反复通知　　B. 介绍嘉宾　　C. 强调规则　　D. 以上均是

5. 以下关于社群线下活动的描述错误的是（　　）。

　　A. 线下活动可以拉近社群成员之间的距离

　　B. 线下活动可以增强社群成员的归属感

　　C. 社群线下活动必须以营销为目的

　　D. 社群线下活动是对社群文化、理念的巩固

二、简答题

1. 社群可以分成哪几类？

2. 社群营销对于企业有什么意义？

三、案例分析题

小米公司的社群营销

2010年成立的小米公司，是一家借助互联网而生的公司，创立之初就提出了"为发烧而生"的产品概念，在国内首创互联网模式开发手机的操作系统，并请发烧友一起参与产品的开发与改进。

首先，在产品口碑方面，小米公司用产品的"快""好看""开放"形成了一个好口碑，把用户都拉了进来。

"快"：小米公司以快为卖点，对整个桌面的动画帧速做了优化，从每秒30~40帧提升到每秒60帧；一般系统给常用联系人发短信，需要3~5步，但是小米把它简化到了两步。

"好看"：作为一家互联网公司，当时的用户大多为年轻人，所以MIUI的主题都非常漂亮，并且可自己编程，如果用户有一定的编程能力，主题可以做到千姿百态。

"开放"：这点小米是与众不同的，不同于其他公司对自己的系统严防紧守，小米允许用户重新编译定制MIUI系统。这种开放性还吸引了许多国外的用户参与进来，并促使他们去深度传播MIUI。

其次，在传播渠道方面，小米选择了高效的社会化媒体。小米公司在创业之初，就在各个社群中扩散，MIUI的前50万用户基本都是在论坛中发酵的，不仅节约了成本，而且节约了时间。有了50万用户后，小米借助微博这样的社会化媒体，很快实现了用户数量到100万的飞跃。

最后，在用户关系方面，小米公司的指导思想是"和用户做朋友"。我们知道，所有社交网络的建立都是基于人与人之间的信任，信息的流动就是信任的传递。一家企业与用户的信任度越高，口碑传播得就越广。小米公司深谙此道，不仅让员工成为产品的用户，还把员工的朋友也变成用户，并鼓励员工与用户做朋友。

依靠这些方法，小米有了不错的口碑，加上借助一些营销手段，小米手机在刚推出时就创造了"一机难求"的销售场面。

这种参与式的消费意味着消费需求发生了一次巨大的转变，人们消费不再是因为产品本身，不再囿于产品的物化属性，而是向其社会属性延伸。提升用户的参与感、符合年轻人"在场介入"的心理需求、抒发"影响世界"的热情，小米正是满足了用户的这种全消费心态，最终才取得了成功。可见，社群这个架构在互联网上的新生事物，需要在满足社群成员参与感方面做文章。

【问题】 结合社群营销的相关知识，分析小米手机的社群营销策略。

拓展延伸

社群经济的未来

社群未来会像微信公众号一样，越做越垂直，走规范化、团队化、商业化的运作路线。细分领域、垂直领域的社群会越来越多，越来越专业。那么，社群经济未来会如何发展呢？

一、人群垂直化

线上、线下的各类社群越来越多，垂直社群（也就是细分行业的社群）特别值得大家关注。从目前来看，移动互联网下的主流商业生态是重度垂直的社群经济。社群建立的前提是同好，因此只有足够垂直才能屏蔽垃圾信息，产生足够的黏性和扩张性。

二、社群区域化

人的一切商业行为都与地点有关，在移动互联网时代，地点场景在营销中的应用变得越发重要。社群会将地点、场景化的营销集中到一起，进行商业运作。80%的商业数据都是带有地理信息的，商业地理分析的目的就是把对的产品放在对的位置上。选址分析专家就是帮助客户找到最有利的销售位置的人。位置营销从客户购买行为的角度可以分为引客上门、留住顾客、促成交易。在社群营销过程中，选择特定地址可以引起特定客户群体的共鸣，让营销更有效。社群运营与区域化有很直接的关系，便于运作、组织活动等。

在信息过载的时代，新闻已经不再是刚需，真正的刚需是信息服务。由于居民的信息需求是本地化的，因此社群内容生产应与百姓的服务生活密切相关。

三、模式多样化

在未来,社群经济的发展模式也将更加多样,从趋势看,O2O 和 C2B 模式将成为主流形态。

1. O2O 模式

线上+线下(Online to Offline,O2O)模式是通过网络媒体推广,实现把线上消费者引导到线下店铺中,消费者可在线选择商品并完成在线支付,再到线下实体店享受优质产品体验和服务,比如在线购买影票、团购用餐券等。也可以反过来,即消费者先在线下实体店选购或体验,再通过线上的方式支付。这两种模式在社群营销实践中均可找到。

2. C2B 模式

消费者到企业(Consumer to Business,C2B)模式是按需定制,即消费者需要什么,企业就为他们提供什么,换句话说,就是让消费者有参与感。作为群主一定要知道,群主是社群的服务者,而群成员才是社群的主角。群主有想法的时候,把想法抛到群里面,让大家参与进来,拉动群成员进行讨论,形成消费需求。这样,借助社群,可以让消费者从过去的"你生产我消费"变为"我参与我消费"。

四、发展产业化

产业化就是大家聚成一个社群,能够一起盈利,形成利益共同体,共同做一个事业。这也解决了如何把社群临时性的弱关系变成长期强关系的问题。大家一起联合起来组建社群,进行优质项目的众筹投资,或联合分销,或联合经营,最终形成经济联合体。

(资料来源:赵雨,刘敏.社群营销.北京:人民邮电出版社,2020)

项目 7
短视频与直播营销

学习目标 通过学习本项目,我们将达到:

1. 了解短视频营销的概念与常见平台;
2. 学会短视频的创作流程与推广渠道;
3. 了解直播营销的概念与常见平台;
4. 学会直播营销的工作流程;
5. 掌握直播营销活动后期传播的渠道。

学习导图

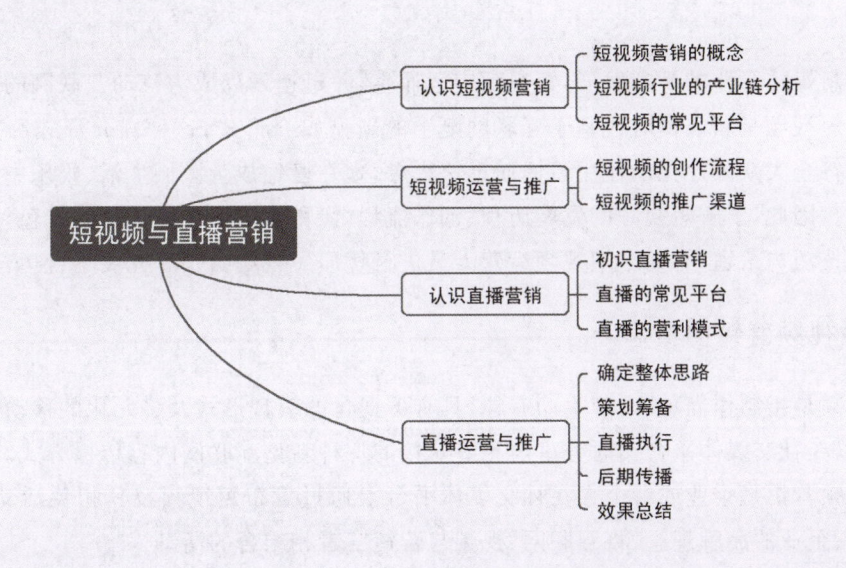

短视频与直播营销
- 认识短视频营销
  - 短视频营销的概念
  - 短视频行业的产业链分析
  - 短视频的常见平台
- 短视频运营与推广
  - 短视频的创作流程
  - 短视频的推广渠道
- 认识直播营销
  - 初识直播营销
  - 直播的常见平台
  - 直播的营利模式
- 直播运营与推广
  - 确定整体思路
  - 策划筹备
  - 直播执行
  - 后期传播
  - 效果总结

案例导入

"云"销售:带火伊犁特产助农增收

"××说伊犁"抖音账号创建于2020年5月,新疆伊犁哈萨克自治州昭苏县副县长××在抖音发布的一段策马奔腾的视频,让更多人知道了昭苏,也为当地农产品销售提供了解决方法。

"××说伊犁"账号现有粉丝372.1万人,账号主要宣传伊犁旅游资源,直播推介伊犁特色农副产品和旅游商品,并通过"伊犁礼物"抖音小店上架产品,采取"短视频链接+直播"方式销售本地五大产业名优农特副产品。账号发布旅游、公益、直播助农短视频276条,全网播放阅读量56.87亿人次,在践行网上群众路线,大力宣传党的政策主张,传播网络正能量,推介伊犁独特的旅游资源和农特产业产品,助推特色农牧产业发展,开展网络公益等方面表现突出。"短视频+电商"的出现对现代农业的发展起到了"弯道超车"的作用。

(资料来源:光明网,《走好网上群众路线"百佳账号"推选活动》,2021-12-28)

案例思考

1. 本案例中通过何种营销方式让农产品"走出去"?
2. 如何制作出高质量的短视频内容?怎样实施运营活动?

任务 7-1　认识短视频营销

随着新媒体行业的不断发展,短视频应运而生,并迅速发展成为移动互联网的入口和平台之一。短视频是新媒体时代基于互联网诞生的新型媒介形式,这种媒介形式因其自身的传播特点符合大众碎片化的使用习惯而迅速火爆,现在已经成为人们生活、娱乐中必不可少的一部分。因此,了解短视频的发展历程、创作流程,懂得主流短视频平台的特色,学会短视频的推广技巧与渠道,有助于短视频运营人员进行优质短视频营销和开展平台运营工作。

一、短视频营销的概念

短视频是指制作简单、内容生动有趣、具有可视化的表现形式及多元化的移动设备使用场景,可以在社交媒体平台实时分享与无缝对接的一种新型互联网内容传播方式。

短视频营销是企业或者个人在社交媒体平台上通过发布短视频及其相关活动,展示产品的优点、企业的品牌理念,将互联网、视频与营销三者相结合的活动。

短视频通过具有真实性、创意性和震撼力的视听内容,开展相应的营销活动,不仅仅满足了用户的感官需求,直接触达用户的内心,而且强化了用户对产品或品牌的体验与印象,从而取得了更加精准的营销效果。短视频营销以时间短、内容丰富、传播方式灵活、传播速

度快等特点,受到众多用户的喜爱,引领了新媒体时代的潮流,成为当下各行各业均十分青睐的营销方式。

二、短视频行业的产业链分析

课堂讨论 作为一名短视频创作者,如何持续产出内容?如何实现内容分发?

短视频行业产业链(图7-1-1)主要包括内容生产端、内容分发端和用户端。其中关键在于内容生产端和内容分发端。

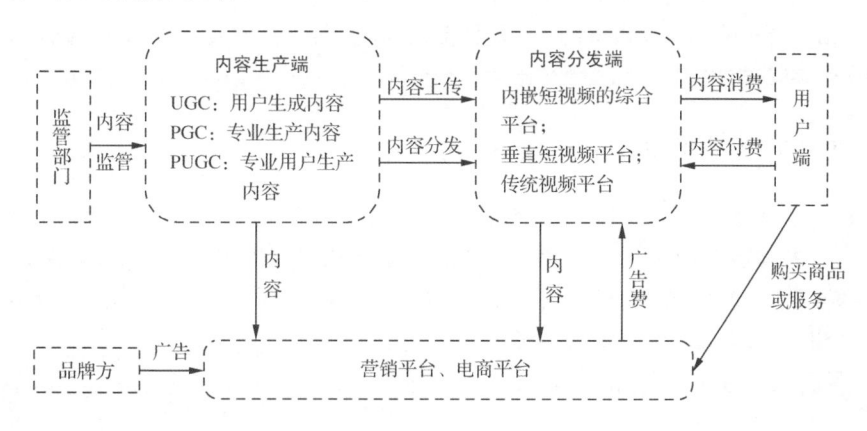

图 7-1-1 短视频行业产业链

(一)内容生产端

短视频内容生产者规模庞大,其内容呈现多元化,如UGC(用户生成内容)、PGC(专业生产内容)和PUGC(专业用户生产内容)。

(1)UGC主要是指非专业的普通用户自主创作并上传的内容,特点在于成本低,制作简单,具有很强的社交属性,可以提升用户活跃度和黏性。但普通用户的创作大多以搞笑娱乐或日常生活为主题,类型比较单一,一般时长在15秒以下,且内容质量无法得到保证,所以商业价值低。代表性平台有抖音、快手和美拍等。

(2)PGC主要是指具备专业知识和资质的专业机构生产内容。这些专业机构主要包括垂直领域的专家、传统媒体从业者、自媒体团队和专业的娱乐影视团队、专业视频制作公司等。PGC具有很强的媒体属性特点,生产者的专业水平保证了短视频的质量,同时也丰富了各垂直领域的短视频内容,优质内容吸引用户的关注和互动,时长为2~5分钟,所以占据了越来越多的流量。代表性平台有西瓜视频、梨视频、好看视频等。

(3)PUGC主要是指拥有粉丝基础或拥有某一领域专业知识的关键意见领袖(Key Opinion Leader,KOL),将UGC和PGC相结合的内容生产模式。其主要特点在于成本较低,一般这类内容生产者制作的视频时长在1分钟左右,主要以故事情节作为视频的亮点,由于有人气基础,因此商业价值高。代表性平台有快手、抖音、抖音火山版等。

（二）内容分发端

内容分发端主要包括内嵌短视频的综合平台、垂直短视频平台和传统视频平台。

（1）内嵌短视频的综合平台主要是指嵌入短视频内容、功能和服务，自身用户体量巨大，但核心定位不是短视频的其他平台，如微信、微博、今日头条、知乎、网易、QQ等。

（2）垂直短视频平台内容丰富，侧重个性化推荐，能吸引更多用户参与互动，增强平台用户黏性，如抖音、西瓜视频、今日头条、好看视频、腾讯微视频、梨视频等。

（3）传统视频平台是指涵盖短视频内容分发的视频平台，如爱奇艺、腾讯视频等。

此外，产业链中还有监管部门、品牌方等。

短视频行业产业链呈现出以下3个特点：短视频行业主体呈"金字塔"形态；MCN（Multi-Channel Network，多频道网络）商业模式崛起，实现多方主体的高效沟通；短视频平台发展细分化和专业化。

三、短视频的常见平台

随着短视频行业的持续发展，短视频已经成为新媒体的重要流量入口和发展风口，同时也催生出了一大批短视频平台。目前，国内主流短视频平台有抖音、快手、微视、微信视频号、好看视频、哔哩哔哩、美拍、秒拍等，国际短视频平台有TikTok等。这里对部分短视频平台进行介绍。

课堂讨论 各类不同的短视频平台有着不同的特点，短视频创作者应该如何选择入驻的平台？

（一）抖音

抖音隶属于北京字节跳动科技有限公司，最初是一款音乐创意短视频社交软件，经过多年的发展，目前已经成为短视频领域的超级平台，也是进行短视频设计和制作的首选平台之一。抖音于2016年9月上线，最初定位为年轻人记录美好生活的音乐短视频平台，用户可以自由选择背景歌曲，拍摄原创短视频。目前，除了最基本的浏览视频、录制视频功能以外，为了避免人们刷短视频时出现"审美疲劳"现象，抖音推出了直播、电商等功能。2022年2月25日，抖音首家上线"评论发文警示"功能，预防网暴，打造"老少皆宜"的娱乐化社交平台，并不断探索新的商业模式。该平台的营销优势主要体现在流量大，能够进行精准投放，投入成本低。

（二）快手

快手是北京快手科技有限公司旗下的短视频软件，2011年3月，公司推出一款叫"GIF快手"的手机应用，用来制作、分享GIF图片。2014年11月，正式更名为"快手"。快手与抖音一样，都是目前短视频行业的领头羊，是为普通人提供记录和分享生活渠道的短视频平台。为了让用户看到更真实有趣的世界，同时让世界发现真实有趣的创作作品，2016年初快手推出直播功能。2022年4月针对安全上网，快手推出儿童实名认证通知监护人和显示用户IP属地等功能。快手的用户群体主要集中在二、三线城市，依靠短视频社区自身的用户和内容运营，致力于打造社区文化氛围。依靠社区内容的自发传播，用户对内容的兴趣指向更加精准。该平台的营销优势在于拥有大量的活跃用户，电商平台配置成熟，直播营销规

模不断扩大,用户消费水平不断升级。

（三）微视

微视是腾讯旗下短视频创作平台与分享社区,用户不仅可以在微视上浏览各种短视频,同时还可以通过创作短视频来分享自己的所见所闻。此外,用户可以通过QQ、微信等平台,将拍摄的短视频同步分享给好友,分享到朋友圈、QQ动态。2021年4月15日,在腾讯平台与内容事业群(PCG)下,"在线视频BU"成立,由腾讯视频、微视、应用宝整合而成,继续深耕视频赛道用户,用户可以通过微视模板制作互动视频,并通过微信、QQ等社交平台分享给好友；好友可以直接在微信、QQ上浏览该互动视频,并进行互动操作。该平台的营销特点包括：快速切入短视频社交领域,形成以"动态社交语言"为载体的"v社交",8秒形成片段。

（四）其他短视频平台

哔哩哔哩(简称B站)现为中国年轻人高度聚集的文化社区和视频平台,用户群体主要是"90后"和"00后",用户的黏性和信任度非常高。平台适合动漫周边类等短视频内容创作者,吸引用户的是高质量的UP主(上传发布视频的人)创作的视频与良好互动的社区氛围,依靠不同的品类内容吸引不同阶层的用户,让"短视频+长视频"成为创作者传递价值的通用形式,优秀的创作者带动更多的创作者,使他们以视频内容的形式表达自己。

美拍是厦门美图网科技有限公司旗下一款可以直播、制作视频的备受年轻人喜爱的应用软件,于2014年5月8日上线。美拍是泛生活类的垂直短视频平台,用户以女性群体为主,非常适合设计和制作美妆、美食、健身和穿搭等类别的短视频。美拍定位明确,就是美图科技在短视频领域的拓展,同时搭配美图科技在美化图片方面的特长,对照片或者视频进行美化修饰。美拍APP在拍摄界面中有"美化"功能,让视频效果更精致,画面感更美。除了视频展现功能外,还设有"美妆""穿搭""美食""舞蹈"等多个垂直频道,让各个领域具有相同喜好的用户相互交流和互动,由此形成兴趣社区。

秒拍是由炫一下(北京)科技有限公司开发和发布的集观看、拍摄、剪辑、分享于一体的短视频聚合平台和高质量短视频社区。其于2014年全新上线后,获得了"文艺摄影师"的称号,风格偏向文化与潮流。发展初期,其核心功能定位为简单易用的短视频拍摄编辑工具。不过从产品开发至今,秒拍从基本的工具属性延伸出了更多的社交属性和媒体属性,成为一个专注媒体类短视频的平台。秒拍与微博进行合作后,构建了一个"媒体+社交"的生态圈,视频可以直接在该平台上进行播放,一定程度上增加了与其他同类短视频平台之间的竞争力。

TikTok是字节跳动旗下短视频社交平台,于2017年5月上线。它曾多次登上美国、印度、德国、日本、印尼和俄罗斯等地APP Store或Google Play总榜的首位。该平台属于视频分享类海外社会化媒体平台,用户在平台中可以上传、观看、评论、分享视频的形式进行互动,企业营销过程促使品牌黏性增强,在与同类型平台的竞争中增加竞争壁垒。

总而言之,短视频创作者在选择要入驻短视频平台的时候,要综合考虑自身内容生产能力、平台属性、平台支持力度、平台变现路径等因素,选择一至两个主力短视频平台深耕,其他短视频平台作为分发平台来操作。另外,如果创作能力比较综合、时间比较宽裕,可以针对不同短视频平台的属性、活动、用户来创作不同的内容。

任务 7-2　短视频运营与推广

短视频具有时长短、内容集中、表现力强等特点,契合了用户碎片化的观看习惯,满足了个性化、视频化的表达意愿和分享需求,深入渗透至大众日常生活。中国互联网络信息中心(CNNIC)发布的第 49 次《中国互联网络发展状况统计报告》显示,截至 2021 年 12 月,我国网民规模达 10.32 亿,较 2020 年 12 月增长 4 296 万,互联网普及率达 73.0%。越来越多的用户群体拍摄、上传短视频。随着短视频的火爆发展,短视频领域的竞争越来越激烈,短视频创作者要想在激烈的市场竞争中获得一席之地,首先需要了解短视频的创作流程与推广方式。

课堂讨论 作为短视频创作新手,我们将如何实现短视频运营价值?

一、短视频的创作流程

创作者只有做出合理的规划,才能确保正确的创作方向,打造出优质的短视频作品,从而提升自身的核心竞争力。短视频的创作流程主要为确定选题—策划内容—拍摄剪辑—发布运营—商业变现。

(一)确定选题

对于主题的选择,创作者可以从以下两个方面进行,以实现作品的独特性、创意性。

第一,优秀的选题通常新颖、有创意,独树一帜,其创意很难被模仿,他人只能学习创作思路和创意点。

第二,短视频选题必须要注重用户体验,以用户为中心,优先考虑用户的喜好和需求,并投其所好。例如,某抖音账号的短视频作品获得了几亿赞,内容从家庭短剧切入,走亲情路线,主要围绕家庭关系展开一家人的有趣日常生活,广受人们的欢迎。

(二)策划内容

确定选题之后,短视频创作者要想成功打造短视频账号,实现曝光、变现的目标,必须要将短视频账号当作一个内容产品进行运营规划。创作者需要做好账号运营定位的关键点:用户定位、内容定位、IP 定位。

课堂讨论 作为短视频创作新手,应将主要的用户定位在哪些方面?为什么要进行内容定位?怎样才能有效进行内容与 IP 定位?

1. 用户定位

收集用户的基本信息有助于了解短视频行业的用户规模、日均活跃用户数量,以及短视频用户的使用频次和时长等,从而推测用户的需求,查看用户画像。

2. 内容定位

作为短视频运营的必备环节,内容定位至关重要。内容定位就是明确发什么,要发哪一种类型的视频,例如健身、美食、剧情、运动、舞蹈、音乐等。创作者在策划短视频内容时,要充分发挥创造力和想象力,通过演绎故事、渲染情感、借助热点等方式,激发用户的共鸣,触

动用户痛点,打造出有价值、有深度、传播力强的优质作品。做好内容定位可以给用户关注的理由,让用户快速了解你是谁、你想要做什么、能提供什么价值,方便用户对账号做出相应的价值判断。

创作者需要进行每一集短视频主题风格的设定、内容环节的设计、视频时长的把控等内容的脚本撰写,以提高拍摄效率,保证短视频主题明确,降低沟通成本。脚本主要由前期准备、主题定位、框架搭建、故事细节填充等部分构成,见表7-2-1。

表7-2-1　　　　　　　　　　脚本撰写思路及内容

写作部分	主要内容
前期准备	从拍摄主题、故事线索、人物关系、场景选择等方面完成脚本框架的搭建
主题定位	要表现的故事背后的深意是什么,想反映什么主题,是美食视频、服装穿搭,还是小剧情等,用怎样的表达形式
框架搭建	主要工作就是要想好通过什么样的内容细节以及表现方式来展现短视频的主题,包括人物、场景、事件以及转折点等,并对此做出一个详细的规划。如短视频中需要设计几个人物,拍摄时间和拍摄地点、场景确定
故事细节填充	细节最大的作用就是加强用户的代入感,调动用户的情绪,让短视频的内容更有感染力,从而获得用户的关注

脚本的主要类型:拍摄提纲、文学脚本、分镜头脚本。

短视频创作者可以借助常见的脚本模板来撰写自己的短视频内容脚本,既能提高工作效率,又可以借鉴很多优秀短视频内容的优点,起到事半功倍的作用。

3.IP定位

IP即符号,是别人想到创作者时的第一印象,也是创作者想给别人留下的认知。通过成功打造一个IP,能在短时间内占领短视频高地。因此,IP的差异化决定了账号未来的高度。IP由性质和身份两部分组成。

IP类型可以分为:故事型IP,偏向剧场类型;产品型IP,主要介绍产品功能,推荐好物;知识型IP,以输出专业知识为主;日常搞笑型IP,以表现日常生活搞笑事情为主。IP类型确定后,需要通过个性头像、色调统一的头图、鲜明突出的造型、统一风格的封面进行视觉强化,同时对标语、标签、道具、名号进行人格强化,通过这两大部分对IP进行强化。总而言之,IP定位:我是谁?我要传递何种价值?我如何实现这种价值?

课堂讨论 列举熟知的IP以及相应的特点。

(三)拍摄剪辑

创作者需要准备好适合拍短视频的器材,包括手机、单反相机、微单相机、迷你摄像机、专业摄像机等,还有一些辅助性工具,如三脚架、遮光板、各种相机镜头等。同时创作者还要考虑好拍摄表达手法与场景、机位的摆放切换、灯光位的布置、收音系统的配置等。待一切准备工作就绪,就可以结合拍摄技巧和构图方式,进行拍摄了。

待拍摄完成,拿到第一手素材后,就进入剪辑环节。创作者可以根据自己的水平选择合适的剪辑工具,如选择剪映、小影、爱剪辑、Premiere等进行视频剪辑。

（四）发布运营

一个经过周密策划、精心拍摄、精良制作的优质作品，如果没有好的投放渠道和运营方案，也许只能达到播放量有限的效果，无法成为网络上人们争相观看和转发的内容。

短视频制作完成后，创作者首先需要熟知各个平台的推荐规则，同时还要根据产品类型积极寻求商业合作、互推合作等来拓宽短视频的曝光渠道，以获得更多的流量曝光。其次，根据作品及产品特点，确定投放时间及频次，把握好节奏，并及时地把短视频推到"点"上。短视频的发布时间见表7-2-2。

表 7-2-2　　　　　　　　　　短视频的发布时间

发布时间	原因
周一至周五的 9:00～23:00	这个时间段用户对短视频的搜索和使用较为频繁，而且在这段时间里，短视频创作者都会在线工作，在发布短视频后更利于共享和传播
短视频发布高峰期：11:00～12:00 和 17:00～19:00	这个时间段能够收获更多的用户互动，短视频创作者更喜欢在这个时间段与用户进行互动
节假日或者特殊日子的 23:00 到次日 7:00	这个时间段发布的短视频容易和第二天头版头条的热点事件相呼应，更容易得到用户的关注，宣传效果更加明显

同时要做好短视频企业号运营，从标题、关键词、文案、推广技巧等方面，搭建品牌私域流量池，获取更多曝光，扩大宣传范围，从而提升品牌知名度。

1. 撰写吸引眼球的标题

标题是用户对短视频形成第一印象的重要影响因素，是短视频内容最直接的反馈形式，也是吸引用户关注和点击短视频的敲门砖，可以激发用户看完视频的兴趣，形成认同感，增加评论数量，提高短视频的完播率和互动率，形成良好传播的效果。用户在播放短视频前，通常会直接搜索标题，所以，根据推荐算法渠道的内容发放机制，推广短视频更应该重视标题。

撰写短视频的标题需要遵循找到用户的痛点、给予用户好处、激发用户的好奇、原创和流行结合、不重复等原则。

相对于短视频的内容来说，其标题样式也非常重要，可以提升短视频的点赞量和评论数。例如，可以选择借力借势、提出疑问、运用符号、利用名人效应以及新鲜事物、揭露秘密、做成系列等高播放量的短视频标题样式。

2. 优化关键词

（1）关键词的类型

关键词分类主要是用户在使用当中为了方便区别而进行的说明，最常用的是按照搜索字词的热门程度或搜索量所进行的分类方式，主要包括热门、一般、冷门。

（2）关键词的设置方法

第一，考虑用户的需求。绝大多数短视频用户通过关键词进行搜索的目的其实很简单，就是想了解或获取相关的内容信息。

第二，考虑用户的疑问。很多用户都希望通过搜索查询一下该关键词相关的短视频中，是否有达人或专业人士制作并发布的相关流程、原理或心得等，可以给自己做个参考。

(3)关键词的设置技巧

关键词的设置技巧主要包括关键词的排列组合、控制关键词数量、添加区域关键词、确定目标关键词等。

3. 创作触动心灵的文案

好的文案能带来高流量,因此创作者能否创作出触动心灵的文案至关重要。要撰写出打动人心的好文案,一般要经过以下步骤:

第一步:搭建文案框架,以确定文案的创作方向。该环节需要处理的内容包括:文案的目标用户是谁?文案要传递什么信息?文案可以带给用户怎样的情感推动?文案会产生什么结果?

第二步:找到文案的切入点。短视频创作者要对所了解和掌握的信息进行筛选、整理、加工,确定短视频内容的主题和切入点。

第三步:将信息转化为文字。短视频创作者要根据确定好的主题,将搜集到的信息转化为文字,形成文案。

文案创作的基本形式有以下几类:

(1)叙述类:为用户营造置身其中的感觉,使用户产生共鸣,将短视频的内容和主题用平铺直叙的方式表述出来,偶尔在其中加入富有场景感的故事或强化、励志等文案来吸引用户。

(2)悬念类:常见的是在短视频最后设置反转或者留下悬念,给用户留下深刻的印象,带给用户无限的想象空间,具有意犹未尽的感觉,有效地延长用户在短视频页面的停留时间。例如"我猜中了开头,却猜不中结尾""一定要看到结尾,相信我不会让你失望"。

(3)段子类:段子的内容虽然简单,但承载的内容却是一个幽默风趣,结尾有出乎意料、反转效果的故事,段子甚至可以与视频内容无关,但大部分都有较强的场景感,让用户身临其境,更愿意去评论。

(4)互动类:内容创作者积极地与用户进行互动,可以形成良好优质的互动氛围,有助于账号活跃度的提高,并提升用户的参与感。例如"有你喜欢的吗?""你认为怎么样?"。

(5)"共谋"类:当用户在做某件事情时,总想找一个人或一群人与自己一起努力,用户的这种心理使"共谋"类文案能够产生良好的效果,引发用户的情感共鸣,获得更多用户的关注。常见类型为励志类文案、同情类文案等,例如"春天来了,愿意和我一起打卡健身吗?""春节这几天,你是否也感受到不一样的快乐?"。

(6)正能量类:用户对于传播正能量的短视频情有独钟,也更愿意播放和分享,希望用励志、同情、"真善美"等传播正能量的短视频来鼓励用户成为短视频中自己所希望的样子。

4. 运用推广技巧

(1)结合@功能

@功能是指在发布短视频时,设置@好友。@是网络中的向指定账号通知发布的信息的方式,"@"好友账号后,短视频 APP 会在该好友账号中提示观看某个短视频,也可以@官方账号等,如图 7-2-1 所示。

通常@的目标都是自己关注的某个短视频达人,有可能该达人在收到提示后会观看该短视频,并可能进行转发。这样就能增加短视频被更多用户观看的机会,从而获得更多的关注。

图 7-2-1　@功能展示

(2) 地址定位

在发布短视频时可以选择地址定位功能,将地点展现在短视频用户名称的上方,如抖音和今日头条显示 IP 属地。

图 7-2-2 中的两支短视频都开启了地址定位:

如图 7-2-2 左侧图所示,短视频发布的地址定位到一个成都大熊猫繁育研究基地,由于关注该地区的用户很多,因此该短视频的基础播放量就会获得一定程度的增加。

图 7-2-2　地址定位

项目7　短视频与直播营销

如图7-2-2右侧图所示,短视频发布的地址定位到一个店铺,由于该定位功能本身也是一种私域流量入口,可用于商业广告推广,因此也会增加该视频的关注度。

以上两种地址定位方式都会让观看该短视频的用户产生一种身份认同感,甚至是线下偶遇的期待。

(3)话题参与

话题是指平台中的热门内容主题,通常是在短视频界面的内容介绍中以"#"开头的文字,如"#美食制作""#搞笑""#挑战赛"等,如图7-2-3所示。

图7-2-3　话题展示

话题分为普通话题与挑战话题。普通话题涉及用户生活的各个方面,如生活、娱乐、工作和学习等。挑战话题是一种非常特别的话题,设置这种话题的主要目的是引发用户积极参与,其传播度较高,能有效聚焦流量。

将短视频推送出去之后,创作者还要及时跟进各个平台的账号后台数据(表7-2-3),在第三方数据分析工具下,学会同IP、竞品等进行对比,同时要和粉丝进行互动,查看粉丝的评论和反馈,引导粉丝参与内容建设并形成黏性,优化经营理念,进行复盘,把经验变成能力。

表7-2-3　　　　　　　　　　　常见的短视频数据指标

数据指标类型	具体指标
固定数据指标	短视频时长、发布时间、发布渠道
基础数据指标	播放量、点赞量、评论量、转发量、收藏量
关联数据指标	完播率、点赞率、评论率、转发率、收藏率

（五）商业变现

运营短视频的最终目的是变现，以实现短视频的商业价值，所以流量变现是至关重要的环节。当短视频依靠优质的内容、有效的运营推广积累起足够的人气时，创作者就要考虑商业变现了，这不但能有效提高创作者创作的积极性，还会得到资金的支持，继而进一步优化视频内容与推广活动。短视频变现的方式有很多种，主要有广告变现、电商变现、直播带货、渠道分成等形式。

1. 广告变现

广告变现是短视频变现的常用方式，也是直接、有效的变现方式。常见的有植入广告、品牌广告（图 7-2-4）、贴片广告（图 7-2-5）三种形式，主要应用在搞笑、娱乐、剧情、情感、特效、Vlog、摄影等类型账号。

图 7-2-4　品牌广告　　　　　　图 7-2-5　贴片广告

2. 电商变现

短视频具备内容信息展示丰富、感官刺激鲜明以及跳转到其他链接方便等与电商融合相适合的优势特征，因此可以通过电商模式实现盈利。

电商变现模式主要有自营电商变现模式和短视频带货模式。如通过短视频打造出个人IP，建立个人电商品牌。此外，也可以通过短视频为自建电商平台导流进而实现变现。如图 7-2-6 所示，该电商平台主打精致商品，获得众多目标用户的追捧。

项目7　短视频与直播营销

　　短视频带货为各大短视频平台与淘宝、京东电商平台合作，通过为其导流产生用户购买行为后进行利益分配，同时短视频平台也可以开通相应的线上店铺，例如抖音小店、快手小黄车等，用户在观看短视频时，点击对应商品链接，跳转到电商平台进行购买，如图7-2-7所示。

(a) 抖音短视频商品信息界面　　　　(b) 跳转至京东平台购物界面

图 7-2-6　电商变现　　　　　　　　图 7-2-7　短视频带货

3. 直播带货

　　直播带货是目前很常见的短视频营利模式之一，而且这种营利模式会逐渐成为短视频直播市场的主流营利模式，主要包括主播带货模式（图7-2-8）、粉丝打赏模式（图7-2-9）、直播内容付费模式、企业品牌宣传变现模式、主播承接广告模式。直播带货有一个前提条件，就是主播应具备一定的用户号召力，主要体现在主播通常都是粉丝数量在几百万、上千万的短视频达人，或者具备较大知名度的人。凭借短视频达人和名人在用户群体中的超高人气和信誉，促成商品交易，带来收益。

4. 渠道分成

　　渠道分成主要是指短视频内容创作者初期没有足够数量的用户和粉丝，而通过平台现金补贴政策提供的帮扶，获得的最直接收入和营利来源。例如，短视频创作者参加今日头条千人万元计划后，还可以依据西瓜视频（今日头条）10亿元补贴等平台政策获得补贴。到了后期，短视频内容创作者获得了用户的大量关注，平台就会与短视频内容创作者进行收益分成。在营利大幅提升的同时，短视频创作者也可以通过其他的营利模式获取收益。这里的

渠道主要有视频渠道、粉丝渠道、推荐渠道三种。

(1)视频渠道是指短视频播放量主要通过搜索和平台推荐来获得。视频渠道主要以各种长视频和短视频平台为主,例如,今日头条过了新手期可以获得平台的分成;快手平台的"创作者激励计划"。

(2)粉丝渠道是指粉丝数量对短视频的播放量有很大的影响,会影响到渠道分成。粉丝渠道主要以各种社交媒体平台为主。

(3)推荐渠道是指以平台算法向用户推荐短视频的平台,例如今日头条、一点资讯等。

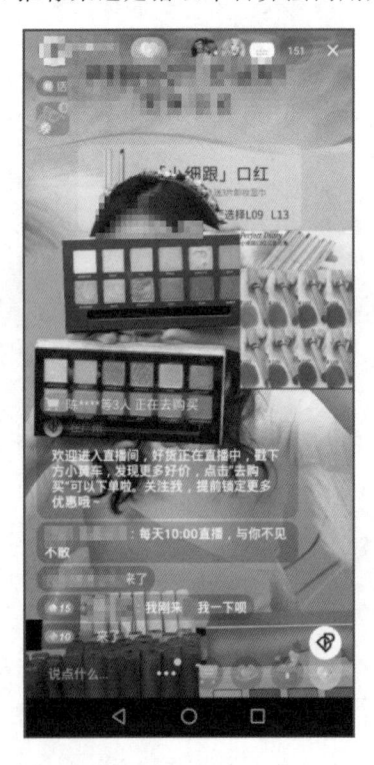

图 7-2-8　主播带货模式　　　　图 7-2-9　粉丝打赏模式

总而言之,使用哪些变现方式,短视频创作者需要根据自身的内容和适合变现的领域去选择。

二、短视频的推广渠道

(一)付费推广渠道

创作者为了更好地推广自己的短视频作品,可以选择付费推广,例如抖音的"DOU＋"推广、快手的作品推广。

抖音短视频官方推出的"DOU＋"是一项帮助内容创作者获取更多流量和曝光的付费推广服务。"DOU＋"的推广服务可以使用户在"推荐"模式观看短视频时,有很大概率观看到"DOU＋"服务推广的短视频。只有短视频内容达到抖音短视频平台审核的标准,例如社

区内容规范、版权法律风险等,才能够获得"DOU+"推广服务资格。同时抖音短视频平台只能由系统自定义推荐给可能感兴趣的用户,而自定义投放是以账号个人的标准选择投放用户,可以设置包括人数、年龄、性别以及所在地域等项目。

快手的作品推广是快手官方推出的一款付费营销工具。短视频创作者购买并使用该工具后,能够将短视频快速曝光给更多的用户,提高短视频的曝光量、互动量、粉丝量。在投放过程中需要注意:

第一,保证作品质量。为了保证作品质量,创作者需要选择发布时间在30天以内,公开且审核通过的作品。作品为原创,没有其他平台的水印(快手旗下APP的水印除外)。作品不存在违法违规、引人不适、不文明行为、非正向价值观等内容。同时作品不包含特殊业务内容,不存在营销、广告行为,或者二维码、联系方式、抽奖、红包、口令等导流到第三方平台之类的信息。带有商品链接(小黄车)的作品仅可进行"小店推广"。

第二,提高账号质量。短视频创作者要保证短视频账号的定位与账号发布的短视频内容相一致,如果账号中早期发布的短视频质量较差,或者与账号定位不符,短视频创作者可以将其删除或隐藏,以免影响用户的观看体验。同时注意投放合适的时长,快手用户最活跃的时间是18:00~21:00,也就是所谓的广告投放高峰期时段,其他时间段相对来说人流量较少。一般来说,快手的常规投放时长有6 h、12 h、24 h。广告的投放时长会直接影响广告的曝光量和转化率。

(二)免费推广渠道

比较常用的方式就是参加各种挑战赛,让短视频账号获得更多的曝光,从而推广账号中的各种短视频,如图7-2-10所示。

(三)企业号推广渠道

1. 公众号推广

订阅号具有信息发布和传播的功能,主要用于向用户传递资讯,类似报纸、杂志,展示网站或商品的个性、特色和理念,达到宣传效果。

企业微信具有实现内部沟通与内部协同管理的功能,主要用于企业内部通信。

服务号具有用户管理和提供业务服务的功能,能够实现用户交互,而且可以开通微信支付功能,这两项都非常符合短视频推广的需求。

小程序是一种开放功能,可以被便捷地获取与传播,适合有服务内容的企业。

图7-2-10 短视频平台挑战赛

2. 微信群推广

通过微信群推广短视频已经成为一种非常有效的推广形式之一。短视频创作者可以通过建立微信群，并在微信群中与用户交流和互动，增强用户黏性，使用户产生聚心力，从而提高用户在短视频平台中的留存率。短视频新手则可以在一些微信群中定期发布和分享自己的短视频，增加自己的存在感和曝光率，慢慢引导微信群中的其他成员对自己进行关注。

3. 朋友圈推广

短视频创作者也可以在朋友圈中发布短视频，引起朋友的关注和转发，起到推广的目的。其方法是直接将短视频分享到朋友圈，这样朋友圈中的好友就可以看到该短视频和短视频账号，甚至通过短视频平台加关注。当然，与微信群推广相同，朋友圈的推广也不能太频繁，否则会被微信好友屏蔽。

任务 7-3　认识直播营销

一、初识直播营销

（一）直播营销的概念

基于互联网的直播，即用户以某个直播平台为载体，利用摄像头记录某个事件的发生、发展进程，并在网络上实时呈现，其他用户在相应的直播平台上能直接观看并进行实时互动。

直播营销是以直播平台为载体，以视频、音频直播方式为主，在现场根据事件的发生和发展进程同步制作和播出节目，最终达到提升企业品牌或增加销量的目的。简单来说，直播营销是以直播平台为载体，通过开展各种形式的直播来实现营销目的的一种营销活动。

与传统电商平台的营销方式相比，直播营销能有效弥补传统营销方式的缺陷，改变传统电商仅仅通过图文来传递商品相关信息的不足，从而加强对消费者购物决策的影响。它具有真实动态内容的双向实时互动、精准传播、场景化直播、增强用户购物临场感等特点。

（二）直播的行业产业链分析

近些年，直播的火爆，主要原因在于其营销价值的充分挖掘。正是因为看到了直播在营销方面的潜力，许多行业才积极涌入"直播"行业，将直播营销作为新时代营销战略之一。直播的营销价值主要体现在"人、货、场"（用户和主播即"人"，商品简称为"货"，场景是"场"）三要素的有效重构，以及直播具备的独特营销优势。直播电商行业链如图 7-3-1 所示。

直播电商产业链主要由上游、中游和下游构成。

上游供应端主要包括商品供应方，以服装、美妆、食品、珠宝、箱包等各种产品的厂商、品牌商、经销商、原产地等为主。

项目7　短视频与直播营销

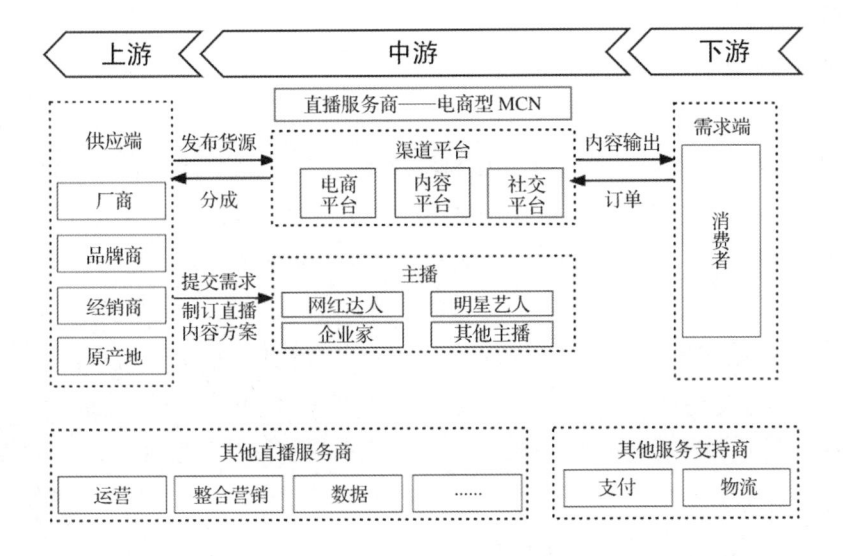

```
        上游              中游              下游
   ┌─────────┐    ┌──────────────────┐    ┌─────────┐
   │         │    │ 直播服务商——电商型MCN │    │         │
   │  供应端  │发布货源│  ┌─渠道平台──┐   │内容输出│  需求端  │
   │         │────→│  │电商│内容│社交│  │────→│         │
   │ ┌─────┐ │     │  │平台│平台│平台│  │     │ ┌─────┐ │
   │ │ 厂商 │ │ 分成 │  └──────────┘   │ 订单│ │     │ │
   │ └─────┘ │←────│                  │←────│ │消费者│ │
   │ ┌─────┐ │     │    ┌─主播──┐     │     │ │     │ │
   │ │品牌商│ │提交需求│  │网红达人│明星艺人│    │     │ │     │ │
   │ └─────┘ │制订直播│  ├─────┼─────┤   │     │ └─────┘ │
   │ ┌─────┐ │内容方案│  │企业家│其他主播│    │     │         │
   │ │经销商│ │────→│  └─────┴─────┘   │     │         │
   │ └─────┘ │     │                  │     │         │
   │ ┌─────┐ │     └──────────────────┘     │         │
   │ │原产地│ │                              │         │
   │ └─────┘ │                              │         │
   └─────────┘                              └─────────┘

   ┌──────其他直播服务商──────┐   ┌──其他服务支持商──┐
   │ 运营 │整合营销│ 数据 │…… │   │  支付  │  物流  │
   └──────────────────────────┘   └──────────────────┘
```

图 7-3-1　直播电商行业链

中游主要包括直播服务商(MCN)、渠道平台(电商平台、内容平台、社交平台等)以及主播(网红达人、明星艺人、企业家及其他主播)。直播服务商主要有宸帆等;电商平台主要包括京东、淘宝、拼多多、小红书、蘑菇街、唯品会、苏宁易购等;内容平台主要包括抖音、快手、哔哩哔哩、虎牙等;社交平台主要包括微博、微信、QQ等。

下游需求端主要为消费者。

此外,还有支付宝、微信支付、顺丰物流等其他服务支持商参与直播电商行业产业链。

品牌商/厂商对接电商平台提供货源,对接MCN机构或主播,确定直播内容方案,引入直播平台进行内容输出,最终引导消费者在电商平台实现变现转化。品牌商/厂商与主播之间的合作方式为专场包场与整合拼场。同时需要注意的是,活动当中电商平台、直播平台、MCN/主播为主要受益者,其收益一般来自按成交额的一定比例收取的佣金,收益分配模式主要有"纯佣金"模式和"佣金+坑位费"模式。

总而言之,直播营销重构"人、货、场"三要素,营销的本质是连接商品和用户,而连接方式就是构建消费场景。直播营销以"人"为中心,围绕"人"进行"货"和"场"的布局。

二、直播的常见平台

课堂讨论 在直播间购物过程中,你会选择哪个平台?一般会选择哪些商品品类进行购买?

开展直播营销可以选择不同的平台,包括短视频平台、电商平台和私域流量平台。

1. 短视频平台

主流的短视频平台,如抖音、快手,都已经具备并完善了直播功能。优质的短视频内容能为直播带来精准流量,有利于直播营销的顺利进行。具体请参考短视频平台介绍。

2. 电商平台

电商平台主要有小红书、淘宝直播、京东直播、拼多多等。

(1)在小红书上,用户通过文字、图片、视频笔记的分享,记录了这个时代的正能量和美好生活,小红书通过机器学习对海量信息和用户进行精准、高效匹配。如以营销笔记、"带货"直播、小红书商城为核心,发展更加开放的平台内部、外部双循环。小红书拥有精准的女性用户群体,品牌商家可以基于 KOL 的粉丝标签、行为偏好等大数据来提升营销的精准度,如图 7-3-2 所示。

(2)淘宝直播是阿里巴巴推出的直播平台,定位于"消费类直播",用户可边看边买,涵盖的范畴包括母婴、美妆等,如图 7-3-3 所示。2019 年春节期间,淘宝直播正式上线独立 APP。2021 年 1 月升级后更名为"点淘"。2022 年 1 月,淘宝直播发布 2022 年度激励计划,支持中腰部及新达人。

(3)京东直播是一种把内容和电商高效结合的全新营销模式,通过主播的专业、趣味讲解,给用户带来所见即所得的全新购物体验,如热点直播、KOL 直播、商家优质直播等,为商家提供重要的营销工具和渠道,如图 7-3-4 所示。

图 7-3-2　小红书直播　　　　图 7-3-3　淘宝直播　　　　图 7-3-4　京东直播

(4)拼多多瞄准低线城市对价格敏感的用户群体,凭借"社交裂变+低价爆款"的商业模式,成为国内移动互联网的主流电子商务应用产品。2018 年 7 月,拼多多在美国纳斯达克证券交易所正式挂牌上市。2020 年 1 月 19 日,拼多多直播正式上线。不同于淘宝直播,拼多多的核心用户偏好"低价",对"特低价"很敏感,拥有强大的用户基础。

3. 私域流量平台

私域流量平台主要有微信视频号、企业微信直播。

(1)微信视频号开通直播功能,具有用户规模更大、可快速导流、更高效的流量运营、更适合进行品牌营销、更多的资源扶持、更简化的购物流程等特点。

(2)在企业微信视频号直播中主播可以与直播间用户连麦互动,还可以采用多种分享方式为直播间引流。

任务 7-4 直播运营与推广

在直播营销活动之前,直播运营团队要对直播营销活动的整体流程进行规划和设计,以保障直播营销活动顺畅进行,确保直播营销活动的有效性。

课堂思考 作为直播运营新手,如何打造一场成功的直播?

直播营销活动的工作流程主要包括五个环节:确定整体思路—策划筹备—直播执行—后期传播—效果总结。直播运营团队需要对每个环节进行安排,确保每一场直播营销活动的完整性和有效性。

一、确定整体思路

直播营销的第一个工作环节是确定整体思路。在做直播方案之前,直播运营团队必须先厘清直播营销的思路,然后有目的、有针对性地策划与执行。

直播营销的整体思路设计包括三部分:定目标、定方式、定组合。

首先,需要以 SMART 原则为依据,明确直播营销要实现的目标。SMART 原则即具体(Specific)、可衡量(Measurable)、可实现(Attainable)、相关性(Relevant)、有时限(Time-bound)。例如,一场直播营销活动,有时更注重直播的"带货"量,有时则在于提升合作品牌的影响力,所要达到的营销目的不同,适合的直播营销策略也有所区别。在确定整体思路阶段,直播运营团队首先需要明确一场直播的营销目的,并对目的进行分析。

其次,在确定直播目的后,直播运营团队需要根据用户群体的关注偏好、消费偏好,在名人营销、稀有营销、利他营销、对比营销等方式中,选择一种或多种进行组合。例如,利他营销借助主播或嘉宾的分享,向用户免费传授关于产品的使用技巧、分享生活知识等。

最后,确定营销方式后,直播运营团队需要对场景、商品、创意等内容进行组合设计,确定最有效的直播策略。如果是直播新手,要对直播领域进行有效分析,考虑自己擅长的方面、专业,针对产品或服务进行市场需求分析,筛选出适合的直播领域。直播运营团队可以从直播风格定位与设计、主播人设构建、商品选择和规划等方面来完善整体直播思路。

二、策划筹备

直播营销的第二个工作环节是策划筹备。有序的直播营销需要做到"兵马未动,粮草先行"。具体准备如下:

(一)方案编写

直播运营团队撰写完善的直播营销方案,将抽象思路具体化。直播营销方案的主要内容包括直播目标、直播简介、人员分工、时间节点、预算。

直播目标:明确直播需要实现的目标,如期望吸引的用户人数等。

直播简介:对直播的整体思路进行简要的描述,包括直播形式、直播平台、直播特点、直播主题等。其中,直播主题是直播营销方案的中心。整场直播的设计都需要围绕直播主题进行拓展。直播主题可以根据用户需求、时节以及电商活动来策划。例如,依据用户的标签及消费需求,突出用户群的需求热点。用户有不同时节的消费需求,为了突出时节的消费亮点,进行全场折扣活动。同时也可以借助电商活动中用户的消费心理,进行"双十一""双十二"等预售及相应销售,突出促销力度。

人员分工:对直播运营团队中的人员进行分组,将与直播相关的工作内容进行分工,并明确各人员的职责,对直播流程中各个工作环节进行具体说明。

时间节点:明确直播中各个时间节点,包括直播前期筹备的时间点、宣传预热的时间点、直播开始的时间点、直播结束的时间点等。直播运营团队确定直播的整体时间点,便于所有参与者对直播的工作有一个整体的印象,也可以明确主要环节及每个环节的开始时间和截止时间,防止由于某个环节延期而导致直播的整体延误。

预算:涉及整体预算情况、各环节的预算情况。直播营销方案中要说明整场直播活动的预算情况,包括直播中各个环节的预算,如基础投入费用、现场福利费用、前期宣传活动费用、后期宣传活动费用,以合理控制和协调预算。

此外,还要撰写工作跟进表(表7-4-1),有助于直播运营团队按照"一人一事,跟进到底"的原则,跟进了解各项具体工作的执行过程。

表7-4-1 工作跟进表

直播阶段	内容安排	人员安排	计划时长	完成情况
前期准备	预约直播时间、主题、商品情况、流程安排、多平台宣传推广、直播间设施情况等	运营、主播、拍摄、编导等		
直播现场	场地布置、拍摄器材准备、网络检查、现场人员安排与就位情况	助理、场控、拍摄、编导		
直播执行中	直播预热活动、引导关注、介绍商品、商品上架与下架、引导用户参与福利活动、互动与答疑	主播、助理、客服		
直播结束后	整理商品、道具、拍摄设备,提取直播数据,分析与复盘、剪辑直播视频,制作宣传图文	助理、场控、客服、拍摄与剪辑、运营		

（二）宣传引流

在直播开始前，要借助多方力量为直播间积聚知名度。直播间有了一定知名度之后，才能不断地吸引新、老用户的关注，提高曝光度。因此，直播运营团队需要将宣传与引流落实到具体的细节上。

1. 引流文案的撰写

如果想要快速提升直播间的人气，直播运营团队也可以从文案方面制造紧张感和稀缺感，引导用户在直播间产生消费的欲望。常见直播文案有 3 种，具体见表 7-4-2。

表 7-4-2　　　　　　　　　　　　直播文案分类

直播文案分类	主要内容
互动类文案	一般采用疑问句或反问句，这种带有启发性的开放式问题可制造悬念，还能给用户留下比较大的回答空间，提升用户的参与感
叙述类文案	直播团队对画面进行叙述，给用户营造置身其中的感觉，使其产生共鸣，但需要根据直播主题和商品的特点，选择有场景感的故事
长篇文章	一篇发布在微信公众号的长篇文章，告诉目标用户：为什么要开直播，要开一场什么样的直播，以及什么时间在什么平台开直播

2. 直播粉丝的运营

主播通过直播吸引用户关注并不是最终目的，而是促进直播转化的一个重要途径。主播的粉丝数量增加，可能会提升直播带货的数据，但要想一直维持下去，保持良好的运营效果，就必须做好粉丝运营，维持粉丝的黏性，给粉丝继续关注主播及其直播间的理由。不同粉丝具有不同特点，见表 7-4-3。

表 7-4-3　　　　　　　　　　　　粉丝特点分析

粉丝特点	措施
高频消费粉丝	保证 SKU 的丰富度，保证价格和质量优势，沟通到位
低频消费粉丝	提升直播间的 SKU 丰富度，详细介绍商品，提供新客专属福利
其他电商主播的粉丝	低价引导，提供新客专属福利
平台新手粉丝	展现专业度，加强消费引导，积极与粉丝互动

可引导粉丝加入粉丝团、打造人格化 IP、创作优质内容、发起话题、举办粉丝活动，提升粉丝黏性。

3. 直播推广的宣传

（1）直播预告宣传

直播运营团队需要在开播前就让目标用户看到直播预告，做好直播前引流推广。但是发布直播预告的提前时间不能太长，否则很容易让用户遗忘；也不能太短，否则可能会影响预热效果。直播运营团队可选择在正式直播前 1~3 天发布直播预告。

例如，需要进行一场新品推荐活动，直播运营团队可以提前一周在发布的短视频、图文中设定直播营销活动的预告时间,如图7-4-1所示。开播前三天针对优惠信息、开播时间和开播平台、邀请了哪些有知名度的直播嘉宾等信息进行宣传。开播前一天,直播运营团队需要发布一则新品视频,在视频中提示观看的用户在留言中说一说对新品的看法,在视频结尾处再次展示明确的直播时间和直播平台,并邀请用户光临直播间。开播前半小时进行最后一次直播预告,预告中直播团队需要介绍直播主题、核心内容,以及告诉用户"直播间有福利、有惊喜",再次邀请用户光临直播间,如图7-4-2所示。

图7-4-1　直播前一周短视频预告　　　　图7-4-2　开播前半小时直播预告

（2）多渠道宣传

直播运营团队可以在私域流量渠道和公域流量渠道共同进行直播宣传,快速提升直播活动的热度。

私域流量渠道主要有电商平台店铺、微信公众号、微信朋友圈和社群等方式。例如,直播运营团队拥有淘宝店铺（含天猫店铺）、京东店铺、拼多多店铺等电商平台店铺,借助卡片样式、短视频样式、长图样式,在店铺首页、商品页、详情页等宣传直播信息,以便关注店铺的平台用户了解直播信息。

公域流量渠道主要有抖音、快手、视频号等短视频平台,以及微博平台。例如,在开播前3小时,直播运营团队采用常规的"短视频内容＋直播预告信息"的短视频、"纯直播预告式"的短视频,在抖音、快手、视频号等短视频平台发布直播预告信息,如图7-4-3所示。同时一些电商平台的主播可以在微博平台进行直播宣传预热,吸引微博用户到直播间观看直播,如图7-4-4所示。

项目7　短视频与直播营销

图 7-4-3　短视频内容＋直播预告信息

图 7-4-4　在微博平台进行直播宣传预热

（3）引流短视频设计

为了更好地做好引流，直播运营团队可以设计适合商品与团队风格的短视频进行宣传。常见的有以下几种短视频风格：

①以预告抽奖福利为主的短视频：以热情的方式告诉用户，直播间会送什么礼物给用户，呼吁用户光顾直播间抢福利。

②符合直播主题的情景短剧类短视频：表达一个有感染力的主题，激发用户的痛点，引发用户的情感共鸣，使其主动点赞、评论和转发。

③以知识传播为主的短视频：分享知识，包括 PPT 类短视频、讲解类短视频、动作演示类短视频和动画类短视频等。

④商品测评类短视频：直播运营团队通过对某种商品进行使用体验，或者按照一定的标

准做功能性或非功能性的检测,先"测"后"评",分享给用户,帮助用户从众多商品中筛选出质量有保障、体验感好、适合自己的商品,从而促成消费。

⑤实地走访类短视频:主播亲自到跟商品相关的实际场景中探访与体验,并将过程分享给用户,适用于餐饮、旅游、农产品等。

⑥直播片段式短视频:直播运营团队通过拍摄即将直播的内容片段,介绍即将直播的商品,让用户提前感受直播场景,吸引用户在指定时间到直播间观看。

总而言之,只有短视频的内容与直播有较强的关联性,才更容易为直播间引流。

(三)脚本策划

一场直播成功与否,决定性因素是主播的内容输出。只要直播的内容有特色,就很容易吸引人,其中最为关键的在于撰写优质的直播脚本。直播脚本为直播内容的策划方案,优质的直播脚本可提高直播筹备工作的效率,帮助主播梳理直播流程,控制直播预算,以确保直播过程的顺利进行及直播内容的输出质量。

直播脚本可以分为整场脚本和单品脚本。

整场脚本,即直播运营团队策划并撰写的直播过程中的每一个具体环节的关键内容,见表7-4-4。

表7-4-4　　　　　　　　　　　　　整场脚本

直播脚本要点	具体说明
直播主题	从用户需求出发,明确直播的主题,避免直播内容没有价值
直播目标	明确直播要实现何种目标,是积累用户、提升用户进店率,还是宣传新品等
主播介绍	介绍主播、副播的名字、身份等
直播时间	明确直播开始、结束的时间
注意事项	说明直播中需要注意的事项
人员安排	明确参与直播人员的职责,例如,主播负责引导关注、讲解商品、解释活动规则;助理负责互动、回复问题、发放优惠信息等;后台/客服负责修改商品价格、与粉丝沟通转化订单等

单品脚本是概括介绍单个商品的脚本,其内容包含商品的品牌介绍、使用场景和卖点、价格等内容,见表7-4-5。

表7-4-5　　　　　　　　　　　　　单品脚本

××月××日直播的单品脚本(共5款商品)									
序号	商品名称	商品图片	品牌信息	品牌介绍	商品卖点	使用场景	市场价	直播间商铺价格	优惠模式
1	引流款	—	—	品牌理念	—	—	标签价	9.9元	9.9元包邮
2	印象款	—	—	品牌理念	—	—	标签价	优惠后价格	3件3折
3	利润款1	—	—	品牌理念	—	—	标签价	优惠后价格	3件3折
4	"宠粉"款	—	—	品牌理念	—	—	标签价	1元	1元"秒杀"
5	利润款2	—	—	品牌理念	—	—	标签价	优惠后价格	1件8折

（四）话术设计

主播对于商品特点、功效、材质的口语化表达,是吸引用户停留的关键,因此主播的话术水平直接影响直播间商品的销售效果。在直播营销中,巧妙地设计直播营销话术至关重要。直播营销话术设计要点主要体现在:话术设计口语化,富有感染力;灵活运用话术,表达适度;话术配合情绪表达;语速、语调适中。

例如,直播预告:"明天下午8点,母亲节活动来啦!一定要锁定××直播间,福利已经为你们准备好啦!转发并关注直播间,抽出100位幸运儿平分一万元现金红包!"说明直播主题、直播时间、直播中的利益点,引导用户进入直播间。

引导关注:"刚进直播间的朋友们,记得点左上角按钮关注直播间哦!我们的直播间会不定期发布各种福利。"强调福利,引导关注。

下播:"谢谢大家,希望大家都在我的直播间买到了称心的商品,点击关注按钮,明天我们继续哦!""请大家点击一下右下角的转发链接,和好朋友分享我们的直播间,谢谢!"表达感谢,引导关注和转发,强调直播间的价值观,直播结束,预告下次直播活动。

三、直播执行

直播营销的第三个环节是直播执行。直播执行,即直播开播。为了达到已经设定好的直播营销目的,直播运营团队需要尽可能按照直播营销方案,将直播开场、互动、收尾三个环节顺畅地推进,并确保直播顺利完成。

（一）开场环节

直播活动开场的目的是让用户了解直播的内容、形式和组织者等信息,给用户留下良好的第一印象,以便用户判断该直播是否具有可看性。开场环节的用户主要来自前期宣传所吸引的粉丝,在直播平台随意浏览的网友,为了更好地留住这些用户,要做好直播活动的开场设计。

常见的直播开场形式主要有以下6种:

(1)直白介绍:主播进行自我介绍、主办公司简介、话题介绍、大约时长说明等,让观众清楚了解直播相关内容。

(2)提出问题:如提出"您期待的产品颜色有哪些?"等问题,制造观众参与感,同时让主播更快了解本次观众的基本情况,如他们的喜好、所在地区、期待。

(3)抛出数据:数据是最有说服力的,可将本次直播的关键数据提前提炼出来,直观展现,令观众信服。

(4)故事开场:讲故事的形式容易让不同年龄段、不同教育层次的观众产生共鸣、产生兴趣,以更好地开展接下来的环节。

(5)道具开场:利用企业产品、团队吉祥物、热门卡通人物、旗帜与标语、场景工具等来辅助开场。

(6)借助热点：特别是借助热门事件和词汇，来拉近与观众之间的心理距离。

该环节的主要作用在于：通过开场互动让用户了解本场直播的主题、内容等，使用户对本场直播产生兴趣，并停留在直播间。

> **课堂讨论** 以鞋类公司计划办一场直播营销活动为背景，作为主播，你认为以上开场形式，哪些适合本次直播？具体应该如何设计？

（二）互动环节

除了选择合适的开场方式外，直播中还需要与观众互动，以提高直播整体效果。互动由发起方和奖励两个要素组成。

发起方决定了互动的参与形式与玩法，奖励则直接影响互动的效果。常见的互动方式有弹幕互动、剧情参与、发红包、礼物赠送、发起任务。

该环节在直播执行中至关重要，借助营销话术、发红包、发优惠券、才艺表演等方式，可以进一步加深用户对本场直播的兴趣，让用户长时间停留在直播间，并产生购买行为。

（三）收尾环节

除了开场设计、直播互动，我们还需要注意有效收尾。

该环节通过向用户表示感谢，并预告下场直播的内容，引导用户关注直播间，将普通用户转化为直播间的忠实粉丝；引导用户在其他媒体平台上分享本场直播或本场直播中推荐的商品。

四、后期传播

直播营销的第四个环节是后期传播。直播结束并不意味着营销结束，还可以进行二次传播，扩大直播效果。直播运营团队需要明确后期传播目标、传播形式，选择合适的媒体平台，将直播涉及的图片、文字、视频等，在抖音、快手、微信公众号、微博、今日头条等关联自媒体平台继续传播，让其抵达未观看直播的用户，使直播效果最优化。后期传播方案见表7-4-6。

表 7-4-6　　　　　　　　　　后期传播方案

传播形式	传播内容制作方法	可发布的平台	作用
直播视频	录制直播，制作完整的直播回放视频	点淘	方便错过直播的用户观看
	录制直播，截取有趣画面并将其制作成短视频	抖音、快手、哔哩哔哩、微博等	提升主播影响力
	录制直播，截取有专业知识讲解的画面制作短视频	抖音、快手、哔哩哔哩、微博等	提升主播影响力

项目7　短视频与直播营销

续表

传播形式	传播内容制作方法	可发布的平台	作用
直播软文	撰写行业资讯类软文，并在软文中插入直播画面或直播视频片段	微信公众号、微博、今日头条	吸引更多的行业人士关注主播、回看直播
	分享主播经历，记录直播感受和收获	微信公众号、微博、今日头条	拉近主播与用户的心理距离，吸引用户关注主播
	从用户角度出发，分享直播购物体验	微信公众号、微博、今日头条	提升用户对主播和直播间的信任度
	写直播幕后故事，分享直播心得和直播经验	微信公众号、微博、今日头条	提升主播和直播间的影响力

五、效果总结

直播营销的第五个环节是效果总结。直播后期传播完成后，直播运营团队需要进行复盘：一方面进行直播数据统计，并与直播前的营销目的进行对比，判断直播营销效果；另一方面进行讨论，总结本场直播的经验与教训，做好团队经验备份。

直播营销复盘包括回顾目标、描述过程、分析原因、提炼经验、编写文档等基本步骤，内容包括直播间数据分析和直播经验总结两个部分。

常用的直播数据有用户画像数据、人气数据、互动数据、转化数据。抖查查网中某主播数据如图7-4-5所示。

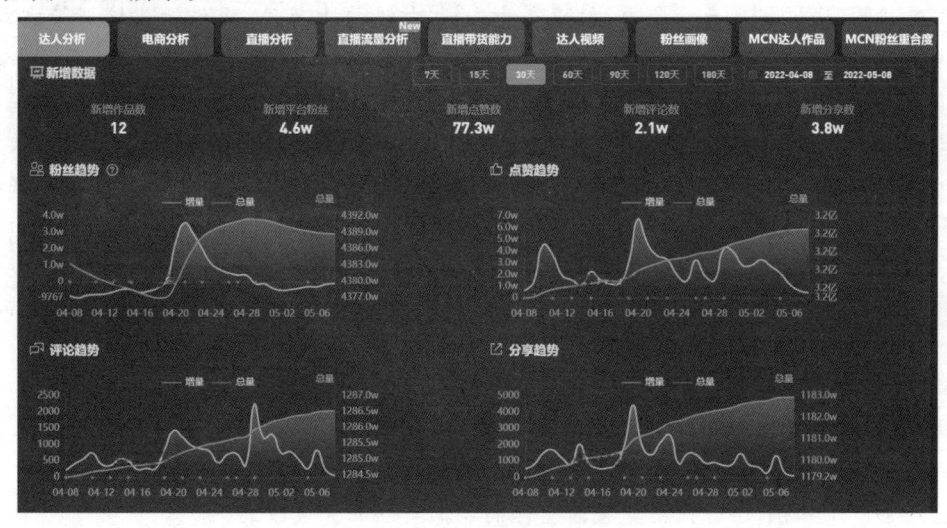

图7-4-5　某主播数据

根据人气变动数据图，直播运营团队进行数据波动的原因分析，从而优化直播间引流方案和互动方案。

每一次直播营销结束后的总结与复盘，都可以作为直播运营团队的整体经验，为下一次直播营销提供优化依据或策划参考。

思政园地

助力传统文化与工艺复兴 抖音推出一系列扶持计划

通过创新让传统文化与工艺在抖音生根发芽,让传统文化与工艺不断重返每个人的生活。抖音推出一系列扶持计划,助力我国传统文化与工艺复兴。

2020年10月,抖音首先面向全国手艺商家推出"看见手艺"计划。该计划发挥抖音直播、电商的能力,通过运营扶持、官方培训、运营活动、直播基地服务等多项举措帮助传统手工艺被更多人看见,为手艺人创造更多收入。

抖音飞瓜数据显示,截至2020年10月23日,有超过5 000名手艺人每天在抖音售卖作品,其中超90%的人每天有稳定收入。2020年以来,在抖音,传统手工艺商品的销售额以每个月近乎翻倍的速度增长,9月相关商品的销售额相比1月增长了71倍。

2021年抖音国风合伙人扶持计划和奖励活动从5月31日开始,通过话题#国风合伙人,每周发布国风、汉服类原创视频,将有机会获得视频曝光奖励。针对入驻新星创作者,参与话题#国风合伙人,抖音分别设置了入驻、投稿、涨粉三重奖加大扶持力度,奖励形式包括曝光奖励、DOU+券。同时,抖音还启动了"国风新职人"招募活动。针对国风行业相关从业者,包括汉服商家、模特、设计师、摄影师等,抖音将持续推出更多精彩活动。抖音飞瓜数据显示,抖音#国风合伙人话题相关视频播放量已超135亿次。截至2021年3月,抖音上汉服话题视频播放总量为482.3亿次。

2022年4月14日,抖音直播宣布推出"DOU有好戏"计划,面向戏曲院团、专业演员发起招募,通过优化产品能力、加强流量扶持、打造线上节目、提供专业培训等方式,全方位助力戏曲行业,传承弘扬传统戏曲文化。该计划的愿景是在未来一年,至少帮助10家院团、1 000名专业戏曲演员打造线上第二剧场。截至2022年4月28日,已经有超过600名戏曲演员、34家戏曲院团/机构报名。

随着新生代对中国传统文化和工艺的认同不断加深,"国风"俨然已经成为年轻人中的流行文化。抖音也成为大家记录和分享国风文化的重要平台。"传统文化+短视频""传统工艺+短视频"让传统文化与工艺"破圈",激发出新魅力。

(资料来源:摘自人民网、光明网、京报网)

任务实训

1. 结合所学知识,制作出关于校园生活的拍摄提纲并完成下表。

创作意图	
记录对象	
拍摄提纲	
拍摄思路	
其他工作	

2. 以鸿星尔克最新运动男鞋为例,开展一次直播策划。

品名	鸿星尔克××年秋季新款男跑步鞋
颜色分类	正白、正黑、一度灰、墨藏青、象牙白
中底功能	回弹
鞋面功能	柔软
外底功能	轻质
适合路面	小道、公路、跑道
价格	吊牌价279元,折扣价立减90元,到手价189元

(1)根据你所学的知识和从业经验,你认为此次直播的目的是什么?请列举你想通过此次直播活动达到的推广目的。

(2)直播策划过程中,确定主播的直播风格也是非常重要的一环。你认为此类产品适合的直播风格是哪一类?阐述你这样选择的理由。

(3)结合上述分析内容,设计直播脚本及话术。

同步练习

一、单项题

1. 2022年2月25日首家上线"评论发文警示"功能,预防网暴,打造"老少皆宜"的娱乐化社交平台的是(　　)。
　　A. 快手　　　B. 微视　　　C. 抖音　　　D. 哔哩哔哩
2. (　　)是别人想到创作者时的第一印象,也是创作者想给别人留下的认知。
　　A. 内容定位　　B. 用户定位　　C. IP定位　　D. 脚本设计
3. (　　)是用户对短视频形成第一印象的重要影响因素,是短视频内容最直接的反馈形式,也是吸引用户关注和点击短视频的敲门砖,激发用户看完短视频的兴趣,形成认同感,增加评论数量,提高短视频的完播率和互动率,形成良好传播的效果。
　　A. 关键词　　B. 标题　　　C. 文案　　　D. 话题
4. 直播营销的第二个工作环节是策划筹备,以下属于该环节的行为有(　　)。
　　A. 制定目标　　B. 开场设计　　C. 方案编写　　D. 后期传播
5. 电商"带货"变现的两种常见模式为(　　)。
　　A. 广告营销和内容营销　　　　B. 短视频"带货"和直播"带货"
　　C. 互动营销和事件营销　　　　D. 广告整合营销和口碑营销

二、简答题

1. 什么是短视频、直播营销?
2. 如何做好短视频内容定位?
3. 短视频创作的流程有哪些?
4. 直播营销推广的渠道有哪些?

三、案例分析题

【案例1】

武汉幻方科技有限公司是一家从事在线教育的新媒体公司,其主营产品为Word、Excel、PPT等软件技能培训的图书、网课、训练营等。为了扩大在新媒体平台上的影响力,该公司在抖音平台上打造了"秋叶PPT""秋叶Word""秋叶Excel""秋叶PS"等抖音账号矩阵。

武汉幻方:和秋叶一起学Excel

"秋叶Excel"是职场领域的垂直账号,主要发布Excel实用技巧的知识类短视频。该账号坚持制作原创短视频,以擅长Excel操作的主播A、喜欢给员工任务挑战的主播B、擅长PPT制作但不擅长Excel操作的主播C、擅长Word应用但不擅长Excel操作的主播D 4人为主角,以职场人十分熟悉的办公室环境为短视频故事的发生场景。

"秋叶Excel"作为抖音平台垂直领域的头部账号,内容多以公司办公室为拍摄场景,通过主播A、主播C、主播D为代表的员工与"领导"的"智斗"、轻松幽默的语言风格、俏皮配乐、让人忍俊不禁的小故事,选用时下年轻用户较为喜爱的风格,传授各种实用的Excel软件操作技巧,如"如何快速删除表格里的多余空格""如何快速合并相同单元格"等,吸引了大量职场用户的关注和点赞,截至2022年4月,该账号的粉丝数已经超过708.4万,单条作品的最高获赞数达117.1万次,全部作品获赞数已经超过1 764.5万次。同时该账号将公司相关的图书、网课、训练营等产品,放在其账号的"抖音小店"内进行销售,并根据剧情自然融入产品广告与直播介绍。例如,该账号在一条作品中植入了公司的图书的镜头,通过展示书中介绍的各种小功能、小技巧的方式,引导用户关注短视频中出镜的图书,直播介绍并产生购买行为。

该企业营销能够取得成功的关键在于采用知识类短视频,内容可视化、直播操作真实化,打造原创内容,发布的短视频富有创意、讲解专业,相较于其他同类短视频,在质量上更胜一筹,通过办公软件技能介绍,及时地满足目标用户的学习需求。

【思考】结合短视频营销的相关知识,分析"秋叶Excel"是如何实现短视频引流量的。

【案例2】

国货美妆强势崛起:美妆黑马花西子在抖音上是如何出圈的?

作为国货美妆品牌的花西子,为了更好地进行品牌推广,采用了短视频宣传、品牌自播带货与网红达人带货相结合的方式。

2018年8月16日,花西子发布第一条视频,花西子Florasis账号主要以妆教学堂、东方匠人、品牌大片以及新品体验为主,诠释花西子的定位,带来美的体验,带动用户关注。

进行直播前,一方面通过预热视频和带货视频,如"如何用一套#花西子百年好盒化出雅韵春日妆容?这支'白瓷芙蓉妆'请收好",为直播带货带来巨大流量。另一方面,创建话题来吸引用户关注,如#挑战不脱妆,获得3.3亿次播放。

直播时间安排上为每天9:00开始,直播时长较长,带来持续的流量和销售额。直播间背景露出品牌名称"花西子",整体直播间清晰明亮,很有品牌识别感。直播间上方显示出产品名称、产品简介、产品对比价格等信息。当主播讲解产品时,助播会举牌展示产品的具体信息,方便用户进行查看和选择,容易形成购买。亮眼的销量背后,花西子的SKU更精简,单价也更高。同时,在直播过程中,除了开展优惠券和福袋等福利活动,主播还会时不时地引导用户关注,实现直播涨粉。

项目7　短视频与直播营销

主播打造的是国风形象,无论是衣服还是妆容都是国风的。同时主播除了知名的KOL,还会选择头部达人、腰部达人等,甚至还有素人,扩大了宣传面,增加了曝光,带来了播放量和流量,让花西子以更快的速度占领消费者的心智。通过在抖音上的运营,花西子成功成为"抖品牌"。

【思考】结合直播营销的相关知识,分析美妆国货品牌花西子是如何进行直播营销的。

拓展延伸

《抖音短视频直播社区公约》

为了营造直播平台合法健康的娱乐环境,让大家在健康有序的环境下获得良好的用户体验,抖音短视频平台制定此直播行为规范,让我们一起建设绿色、健康、文明、积极向上的直播环境!

一、规范定义

直播者必须遵守以下规定,否则将受到处罚,违规的情节严重程度依据违规意图、违规事件和违规主体等客观因素来进行综合评定。

二、违规标准

1. A类

严禁发表反党、反政府等及其他涉及敏感政治信息的言论或做出侮辱诋毁党和国家的行为;

严禁直接或间接传播淫秽、色情信息,或进行淫秽、色情表演;

严禁散布谣言,聚众扰乱社会秩序,破坏社会稳定等行为;

严禁破坏国家宗教政策,宣扬邪教和封建迷信的行为;

严禁通过任何方式传播谣言、暴力或教唆犯罪等言论;

严禁通过任何方式宣传、展现赌博信息;

严禁通过任何方式展示毒品、枪支、管制刀具等;

严禁残疾人乞讨、军人直播;

严禁组织、宣传、诱导用户加入传销(或有传销嫌疑)的机构;

严禁年龄未满18周岁的未成年人发起直播。

如违反以上行为,将视严重程度给予收回直播权限、永久封禁账号、全网封禁等处罚,并保存相应违法违规资料。

2. B类

严禁低俗、引诱、挑逗、着装暴露、性暗示、不雅肢体动作、抽烟喝酒、床上直播、开车直播等内容;

严禁穿着国家机关人员、军队的工作制服进行直播;

严禁谈论政治、丑化英烈或拍摄路人打架、斗殴等;

严禁攻击性、羞辱性、歧视性的语言和行为;

歌词、言语中不得有任何谩骂字眼,包括口头禅形式谩骂;

严禁转播或散布会给他人造成损害的信息，不得以任何形式挑起恶性争端，不得自己或组织用户抹黑、诋毁攻击平台或他人，扰乱正常的直播秩序；

严禁喊麦、低俗热舞等直播内容；

严禁捕杀、虐待动物或拍摄各类事故的血腥、恐怖场面；

严禁进行恶意宣传、发布广告的行为；

严禁拍摄、转播、宣传非抖音直播平台的内容；

严禁其他涉政、涉黄、违法、侵权及其他违反抖音直播相关秩序规范的内容；

严禁直播任何涉及侵权的内容，包括但不限于电影、电视节目、其他视频网站有版权保护的视频资源等；

本平台不鼓励未满18周岁的未成年人进行付费打赏，主播不得引导未成年人充值付费；

未成年人付费打赏视为无效，主播需配合平台如数退还，否则将面临处罚；

以上违规者，按照严重程度和违规次数给予中断直播、封禁一天、封禁三天、封禁七天、永久封禁账号、全网封禁的处罚。

［资料来源：抖音官网《抖音短视频直播社区公约》(2020年)］

项目 8
新媒体文案创作

学习目标 通过学习本项目，我们将达到：

1. 了解新媒体文案的概念、特点、类型；
2. 掌握新媒体文案写作的四个步骤；
3. 掌握目标人群的分析方法；
4. 认识新媒体文案的卖点挖掘方法；
5. 掌握新媒体文案的标题、开头、结尾等写作技巧。

学习导图

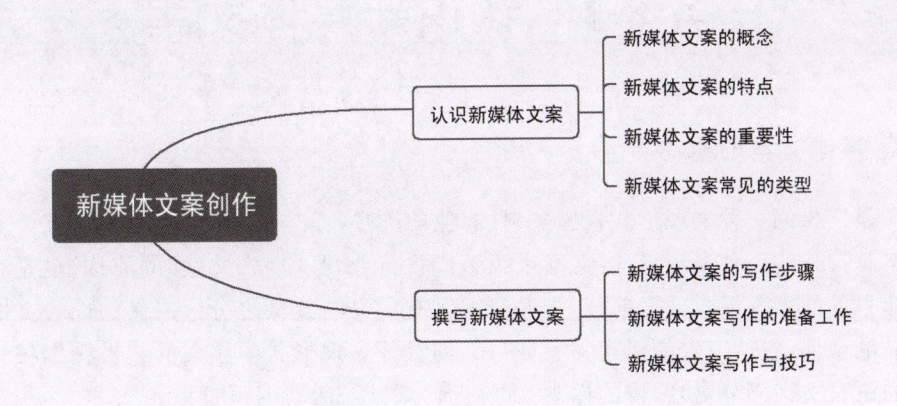

```
                          ┌── 新媒体文案的概念
              认识新媒体文案 ├── 新媒体文案的特点
                          ├── 新媒体文案的重要性
                          └── 新媒体文案常见的类型
新媒体文案创作 ─┤
                          ┌── 新媒体文案的写作步骤
              撰写新媒体文案 ├── 新媒体文案写作的准备工作
                          └── 新媒体文案写作与技巧
```

案例导入

你会关闭农夫山泉的这支广告吗？

提起农夫山泉，相信大家一定对它的文案有印象，从"农夫山泉有点儿甜"到"我们不生产水，我们只是大自然的搬运工"等，基本成了"广告流行语"。喜欢看视频的用户，相信都还记得这么一个有意思的广告，农夫山泉在爱奇艺视频的贴片广告位曾发布了一则"特别"的广告，这则广告没有影像，没有声音，甚至连品牌标志都没有出现，只在屏幕上显示了一行文字：

农夫山泉提示您：非会员也可以免费关闭广告，请注意右上角的关闭按钮。

如文字所言，非会员用户只需点击"关闭"按钮，就可以获得和会员一样的"特权"：免费去掉近2分钟的贴片广告，直接观看视频。

这则广告一经推出就在社交网络上掀起话题——利用大众不喜欢广告的心理，用自己的广告"扼杀"其他广告，以此来"讨好"用户，这样的创意手法，理所当然收获用户满满的好评。

这是属于新媒体时代的典型文案，它最大的特点是，看起来不那么像"文案"。

案例思考

1. 你会关闭农夫山泉的这支广告吗？说说你的看法。
2. 农夫山泉的这支广告文案，属于什么类型？

任务 8-1　认识新媒体文案

一、新媒体文案的概念

文案是广告的一种表现形式，也是一种职业的称呼。

文案是广告的一种表现形式：文案来源于广告行业，是"广告文案"的简称，也是企业为达成商业目的的表现形式。目前，广告界的文案有广义与狭义之分。广义的广告文案是指广告作品的全部，包括广告的语言文字、图片、创意等表现形式。狭义的广告文案仅指广告作品中的语言文字部分，如广告的标题、副标题、广告语、活动主题的文字。

文案是一种职业的称呼：作为职业出现，文案的英文词为Copywriter，译作文案写手，指的是专门创作广告文案的工作者。美国零售广告公司总裁朱迪思·查尔斯对于文案写手的定义："文案写手，就是坐在键盘后面的销售人员。"这直接说明了文案写手的作用。

美国调查机构经过科学的测试，认为广告效果的50%～75%来自广告文案。广告文案大师大卫·奥格威曾经指出："广告是文字性的行业……在奥美公司，员工通常写作越好，提升越快"。广告学者H·史载平斯也强调："文案是广告的核心"。由此可见，广告文案在整个广告中处于重要地位。

新媒体文案是主要基于新型的媒体(移动互联网媒体)而重点输出广告的内容和创意。文案的职业角色就是对要传播的信息进行设计,使其更容易被人理解,更容易在诸多的信息中被发现、被记住,甚至被再次传播。

二、新媒体文案的特点

新媒体文案的写作与传统文案的写作有共通性,但因新媒体文案投放渠道的不同,读者阅读习惯的变化,所以新媒体文案对写作也有不一样的要求。新媒体较传统媒体具有发布成本低廉、传播渠道及形式多元化、互动性强、目标人群更精准、文案易被用户再创作等特点。

1. 发布成本低廉

传统媒体广告发布成本动辄上百万元,而随着新媒体的兴起,企业的广告发布成本逐步降低,并不断将品牌推广预算转移到新媒体上。

2. 传播渠道及形式多元化

新媒体传播渠道广泛,文案传播渠道包括但并不局限于QQ动态、微信公众号、微博、支付宝服务窗等,很多企业为了占据多渠道,会将同一信息根据渠道人群的不同而用不同的文案进行发布。

传播形式的多元化,让广告不仅以文字的形式发布,更有图文、视频、游戏等多种形式,这让广告形式实现了多元化呈现。

3. 互动性强

相较于传统媒体,新媒体文案传播不再是单向输出,用户可借助微信、微博等社交平台,直接与企业品牌方沟通互动,从而达到品牌传播或产品销售的目的,如通过游戏互动赠送优惠券、通过新媒体提供更好的售后服务等。

4. 目标人群更精准

新媒体各平台人群均有明显的特征,如"00后"常用的社交媒体为QQ、微博,他们常用的视频网站为哔哩哔哩;而职场人群则更喜欢通过微信订阅号和朋友圈进行信息传播。

此外,由于用户在新媒体上的各种行为均被以数据形式记录,因此企业可根据自己的目标人群,有选择地进行相关信息的推送及广告投放,如针对刚怀孕的用户推送母婴用品。平台自身基于对数据的处理,也能够对不同人群推送不一样的信息内容。例如,今日头条新闻客户端根据用户往期浏览的新闻风格类型,可做到有选择地推荐对应内容;淘宝可根据用户的浏览记录、往期购买服装的风格类型、所购买服装的价格段等推送对应的服装产品,以便更好地促成交易。企业也可运用对应平台的与自身相关的数据对不同目标人群进行精准营销。

5. 文案易被用户再创作

用户创作内容,简称UGC,即User Generated Content。新媒体文案更乐于让每个目标人群都能够进行二次创作,并鼓励用户分享其再创作的内容。

基于以上特点,新媒体对文案的要求较传统文案更为平民化,更短、平、快。

短:文案能短则短,这样能够快速吸引受众的注意力,并将最核心的信息表达出来。

平:平实、亲近。新媒体的特性决定了品牌不能再高高在上,而是要通过最平实、亲近的语言与目标人群进行有效的沟通。

快:因为传播快速,所以新媒体文案的反应也需快速,如跟进网络热点,快速产出。

三、新媒体文案的重要性

随着智能手机移动端的普及,大部分读者已经越来越多地把注意力放在移动手机阅读上了。这种趋势驱使大部分企业都必须要深入进行新媒体传播。

1. 新媒体文案运用得好,可以实现快速传播、吸引粉丝

由于主要以社会化媒介为传播渠道,新媒体文案变得更有"社交感"。为此,只要新媒体文案运用得好,引发人们的阅读兴趣,而且让人在读完之后愿意分享给其他人、参与互动,就实现了快速传播、吸引粉丝。

2. 新媒体文案可直接带来销售转化

传统的文案推广往往是在媒体渠道进行长期投放,读者在特定平台上购买。而新媒体文案与电商平台结合,能直接产生销售,如读者在看文章的时候,会直接点击推荐的一个砧板购买链接并顺手购买;看视频的时候,看到有相关商品也可能直接购买。对于企业来说,只要在新媒体上有一批关注自己的粉丝,就很有可能在发布一条消息后直接带来销售。

这种转化的及时性也使得新媒体文案的效果易于评估,企业可以更快、更精准地投放,也可以更快地调整文案策略,提高转化率,这对文案创作周期提出了更高的要求。

四、新媒体文案常见的类型

1. 按广告目的分类

企业的所有广告文案都是为销售服务的。但为了更好地区分文案类型,可根据企业广告的主要目的分为销售文案和品牌传播文案。

销售文案:能够立刻带来销售的文案,如介绍商品信息的商品销售页文案,为了提高销售量而制作的引流广告图等。

品牌传播文案:为了达到扩大品牌影响力的文案,如企业形象广告、企业节假日情怀营销文案等。

不同的文案类型,写作创意方法也有所不同。如销售文案需能够立即打动人并促使人们立即行动;而品牌传播文案则侧重于引起人的共鸣,引发受众自发传播。

2. 按文案篇幅的长短分类

按照文案的篇幅长短,可分为长文案和短文案。长文案为1 000字及以上的文案,短文案则为少于1 000字的文案。通常来说,长文案需构建强大的情感场景;而短文案则在于快速触动受众,表现核心信息。

另外,行业属性不同,文案的运用也有所不同。在价格昂贵、顾客的决策成本较高的行业,通常要运用长文案,如珠宝、汽车行业;而在价格较低、顾客决策成本较低的行业,则一般运用短文案,如打火机、杯子行业。

3. 按广告植入方式分类

软广告即不直接介绍商品、服务,而是通过其他的方式代入广告,如在案例分析中植入品牌广告、在故事情节中植入品牌广告。受众不容易直接觉察到软广告的存在,具有隐藏性。如本项目"案例导入"中的农夫山泉广告,就是软广告,它能够在大众毫无防备时俘获人心,既富有创意,又符合大众心理。硬广告则相反,是以直白的内容发布在对应的渠道媒体上。

一般而言,企业会根据不同情况进行选择。一般的品牌传播广告需要强度高的品牌曝光及直接带动销售,企业会选择硬广告;但企业在需要补充增加品牌曝光度时,则一般选择软广告。

4. 按文案的投放渠道及表现形式分类

投放渠道不同,文案的表现形式也有所不同。微信公众号支持多种形式的文案表现,如纯文字、语音、图片、图文(图片+文字)、视频等;微博支持纯文字、图片、视频等。

任务 8-2　撰写新媒体文案

在当下的中国,多元化、圈层化、娱乐化已成为互联网媒介传播的"大势"。一个产品,一种话语,在圈子里大为流行,出了圈子根本无人知晓;任何人都有可能通过在社交网站上发照片、发文字,建立起庞大的社群,实现价值变现……

大众的碎片时间被信息洪流长时间占有,大众的注意力也变得越来越稀缺。每个人的微信里都折叠着数十个几乎从未打开的公众号;每个人在屏幕上浏览文字都是一目十行,视线难得停留片刻;人们通过 WiFi 和移动网络,时刻链接着无穷无尽的信息,因而也就时刻忽略着这些信息。

在这样的"大势"下,新媒体文案要想"吸睛",文案创作要明确以下三方面内容:

(1)新媒体文案的写作步骤;
(2)新媒体文案写作的准备工作;
(3)新媒体文案写作与技巧。

一、新媒体文案的写作步骤

新媒体文案的写作步骤简单来说主要分为明确文案的写作目的、列文案创意简报、文案输出、文案复盘四步。

(一)明确文案的写作目的

明确文案撰写的主要目的:是品牌传播,还是提高商品的销售量,或是进行商品的推广宣传。目的不同,文案写作的思路和方法也不同。

如果是品牌传播,则文案工作者需要思考如何让文案内容符合品牌风格,引起共鸣;而如果是提高商品的销售量,文案工作者需要思考的则是如何让人感觉到有需要、产生信任——为什么不购买竞争对手的商品而购买你的,并且能够立即付诸购买行动;如果是进行商品的推广宣传,就要思考如何让人觉得这个推广活动有吸引力,很值得参与,而且参与的门槛也不高。

(二)列文案创意简报

文案创意简报也叫创意纲要,在广告公司主要用来指导文案的创意、撰写及制作。但对于企业文案来说,列出文案创意简报有利于文案的最终出品。

列文案创意简报主要在于梳理清楚三个问题,即:对谁说?说什么?在哪儿说?这也是文案写作前期需要重点梳理清楚的三个问题,只有厘清了这三个问题,文案的写作才会更有方向。

1. 对谁说?

本次文案要写给谁看,即对目标人群的分析。从行为学、地理学、人口统计学、消费心理学的角度来看,谁是潜在的消费者?他们有怎样典型的个性特征?

2. 说什么?

在"对谁说"的基础上,再考虑"说什么",即文案通过怎样的方式去说服目标人群信任所推广的内容。这就需要深入挖掘自身的卖点,对照竞争对手的说服策略(要考虑消费者面对多种选择时,我们以怎样的方式让消费者觉得我们的商品、服务或品牌会比竞争对手的更好),并在此基础上提炼出自身文案的说服点。

3. 在哪儿说?

根据人群选择合适的媒体、合适的时间进行文案发布。有时候也会根据不同的媒体发布不同形式的文案内容。

有些公司的文案创意简报会列得很长,而有些公司则会相对简单一些。文案创意简报主要包含以下三个部分:

(1)目标说明。简单具体地说明广告的目的或要解决的问题,也包括商品或品牌相关的名称、具体的目标消费者的描述。

(2)支持性说明。对支持商品卖点的证据进行简要的说明。

(3)品牌特点说明或品牌风格说明。对品牌自身风格的说明或希望传达出的品牌价值。

(三)文案输出

在明确了本次文案的写作目的、目标人群、竞争对手以及自身的卖点后,找到本次文案需要解决的问题,结合媒体投放渠道的特性,再进行创意思考,最后完成文案输出。

(四)文案复盘

复盘即对已做过的工作内容再次进行梳理、总结。可通过数据、目标人群反馈等方式对文案工作中的优势及劣势一一归纳总结。优点可以继续发扬,对于缺点则需要根据意见进行修改完善,并进行保留,以备日后再次撰写时进行参考修改。

二、新媒体文案写作的准备工作

（一）市场环境分析

1. PEST 环境分析方法

PEST 分析是指宏观环境的分析，P 代表政治（Politics），E 代表经济（Economy），S 代表社会（Society），T 代表技术（Technology）。

在新媒体文案创作前，可以对产品/服务所在的宏观环境进行 PEST 分析。其中，经济方面主要有经济发展水平、规模、增长率、政府收支、通货膨胀率等。政治方面有政治制度、政府政策、国家的产业政策、相关法律及法规等。社会方面有人口、价值观念、道德水平等。技术方面有高新技术、工艺技术和基础研究的突破性进展等。这些都会影响到目标人群的决策思维，最终影响对文案的接受程度。

2. SWOT 环境分析方法

SWOT 由 Strengths、Weaknesses、Opportunities、Threats 四个单词简化而来。SWOT 环境分析即通过分析企业自身的优势、劣势、机会和威胁，将内外部条件、资源有机结合起来。

对整个企业品牌、产品来说，SWOT 大致包含以下分析范围：

（1）优势，主要分析企业自身最擅长的优势，在成本、产品、营销、渠道上的优势；有哪些是本企业能做而竞争对手做不到的。

（2）劣势，主要分析企业自身最不擅长的地方和缺陷，以及哪些是竞争对手做得好而自己做得不好的；消费者离开本企业的原因；最近的失败案例及原因。

（3）机会，主要分析外部的产品、渠道、营销等方面存在哪些机会；公司内部的短、中、长期规划目标的机会点在哪里。

（4）威胁，主要分析客观的经济环境、行业发展、政策等方面是否利于企业的发展；最近的威胁在哪里，是否有机会规避。

（二）文案的目标人群分析

课堂案例　轻奢女装品牌用户画像

基本特征：25～40 岁的女性；有高等学历；经济独立；有稳定的职业；一线城市。
行为特征：未婚或已婚；生活状态稳定；形象良好；有固定的朋友圈和职业圈。
购买能力：收入稳定，月收入在 1 万元以上；有车、有房或高档小区租房；信用等级好。
心理特征：喜欢时尚简约；注意生活品质；购买固定品牌；浏览、收藏时尚的公众号、品牌电商旗舰店。

案例讨论　用户画像可以从哪几方面入手？

文案的目标人群不同，写作的方向和方法也会有所不同。目标人群分析就是要分析清楚不同人群的区别，从而指导我们写出更有针对性的文案。当面对高收入、注重品质的人群时，如果文案只一味强调价格便宜的特点而非商品品质的话，就会无效。因此，要了解影响目标人群的相关因素，可以从文化因素、社会因素、个人因素三个方面入手。此外，还可以通过寻找消费者的购买动机，找到其与文案所需推广的商品或品牌之间的契合点。

1. 文化因素

文化是人类需求和行为的基本的决定因素。每个国家甚至每个地区都有对应的文化，不同的社会阶层也有相应的文化。各社会阶层在服装、语言模式、娱乐喜好和其他方面都会有差别，阶层文化的不同主要由职业、收入、财富、教育等决定。

2. 社会因素

社会因素包括家庭、社会角色、社会地位等因素。个人在做购买决策的时候会参考与自己有一定关系的人或意见领袖的建议。

(1)家庭。家庭成员在各种商品和服务的购买行为中所扮演的角色和发挥的作用均不同。例如，如果是销售奶粉，推出的文案应更多的是针对关心孩子营养状况的妈妈等购买决策者。同时，一个家庭所处的生命周期阶段不同，也会影响个人在购买中的角色决策。

(2)社会角色和社会地位。社会角色和社会地位的不同会产生不同的行为，作为文案工作者，需要找到商品在对应人群中扮演的角色，明确商品要给对方带来怎样的感受，对方使用商品的最终目的是什么。

3. 个人因素

个人因素也会对决策产生影响。个人因素包括目标人群的年龄与生命周期、职业与经济环境、个性与自我观念、生活方式与价值观等。

(1)年龄与生命周期。人在一生中会购买各种各样的商品、服务，并且不同年龄阶段的人的需求也不一样。随着年龄的增长，也会依次度过生命中几个重要的节点，如升学、工作、结婚、生子；消费者处于不同的节点对相关商品及服务的需求也不一样，如结婚时对家居类商品的需求会明显上升。

(2)职业与经济环境。职业同样会影响消费模式。例如，蓝领工人会购买工作服、工作鞋。与此同时，经济环境也对消费模式有很大的影响。经济环境包括个人可支配的收入、存款和资产、负债等。例如，奢侈品交易会受到经济的影响，当经济环境较差时，销售量会明显下降，但与此同时，奢侈品的二手市场却会比往常更繁荣。

(3)个性与自我观念。每个人的购买行为均受到自我个性的影响。品牌也同样具有人格化的个性特征，消费者倾向于购买与自己个性相符的品牌，或是可以凸显自己理想形象中的自我个性的品牌。

(4)生活方式与价值观。生活方式指由行为、兴趣和观念所构成的个人生活模式，它也会受到生活环境的影响。如生活在一线城市的人们，午餐更倾向于通过外卖的方式来解决。又如，近几年男性消费者对自己形象的要求越来越高了，催生了男士护肤品经济。另外，有些时间紧缺的消费者，更愿意花钱雇用专业的人员为自己完成部分原本需要自己亲手去做

的事务,在他们看来,时间比金钱更重要,这也是其生活方式和价值观共同作用的结果。

对目标人群除了从文化、社会、个人方面进行分析之外,还需找到目标人群的购买动机,并在对方的购买动机中找到所写文案中的商品或服务与之对应的契合点。目标人群为什么需要某种商品或服务?为什么从多种商品中选购了某个品牌的商品?为什么消费者对商品广告有截然不同的态度?为什么消费者经常惠顾某些零售店?目标人群常见八大购买动机有:

(1)求实。追求商品的实际使用价值,这种动机的核心是实惠、实用,即注重商品的功能、质量等,而不强调商品的式样、色调、品牌和包装。

(2)求新。以追求商品的新潮为主要特征,这种动机的核心是时髦和奇特,注重商品的款式新颖、流行,不强调质量、实用性和价格。

(3)求名。以追求品牌为主要特征,不考虑价格和实际使用价值,以品牌来显示自己的身份和地位。

(4)求美。以追求商品的艺术欣赏价值为主要特征,注重商品的审美价值和包装效果,注重商品的造型、色彩、图案等,不注重商品的实际使用价值。

(5)求优。以追求商品的质量为主要特征,对外观、式样及价格不多考虑。

(6)求廉。以追求商品价格低廉为主要特征,注重价格,不注重商品的式样、花色、质量。

(7)求便。以追求购买过程简便、省时为主要特征。

(8)嗜好。只认品牌,以满足个人爱好或者兴趣为主要特征。

课堂讨论 高收入者和低收入者的购买动机有何区别?

(三)文案的卖点挖掘

当目标人群的特点、竞争对手(环境)的特点及自身的优势确定后,即可对卖点进行挖掘提炼,见表8-2-1。卖点要符合目标人群的需求,能够与竞争对手相区别。最好每个广告文案都让消费者明白,购买文案中的商品能够获得独特的、竞争对手的商品所没有的利益。例如,凉茶品牌王老吉的文案"怕上火,喝王老吉"提出了可以降火的利益点。

表 8-2-1　　　　　　　　　　　　卖点挖掘

序号	卖点	具体内容
1	卖"情感"	以情感打动消费者
2	卖"特色"	提出独特的销售主张
3	卖"形象"	企业、品牌、领导者形象
4	卖"品质"	宣扬专业化水准,凸显产品品质
5	卖"概念"	差异化概念,市场中的新定位、新卖点

关于文案的卖点挖掘方法,这里特别介绍FAB法和列举法。

1. FAB 法

F(Feature,属性)指产品的表象特征;A(Advantage,作用)指产品的功能优势;B(Benefit,利益)指带给目标人群的需求满足(或好处)。

运用 FAB 法挖掘卖点,可以帮助目标人群对产品/服务有更深入的认识,提高其购买欲望。先分别找到商品 F、A、B 三要素,再同时出现三要素,即可提炼出有说服力的产品独特卖点。

例如,对某 T 恤梳理 F、A、B 的卖点,见表 8-2-2。

表 8-2-2 某 T 恤 F、A、B 的卖点

序号	F(属性)	A(作用)	B(利益)
1	网眼布织法	面料挺直,不易皱	永远几乎跟新衣服一样
2	十字针线扣	扣子不易掉	结实耐穿,不怕洗
3	70%棉、30%棉纶	防静电,吸水性强	穿着舒适,不刺激皮肤,透气吸汗
4	每厘米 100 针绣花	图案呈现立体	不易脱线,穿着更有品位

然后提炼 F、A、B 三要素的关系。对于文案初学者而言,可按照以下模式连接 F、A、B 三个要素:因为……所以……这意味着……

例如,对于 T 恤,因为材质选用 70%棉、30%棉纶(F 的××属性),所以衣服防静电,吸水性强(有 A 的××作用),这意味着穿着舒适,不刺激皮肤,透气吸汗(能满足买家 B 的××需求)。

2. 列举法

列举法是指一一罗列产品的特点,再将其转化为产品的卖点的方法。

以某铅笔为例,讲解产品特点转化为产品卖点的方法,见表 8-2-3。

表 8-2-3 某铅笔的产品卖点提炼

产品特点	产品卖点
铅笔是一根圆柱形木头包裹的石墨芯	可以重复削尖,随时写出清晰的字
铅笔是六边形的	不会从桌子上滚下去
其中一头装了橡皮擦	方便的橡皮擦设计,可以很快擦干净错误
橡皮擦以金属环紧密固定	橡皮擦紧贴着铅笔,不会因为松弛而破坏铅笔的便利性
铅笔有 20 厘米长	20 厘米的石墨芯可以书写很久
铅笔的直径是 0.6 厘米	修长的造型使用起来比较舒服
铅笔芯是 2 号笔芯	石墨芯的硬度刚好,写起来既滑顺又清晰
铅笔有黄色外观	明亮又吸引人的外观,在铅笔盒或抽屉里特别显眼
铅笔可成打销售	去一趟文具店就可以买到足够用好几个月的铅笔

三、新媒体文案写作与技巧

（一）新媒体文案的标题撰写

新媒体文案要想"吸睛"，文案创作者首先要从标题入手，要将产品/服务的最吸引人之处，也就是消费者最关注的内容体现在标题中，即最显眼的地方。诚如大卫·奥格威在《一个广告人的自白》中所指出的，"标题在大部分广告中都是重要的元素，能够决定读者到底会不会看这则广告。一般来说，读标题的人比读内文的人多出4倍。换句话说，你所写标题的价值将是整个广告预算的80%。假如你的标题没有达到销售效果，那么可以说你已经浪费了客户80%的广告预算。"

那么，怎么打造一个"吸睛"的文案标题呢？可以从以下四个方面着手：

1. 打开"好奇心缺口"

好的标题是一个吸引消费者注意力并让人顺势阅读的"好奇心缺口"。

"好奇心缺口"这个说法来自美国卡内基梅隆大学行为经济学家乔治·洛温施坦。他认为，当我们觉得自己的知识出现缺口时，好奇心就产生了。有缺口就会有痛苦，当你想知道一件事却不知道的时候，就好像身上很痒总想伸手去挠一样。要解除这种痛苦，就得填满缺口。

心理学家把"好奇"分为知觉性好奇、认识性好奇、人际好奇。

（1）知觉性好奇

知觉性好奇是由新奇的视觉或听觉上的刺激引起的，通过新的刺激引发个体的探索行为。

比如，某公众号上的文案"为什么食商越高的人越厉害？""能从一粥一饭里吃出快乐的人，食商一定不低"，就是在打造一个全新的概念——食商，引发人们的好奇。

（2）认识性好奇

认识性好奇是由知识上的不确定性引起的，激发个体提出疑问、寻找突破口，最终获得知识。工作与生活中有一个很好的运用句式——将"如何"这一词汇运用在文案标题中，就可以自然而然地使用"认识性好奇"的原理。例如"如何快速高效记住英文单词？""如何在21天养成一个好习惯？"。

（3）人际好奇

人际好奇主要是人们在社会生活领域中产生的社会性好奇，包括信息缺口好奇、兴趣关联好奇、社会比较好奇。

①信息缺口好奇。当一个人当前的知识与想要获得的知识存在差距、缺口时，就会产生好奇，并去探索新的信息，以弥补信息上的缺口。

信息缺口好奇如果用简单的句式来概括，是这样的：你知道……但你未必知道……例如，你知道××厉害，但你未必知道它真正厉害在哪里。

②兴趣关联好奇。当事物与自我喜好、自我需求相关时，就会产生好奇。每个人的兴

趣、认知不一样,因此关注点也会有差异。

③社会比较好奇。当个体与他人的信息进行比较,在发现自己某方面信息缺失时会产生剥夺感,从而激发自己了解他人信息的好奇。个体为了与他人比较,首先需要获知他人的信息,并把他人的特点和经历与自己进行比较。例如,"××在 20 岁的时候就已经学过这些。"

每个人的认知和见闻都有缺口,但并非人人都能意识到,所以,一则文案的标题应该具备这样的功能:让读者意识到"缺口"的存在,也就是要让读者意识到他们需要知道些什么。让他先感到"痒",他才会去"挠痒"。

2. 制造对比

我们大脑会对对比强烈的信息加以关注,因为人的感官会主动搜寻周围环境中的突发情况,如寂静空间中的响动、漆黑环境下的亮光等,而对比的事物能加强人的这种感官体验,所以反差较大的事物能触发大脑的预警机制,引起受众的关注。

制造对比在文案创作中的应用

因此,在文案创作中,可以通过制造对比来引起消费者的关注。在日常的文案工作中,可以制造的对比有:之前和之后、常态和非常态、你和竞争对手。

(1)之前和之后的对比

文案通过使用商品或服务之前和之后的对比,或者现在和未来的对比,目标人群能更明确地感受到文案所表现的卖点。一般来说,商品或服务效果明显,采用之前和之后的对比更有说服力。例如:"学会这 5 种超实用整理术,项链、戒指……再多我也能一秒就找到",解决了消费者之前到处寻找饰品的痛点。文案"再也不怕来客人!一大桌好菜照着做就行",解决了来客人后不知如何做一大桌好菜的问题。

为了展示一款产品的功效,商家会用使用之前和使用之后的图片对比来作为文案,这样受众能更加确切和直观地感受到文案所展现的卖点,例如,用图片展示使用某眼霜前后 14 天的眼袋改善的对比效果。

(2)常态和非常态的对比

文案通过呈现正常状态和非正常状态的对比反差,让目标人群更强烈地感受文案所表现的卖点。如文案"谁说运动服就一定丑?这件太好看了""洗了 20 年的头,竟然不懂如何选择洗发水"。

(3)你和竞争对手的对比

这种方法主要通过自己的商品或服务与竞争对手的商品或服务的对比,突出自身的优势。这一点的运用,可直接帮助目标人群在众多的商品或服务中进行选择,让人不仅注意到文案所表现的商品或服务的好处,而且在做决策的时候更容易记住你的商品或服务。

如图 8-2-1 所示为某品牌电水壶与其他品牌电水壶的对比。"两段阻尼式开盖,防止蒸汽瞬间冒出,细心呵护每次开盖,有效避免灼热蒸汽",这些文案与"一段开盖,蒸汽瞬冒"的其他品牌的电水壶进行了对比,让人一下子就记住了该品牌。

制造对比还体现在文字的运用上,即明贬暗褒,以一种假意的贬低来夸奖自己的方法。

项目8　新媒体文案创作

图 8-2-1　某品牌电水壶与其他品牌电水壶的对比

比如,加多宝"对不起"系列文案。

3. 承诺利益

就文案而言,较有效的是在标题中向用户做出利益承诺。如"免受粉刺之苦"等的表达容易吸引消费者继续阅读,尤其是那些有实际需求的消费者。

从这个角度来说,文案创作时的思路是:

①我的卖点是什么?

②能够给消费者带来的好处或价值是什么?

③用目标人群最能理解的语言表述出来。

试着对比分析下面两组文案:

【第一组】

A. 鲜为人知的交易秘密武器×××。

B. 鲜为人知的交易秘密武器×××,让您获利增加××。

分析:人总是关注自己想关注的内容,对任何与自己没有直接利益和生存关系的事情都不容易在乎。B文案更有效,向用户承诺了利益。

【第二组】

A. 便宜便捷的在线课程×××。

B. 如何通过×××在线学习省下9成培训费?

分析:B文案更有效,与其说便宜,不如直接说能够帮助消费者省下多少钱。

4. 启动情感

启动情感即通过情感、情绪的刺激,达到吸引人注意、打动人心的作用。

情感、情绪可以按照不同的范畴分类。如按照价值的正负变化方向可以分为正向情感、负向情感,正向情感包括愉快、信任、感激、庆幸等,而负向情感则包括痛苦、鄙视、仇恨、嫉妒等;按照价值主题的类型又分为个人情感、集体情感和社会情感。按照美国心理学家保罗·艾克曼的说法,我们人类有喜、怒、哀、惧四种基本情感、情绪。

喜,即喜悦。励志类型的标题常用此种手法,如"辗转数十年,终战胜病魔",通过讲述过程的艰难,传达出最终成功的喜悦之情,以此感动人心。

怒,即愤怒。例如,通过描述某人使用气球拍摄地球的创意被某两家企业在伪装合作的情况下剽窃,并且在事后交流过程中这两家企业态度不善这一事件,掀起一番消费者对这两家企业的讨伐声,激起了大家的愤怒情绪。

哀,即悲伤。新闻自媒体常通过个别极端的案例引发大众的哀伤情绪,在短时间内很快引起人们的关注。但在企业文案中应少用,以免带来负面影响。

惧,即恐惧。恐惧情绪是企业常用的情绪刺激方法,如保险公司会通过文案让你感觉不买点保险以后生活很没有安全感。

恐惧的情绪在所有的情绪中最容易引起传播。这也是很多谣言常用的方法,断章取义传播恐惧情绪。

(二)新媒体文案开头设计

俗话说,好的开头等于成功了一半。一个好的新媒体文案开头,通常需要具有引发好奇、引入场景等特点。

引发好奇,即利用图片、文字等内容吊足读者的胃口,使读者产生继续阅读的兴趣。当读者点击标题进入文章后,如果开头索然无味,读者会直接关闭页面。所以,开头写不好,会浪费精心设计的标题。

不同的文案有不同的场景设计,因此需要在开头就把读者引入场景。通过故事、提问等方式,让读者了解文案要表达的情感、环境和背景。

新媒体文案开头设计有以下几种方法:

1. 故事式

如今越来越多的品牌在写文案时,喜欢运用讲故事的方式。例如,支付宝通过讲故事的方式勾勒出形态各异的用户形象;方太通过讲故事的手法,让我们在文案里也能体会到家的美好;中国银联讲述山里孩子的故事,让他们的才华被看见。

此外,还有很多品牌也正在尝试讲故事的文案。通过讲述品牌的故事、用户和产品的故事,带给人美好的场景联想。

从这些品牌案例可以看出,讲故事的文案,正在逐渐流行。以讲故事开头,就是在文案开头进行情景导入,创造一个故事情景,可以使用富有哲理的小故事,或者与要表达的中心思想或段落相关的小故事作为开头,一句话揭示道理;还可以直接写故事,然后在其中进行商业植入。

2. 疑问式

疑问句总是能引起人们的好奇,以提问开头的好处就是可以通过提问题的方式自然而

然地导入文案的主题,不仅能引起受众的思考,还显得文案主旨鲜明、中心突出。具体应用有使用一般疑问句、反问句、设问句3种方式。

例如,某文案的开头:"你有多久没有跟陌生人说话了?""你有多久……"是一种经典提问句式,是互动式文案的常用方法,一句提问让读者1秒去注意,然后去思考,反问自己,会想了解接下来文案要说什么。

3. 金句式

金句,容易发人深省,击中人心。在文案中,以金句开头,可以吸引读者,产生共鸣。

比如:"人生就像巧克力,你永远也不知道下一颗是什么味道。""每天叫醒我的不是闹钟,而是梦想。"

4. 直接式

直接式开头,就是开门见山,直截了当地奔向主题,不拖泥带水。它要求快速切入文章中心,将文章需要表达的内容直接描述给受众。若是推广某事物,就是马上表述某产品或服务是什么,有什么好处,能解决什么问题等。这种写作方法常以标题为立足点进行直接的阐释。

例如:"今晚7点,淘宝直播准时开场,高额无门槛优惠券不限量发送,你还在等什么?"这就是一种直接式开头,开门见山地直奔主题。

又如:

标题:学挖掘机有前途吗?

开头:学挖掘机就业前景非常好。挖掘机算是比较老牌的工程机械车辆了,应用也非常广泛,目前仍然是就业前景非常好的技术工种之一……

5. 图片式

文案一开始就是一张图片,这张图片可以吸引受众的眼球,延长受众在文案中的停留时间,并提升其阅读欲望,而且图文编排的形式也会给受众留下深刻的印象,增强文案的整体表现力。

6. 热点式

人们总是对新发生的或受到广泛讨论的事情有较高的关注,所以在文案开头借助热点也不失为一个吸引受众注意力的好办法。例如,在写作运动健康主题的文案时,开头从2022年疫情期间火热的云健身讲起,再引入自己的核心观点;在推荐书本时,开头从最近的诺贝尔文学奖来引入自己推荐的书籍等。从阅读量来看,这些在受众之间很受欢迎,所以文案写作人员在写作过程中可以适当地借助热点,可以参考微博热搜、今日头条、豆瓣、天涯、知乎等多种渠道获取热点信息。

课堂讨论 在手机微信中查看自己关注的公众号,挑选几篇阅读量10万+的文章,观察作者在文案写作中是否有结合热点的写法。

7. 悬疑式

设置悬念的方法与利用故事创造的效果有点类似,都是较重视故事的作用。但悬念常与刺激、恐惧联系在一起,这种开头表达的意思较抽象和晦涩。以悬念故事开头的文案,通常都是把吸引受众放在了第一位。

悬念式的营销可以借助悬念引爆关注,使市场利益达到最大化。对于新媒体营销文案来说,制造悬念就是要提炼一到两个核心卖点,并按一定顺序慢慢展现卖点。简单来说,制造悬念就是要学会"卖关子"。

新媒体营销文案的悬念设置主要分为以下3个步骤:

(1)设疑

设置疑点,吸引读者关注,切记不要过早点明结局。所谓悬念,就是要让一些神秘的东西悬而未决,一旦神秘的面纱被揭开,就起不到吸引人的作用了。

(2)推疑

充分重视读者的感受,并根据读者的期待发展情节,旨在充分发挥读者的主观能动性,从而提高读者对商品的关注度。

(3)解疑

不断深化冲突,在将故事情节的悬念推向高潮时揭示真相。制造悬念难,不断深化冲突更难,但也只有做到这点,悬念式文案的营销才算成功。

下面来看某冰箱品牌的一则长文案《电冰箱再袭击》,这个故事堪称一篇微型悬疑小说,角度独特,吸引了无数人阅读。

连续三天,早上打开冰箱,里面竟然空无一物,昨晚从超市买回来的一大堆食物都不翼而飞了,只剩散乱一地的包装纸。她开始怀疑有附近的流浪汉闯入家中,但她没有报警,只是买了更多的食物,睡前仍把冰箱重重封锁,这下该万无一失了,不料隔天发现又被洗劫一空。

她不禁怀疑冰箱监守自盗,偷吃她的食物。不过这个可能性她很快就排除了,就算她拔掉冰箱的电源,同样的事故照样发生。第七天她决定报警,警察在她家装上摄影机,终于抓到偷吃食物的窃贼,就是她自己。她每天晚上梦游到冰箱前狼吞虎咽吃光食物,然后心满意足地回到床上继续她的美梦。

接受治疗时,心理医生告诉她:"你应该感谢冰箱,你的冰箱在夜里静静地填补了你白天的空虚和不满。"

(三)新媒体文案的结尾思路

1. 金句式

跟前面提到的以金句开头的文案一样,由于金句往往可以帮助受众领悟出文案的核心,容易引起受众的共鸣,因而结尾埋有金句的文案,往往容易发人深思,戳中痛点,引起分享转发。常见的金句有名人名言、原创经验两种。例如:少壮不努力,老大徒伤悲;哪里有阴影,哪里就有光。

2. 转折式

转折结尾,就是运用出其不意的逻辑思维,在文案正文部分一直在叙述一个与推广产品无关的内容,但在结尾部分突然转折到另一个看似与之前叙述的内容毫不相干的话题,或是

在结尾部分亮出一个出人意料、峰回路转的结局并展示广告。

这种结尾方式往往效果明显,因为文案内容转折的前后形成一种强烈的反差感和奇妙的荒谬感,从而引发某种程度的喜剧效应,让受众感觉突兀又有趣。这种写法能把广告较好地隐藏起来,让受众毫无防备、始料不及,等受众反应过来时,这些推广也已被受众所接受。

例如,某螺蛳粉广告,文案并没有直接展示螺蛳粉的美味可口,而是从五个不同职业的人的角度去描写五个故事,从而达到旁敲侧击的目的。从故事背后的寓意中,传达螺蛳粉这个产品的特点。重点是这五个故事都很容易引起大众的共鸣,从而很容易让人去接受这个品牌想传达的感情,也会让人对这个螺蛳粉品牌产生好奇心和品牌好感度。

"螺蛳粉的美味,了解过才知道",在广告片的结尾,终于点出了核心,那就是任何事都要走进去了解,才能知道它到底是什么样的。广告片中的五对人物角色就是这样的,相互之间有误解,就像是人们对于螺蛳粉的误解一样,都认为它是臭的、不好吃的。但是深入了解才知道,原来这些角色背后都隐藏着一颗善良的心,原来螺蛳粉是很美味的食物。五个故事的剧情反转,刚好演绎了螺蛳粉这个产品的演变和被大众接受的过程。

3. 行动引导式

行动引导式结尾也可以称为动之以情式结尾,这种行动引导就是从感情上打动对方,让这款产品有温度、有情感,做到"以情动人"。这种结尾还可以通过利益和好处对受众进行诱导。在推广文案中用这种结尾方式可以将利益最大化,打动那些还在犹豫的目标人群,引导受众产生行动。

例如,我们的目的不是赚钱,只是为了让大家用到好东西,看到很多人用了我们的产品,生活变得更好,那我们就开心了。

现在下单,再赠送好礼三选一,活动只到春节前!

4. 提问式

在结尾进行提问,可以实现两个效果:一是用提问的方式,比正面的陈述力度要大,可以引领受众进行思考;二是在文案的末尾提问后,发起互动,提升受众的参与感。

例如,某微信公众号,在每个主题的文末会设置"每日一问",邀请读者在讨论区参与讨论、留言,提升受众的思考力,同时也鼓励受众积极参与。

课堂讨论 以下哪个结尾,可以实现"引导读者购买产品"的目的?

1. 点击"阅读原文",即刻下单。
2. 你有什么建议,欢迎在评论区留言,我们一起讨论。
3. 长按文末二维码,了解产品详情。
4. 本文涉及常见的思维导图小技巧,建议收藏起来,有备无患。
5. 后台回复"1",获取店铺链接。
6. 添加小助手(微信号×××)并回复暗号,你会获得神秘折扣。

思政园地

"标题党"到底伤害了谁?

"标题党"是指以夸张的、曲解的、煽情的甚至无中生有的方式制作文章标题的人,也可指那些耸人听闻、题文不符的标题本身。"标题党"类型难以穷尽,翻着花样层出不穷,最终是为了攫取受众的注意力。

社交媒体上"标题党"已经泛滥成灾,其中不乏鲁迅先生早就讽刺过的"肉麻当有趣"。如果去网上搜一搜公众号文章的标题,你会看到令人去肉麻的不在少数,各类社交媒体上相关的例子不胜枚举。它看似与社交媒体掀起之后的新闻语态新一轮变革相近,但是本质上却又不同。

真正的标题创新是言之有物,是从事实中提炼出有新意的表述。这一轮语态革新,体现在叙述方式方面:字里行间体现出一种互动、分享的技术感,音像视频里也都充满着传播者与用户的融合意识。朗朗上口的网络流行语,来自用户、贴近用户的鲜活信息,一脱陈旧的新闻腔,但是它们的标题是高度凝练的内容的提炼,而不是夸大事实、歪曲事实。

2017年春节期间中央电视台《新闻联播》推出特别节目《厉害了 我的国》。它不是简单的网络流行句"厉害了,我的哥!"的套用,是广泛征集了受众用户的自拍视频和图片,用同一种叙述方式、同一个流行语表达出来的。《厉害了 我的国》是经过精心策划的系列新闻报道,"是很多人拿起手机,自己拍,自己说,拍出叫人惊喜的变化,说出不吐不快的自豪。"

《新闻联播》在引入《厉害了 我的国》时的导语是:"国家领导人知道老百姓在想什么,老百姓知道自己需要什么,干部知道自己该干什么,军人知道自己保卫什么,所有人合起来,打拼出一个美丽的中国,日新月异的中国,让世界刮目相看的中国。"目前的这种革新,无论是标题还是内容,不只是一种叙述方式,从内容到形式,都有新的特点。内容上,优秀的作品通常话题关涉国计民生中的热点、难点、疑点;形式上,常常追求个性化表述,无框架、无模式,自由自主;态度上,常透着分享的愿望、互动的气质;常常就是一种与网友信息的分享、思想的共鸣、精神的沟通。

(资料来源:人民网,2017-09-26,有改动)

任务实训

上网搜索并阅读自己感兴趣的某文案,讨论以下问题:
1. 这则文案采取了什么方式来结尾?
2. 试评价这则文案标题的写作技巧。
3. 试分析这则文案的写作思路。

同步练习

一、选择题

1. SWOT 中,O 代表( )。
   A. 优势　　　　　B. 机会　　　　　C. 劣势　　　　　D. 威胁
2. "人为什么会有好奇心呢?"这属于( )的开头写作方法。
   A. 疑问式　　　　B. 悬念式　　　　C. 直接式　　　　D. 金句式
3. "京东年货节,新年享新颜,满499减150"。这是一个( )。
   A. 不是文案　　　B. 传播文案　　　C. 销售文案　　　D. 长文案
4. 宝马借用歌曲《山丘》中的一句词"越过山丘,才发现无人等候"创作的文案:"悦过山丘,才发现你已跟丢"(注:悦,谐音品牌名"BMW之悦")。
   A. 长文案　　　　B. 传播文案　　　C. 销售文案　　　D. 不是文案

二、简答题

1. 如何打造一个"吸睛"的新媒体文案标题?
2. 新媒体文案的创作步骤有哪些?

三、案例分析题

盲人乞丐行乞,牌子上写着:
A. 我是盲人,请帮助我!
B. 我是盲人,什么都看不见!
C. 多么美好的一天啊,可是我看不见。

假设你是路人,你更会被哪一个打动呢?为什么?你可以帮助他写出更易打动人心的文案吗?试试看。

拓展延伸

几种标题写法

1. 疑问体
   (1) 为什么请××吃饭不能用团购券?
   (2) 现代营销人进阶之路:如何从零开始成为营销技术专家?
2. 合集型
   (1) 30页干货PPT,深度电商行业分析报告
   (2) ××的4大功效、5种食疗法、6大禁忌
3. 急迫型
   (1) 必须看!手机保养不得不知的五个误区
   (2) 这样做陈列,××节那天销量肯定增10倍!

4."负面"型

(1)如果你的简历石沉大海,看看这8个秘籍

(2)关于××你所不知道的那些事儿

5.独家型

(1)××内部员工工作指南

(2)××程序员薪资探秘

6.专业型

(1)HTML5工具篇:10个营销人也能轻松使用的在线编辑平台

(2)××年互联网职场薪酬报告

7.简单速成型

(1)一篇文章读懂营销本质变迁

(2)从广告到SDi七步教你玩转LOGO设计

8.福利型

(1)××年度礼物榜单

(2)高端职位专场:新媒体和营销类职位

9.具体型

(1)除了××鞋,你知道还有哪些××的品牌?

(2)让等待的时光也美好的6个创意场景

(资料来源:马楠.尖叫感:互联网文案创意思维与写作技巧.北京:北京理工大学出版社,2016)

项目9
常见的几种新媒体营销工具

学习目标　通过学习本项目,我们将达到:

1. 认识 H5 营销的特点、优势、类型等;
2. 学会制作 H5;
3. 认识二维码营销的优势,开展二维码营销;
4. 学会利用相关工具生成与美化二维码;
5. 认识 GIF 营销、GIF 动图制作类型;
6. 学会利用 SOOGIF 动图工具制作 GIF 动图。

学习导图

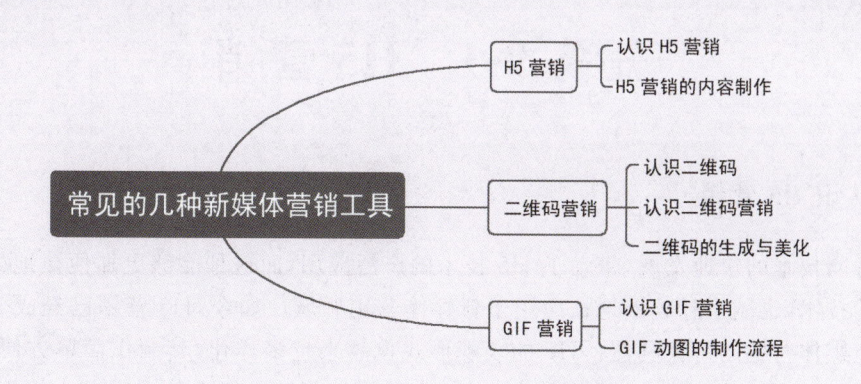

```
                              ┌─ 认识 H5 营销
                    ┌ H5 营销 ─┤
                    │         └─ H5 营销的内容制作
                    │
                    │              ┌─ 认识二维码
常见的几种新媒体营销工具 ─┼ 二维码营销 ─┼─ 认识二维码营销
                    │              └─ 二维码的生成与美化
                    │
                    │         ┌─ 认识 GIF 营销
                    └ GIF 营销 ─┤
                              └─ GIF 动图的制作流程
```

案例导入

秦陵博物院:邀你一起修兵马俑

在《国家宝藏》第三季中,《大秦赋》热播,圈粉无数。在这样的热度下,秦陵博物院萌发了"让受众化身为兵马俑修复师"的创意灵感,希望用数字创意的方式,向年轻受众普及秦陵兵马俑背后的故事,让秦陵这一珍贵文化遗产,在互联网场景中"活"起来,受到更多人关注。

于是,"我在秦陵修兵马俑"H5应运而生。其策略是:结合大众对文物修复师的神秘性有着强烈的探究心理,让他们亲自参与进来,能收获巨大的成就感。"我在秦陵修兵马俑"H5通过第一人称的沉浸式体验,让大众化身文物修复师,感受专业、生动、有趣的兵马俑修复过程,满足人们的好奇欲,进而引发自传播。一经推出,3天时间在微信朋友圈、微信大号、手机QQ签到卡、腾讯系闪屏等媒体上线,短短时间内,便收获75 000 000+曝光量、3 800 000+点击量,效果显著。"我在秦陵修兵马俑"H5也获得2021年中国广告长城奖公益营销类金奖。

案例思考

1. 你觉得这个H5给你带来的最深刻的体验是什么?
2. 你知道H5在新媒体营销场景中的应用吗?请举例说明。

随着互联网的快速发展,越来越多的新媒体工具被广泛地应用于各个营销领域,并且取得了不错的营销效果。本项目主要介绍H5、二维码、GIF等工具在新媒体营销领域中的应用。

任务9-1　H5营销

一、认识H5营销

互联网技术的快速发展,带动了H5技术的广泛应用,而这种能够更加便捷地处理多媒体内容的技术,也越来越频繁地被应用于新媒体营销领域。如今,H5营销已经成为众多企业进行新媒体营销的一大利器。H5的表现形式也越来越多样化,其制作简单方便、形式灵活多变以及投放精准的特点,更是促进了H5在新媒体营销市场上的应用。

(一)H5营销的特点

作为一种新的营销方式,H5营销的发展十分迅速,要想更好地利用H5对品牌或产品进行营销,营销人员需要掌握H5营销的特点,以达到快速提高品牌影响力、扩大品牌或产品宣传范围的效果。一般来说,H5营销的特点包括跨平台性、本地存储性、创新性和品牌性4个方面。

1. 跨平台性

H5 的兼容性十分强大,因此,通过 H5 制作出来的页面或者应用,往往可以同时被运用在不同的终端和设备上,如 PC 端和手机端,iOS 系统和 Android 系统。这种跨平台性使制作 H5 的成本相对低廉,能够节省企业或品牌的成本,还能够扩大 H5 的传播范围,内容优质的 H5 甚至可能达到病毒式营销的效果。

2. 本地存储性

利用 H5 技术制作的营销内容,往往就是一个页面,不需要耗费本地内存进行存储,与 APP 相比,它还具有启动速度快、运行速度快的优势。除此之外,H5 还拥有图形、动画、视频等不同的表现形式。

3. 创新性

创新性包括独特的创意、和谐的配色和生动的表现形式。

(1)独特的创意。H5 可以定制各种不同创意的作品,提高营销效果。

(2)和谐的配色。H5 的页面配色需要和谐、统一,只有如此才能给用户带来良好的视觉体验,留住用户。

(3)生动的表现形式。H5 营销具有许多不同的表现形式,企业或品牌在进行营销时,可根据自己的需求,选择合适的表现形式,提高用户的参与热情。

4. 品牌性

品牌性是指 H5 营销能够将企业的产品形象、功能形象、组织形象,甚至是人员形象,全面、立体地展示出来,以达到提高品牌知名度的目的。在 H5 营销过程中,一个好的内容,不仅可以吸引用户参与到 H5 互动中,还能够在潜移默化中使用户接受企业产品或品牌,提高产品或品牌的曝光度。

(二)H5 营销的优势

H5 在成本、开发、运营、应用、维护和推广方面都具有独特的营销优势。

(1)在成本上:企业或品牌利用 H5 进行营销时,需要支付的仅有 H5 页面的设计和维护成本,其投入成本较低,并且不需要特意进行宣传推广。

(2)在开发上:H5 的开发可直接在浏览器中完成,没有各种复杂的应用平台,且其开源库的调用及制作方法都较为简单,企业或品牌要想制作 H5,可以在短时间内掌握其制作方法,并快速完成开发。

(3)在运营上:利用 H5 进行营销时,由于其开发优势,能够使 H5 开发的效率更高,快速实现 H5 的更新。此外,营销人员查看 H5 营销的数据也较为简单,只需要通过 H5 开发平台的后台就可以查看。

(4)在应用上:H5 支持大部分设备、平台进行浏览,在应用时也比其他应用更简单方便。

(5)在维护上:H5 代码可以进行全部加密,在维护时,只需将其解密就可以了,并且其提供了本地数据库的支持,可以对临时资料进行存储。

(6)在推广上:H5 营销可以借助各大平台,这些平台流量入口用户基数足够大,且随着 H5 内容的强化,用户的主动分享率、转化率均有所提高。

(三) H5 营销的类型

随着互联网技术的发展，H5 的形式越来越多样化，但大致可以分为展示型 H5、交互型 H5、游戏型 H5、技术型 H5 和模拟型 H5 五种，营销人员在应用之前，应掌握不同类型 H5 的特点，以更好地选择合适的类型，为营销工作奠定基础。

1. 展示型 H5

展示型 H5 常常表现为静态页面，在制作时，只需将单独制作的静态页面利用动态效果连接起来即可，其制作简单且成本低廉，并且由于是静态页面的连接，其加载速度也比较快。这种类型的 H5 主要用于展示各种信息，以进行产品推广和品牌宣传。

2. 交互型 H5

交互型 H5 常常以动态的视频、动画等形式来加强交互性，并通过引导用户的自发分享，将营销信息传递给更多用户，吸引用户了解并参与进来。交互型 H5 适用于品牌宣传、产品上新、活动推广等不同营销目的的营销活动。

如图 9-1-1 所示的"我在秦陵修兵马俑"H5 即为交互型 H5。

图 9-1-1 "我在秦陵修兵马俑"H5

3. 游戏型 H5

游戏型 H5 强调用户的互动性，通过将产品或品牌信息植入到 H5 中，以趣味性的游戏吸引用户参与并转发，提高产品或品牌的影响力。游戏型 H5 常常具有高参与度、易连接性、强分享性、低成本和易转化的特点。

4. 技术型 H5

技术型 H5 可以通过不同的技术展现不同的动态效果，吸引人们关注和使用。技术型 H5 常用的技术有动态展示技术和交互行为技术两种，其中，动态展示技术包括不同的切换特效、菜单、效果等，交互行为技术包括全景展示、AR、VR、指纹解锁、一镜到底等。

项目9　常见的几种新媒体营销工具

"一分钟玩转平潭海峡公铁大桥"H5就是借助一镜到底技术,以驾驶员第一视角带领用户领略平潭海峡公铁大桥风采,如图9-1-2所示。用户在体验的过程中,身临其境,穿越平潭海峡公铁大桥。同时,H5还将大桥建设过程中采用的新工艺、新装备(如"海鸥号"起重船)、风屏障等形象生动地融入交互中,全面展示大桥魅力,给用户新奇的体验感,以吸引用户参与 H5 并进行分享。

5. 模拟型 H5

模拟型 H5 是指通过营造某种真实的特定场景,并将产品或品牌融入场景,提高用户查看 H5 时的代入感,以增强 H5 的推广效果。

比如,利用 H5 制作的指纹开屏这一插件,可以打造指纹解锁场景。一般在 H5 页面首页,插入指纹开屏后,用户只需手指长按屏幕,H5 页面便会自动模拟扫描过程。当扫描条达到顶端时,H5 页面自动解锁。指纹解锁场景是模拟用户指纹解锁手机屏幕的过程,可以提高 H5 的互动性和趣味性,吸引用户查看 H5 内容。如图9-1-3所示就是以指纹解锁场景引入 H5 页面。

图 9-1-2　"一分钟玩转平潭海峡公铁大桥"H5　　图 9-1-3　以指纹解锁场景引入 H5 页面

课堂讨论　1.上网搜索并浏览"网易考拉海购入职第一天"H5案例,思考并讨论:网易考拉海购 H5视频属于何种类别的 H5营销？它具有哪些特点？

2.上网搜索"网易考拉 Julia"H5,如"入职网易的第 55 天,Julia 动了辞职的念头……",查看该系列 H5案例的所有内容,谈谈你从中受到的启发。

(四)H5 营销的发展趋势

H5 的发展与智能手机息息相关,随着 5G 时代的到来,智能手机将进入下一个发展阶段,而 H5 营销也将随之为个人用户及企业用户带来更多的营销机会。下面将从 H5 引擎、应用市场、开源技术、开发工具和安全厂商 5 个方面介绍 H5 营销的发展趋势。

（1）H5引擎。越来越多的互联网企业针对H5推出了更多、更新的引擎，为H5的制作提供了更多的平台。

（2）应用市场。未来H5应用将以微信、QQ、支付宝等APP作为连接入口。

（3）开源技术。H5的开放性，能够为H5带来更多的开源产品。

（4）开发工具。随着互联网技术的发展，H5能够支持的功能、达到的效果将会越来越多，如数据收集、地图导航、专业级制作等。

（5）安全厂商。H5越来越快的发展，势必会引发其潜在的安全问题，对于安全厂商来说，是一个很好的机会。

二、H5营销的内容制作

H5营销的效果受到H5内容质量的影响，而H5内容不仅包括文字、图片、视频等不同形式的营销信息，还包括H5中的动态变化、不同技术应用等。因此，在进行H5营销前，营销人员必须熟悉并掌握H5内容制作的相关知识。下面将介绍H5的内容制作工具，并选择"人人秀"H5制作平台，以"动漫歌曲盘点"为主题，从挑选H5模板和素材、模板素材的替换与活动配置以及生成H5内容并发布3个方面介绍H5的具体制作过程。

（一）H5的内容制作工具

在设计H5时，营销人员可根据不同的H5内容、设计要求，选择不同的内容制作工具，完成H5的制作。根据制作工具的用途不同，可分为开发类H5制作工具、网站类H5制作工具和辅助类H5制作工具3种，下面将分别进行介绍。

1. 开发类H5制作工具

在制作一些带有开发要求的H5案例时，营销人员就需要利用开发类H5制作工具，针对要求的难易程度，选择不同的工具组合，制作H5页面。开发类H5制作工具主要包括：

（1）Photoshop。Photoshop全称为"Adobe Photoshop"，即日常生活中提到的"PS"，是专业的图像处理软件，可用于绘制、编辑图像，能够完成H5制作中的画面、字体设计，常用于制作静态展示类H5页面效果。

（2）Keynote。Keynote是适用于Mac系统的演示幻灯片应用软件，能够使页面设计更加图形化，操作简单但功能齐全，可用于H5的动画效果添加和演示方式设计。

（3）PowerPoint。PowerPoint，全称为"Microsoft Office PowerPoint"，简称"PPT"，是演示文稿软件，支持在手机、计算机等不同设备上应用。PowerPoint能够为H5添加动画效果、切换特效、背景音乐等。

（4）Premiere。Premiere全称为"Adobe Premiere"，简称"PR"，是一款常用的视频剪辑软件，能够用于视频类H5的剪辑、配乐、添加字幕等。

2. 网站类H5制作工具

网站类H5制作工具是随着互联网技术的发展，由互联网公司推出的H5制作网站。营销人员在利用这些网站之前，需要了解其特点，根据自身需求进行选择，以更快、更好地制作优质的H5。下面对常用的网站类H5制作工具进行介绍。

（1）易企秀。易企秀是针对移动互联网营销的手机网页制作工具，拥有大量免费模板，并提供统计功能。用户可以通过易企秀编辑手机网页，并将其分享到社交网络，还可以随时了解H5的传播效果。易企秀适用于企业宣传、产品介绍、活动促销、预约报名、会议组织、收集反馈、微信"增粉"、网站导流等不同营销目的的活动。

易企秀操作简单,模板覆盖范围广,适合企业或新手H5用户使用。

(2)人人秀。人人秀是免费的H5页面制作工具,拥有数百种互动营销功能,用户可根据营销目的,自由搭配组合。其操作简单,可一键套用,能够满足不同行业的使用场景,如制作H5页面、H5游戏、H5活动、微信活动以及"涨粉"活动。

人人秀上手简单,且工具丰富,新手也可很快掌握其用法。

(3)MAKA。MAKA是在线创作的H5工具,能够为用户提供企业形象宣传、活动邀请、产品展示、数据可视化展示、活动报名等不同场景需求的服务。其操作简单,仅需拖曳即可添加或替换文字、图片等元素。模板覆盖行业多,能够满足大部分使用场景,同时支持PC端和移动端进行H5编辑,能够一键分享到不同平台。

MAKA在使用时,用户需先选择所属行业,再选择具体职业,进行H5制作。MAKA虽然操作简单,但许多模板只有会员才有使用权。

(4)凡科互动。凡科互动是专业的游戏活动营销产品,能够帮助中、小、微企业快速创建符合自身特点的互动营销小游戏。凡科互动免费提供了多款游戏模板,企业能够将营销信息植入H5中,实现品牌推广,提高销售转化率,适合公众号"涨粉"、门店引流、品牌传播、电商引流、活跃"粉丝"等多种营销活动。

凡科互动的功能较为强大,互动型H5模板较多,但大多优质模板需要付费使用。

3. 辅助类H5制作工具

H5技术的发展及广泛应用,使简单的H5页面越来越难获得用户的注意,因此,企业或品牌往往会借助许多辅助工具,对H5进行优化,以制作出更优质的H5作品,提高H5的吸引力。下面将对压缩工具和二维码生成工具进行介绍。

(1)压缩工具。在制作H5时,为保证H5的便携性和小容量,营销人员需要对图片、音频、视频等进行压缩,以防止H5数据过大,提高H5运行时的加载速度。常用的压缩软件或网站有迅捷压缩、在线压缩软件、格式工厂等,其中,迅捷压缩和在线压缩软件可被用于图片和视频的压缩,格式工厂可被用于音频压缩及转化。

(2)二维码生成工具。H5在营销市场上的应用,使其常作为广告推广的页面,企业或品牌可将微信公众号、官方网站、淘宝网店或其他需要展示给用户的网页制作成二维码,展示在H5中,吸引用户扫描二维码,为网站、店铺等引流,提高企业或品牌的影响力。常用的二维码生成工具有草料二维码、码上游二维码等,营销人员可根据需要自行选择不同的网站,设计并制作二维码。

(二)挑选H5模板和素材

制作H5的第一步,就是挑选H5模板和素材,营销人员可根据所在行业、营销目的、营销活动类型以及营销用途、H5风格等选择不同的模板和素材。例如,在人人秀中,营销人员可单击模板商店,根据所需用途,选择符合自己要求的模板和素材。

下面将根据"动漫歌曲盘点"这个主题,从模板商店中,选择"夏日相册"模板进行制作,具体步骤如下:

利用人人秀进行H5的制作

(1)登录人人秀账号,找到首页轮播图旁的"模板商店",将鼠标移至"行业"按钮上,接着找到展开菜单里面的"音乐"按钮,打开 H5 模板页面,如图 9-1-4 所示。

图 9-1-4 人人秀模板页面

(2)浏览模板,找到并选择"夏日相册"模板,将鼠标指针置于模板上,单击进入,然后单击页面下方的"立即使用"按钮,打开人人秀活动编辑器页面,如图 9-1-5 所示。

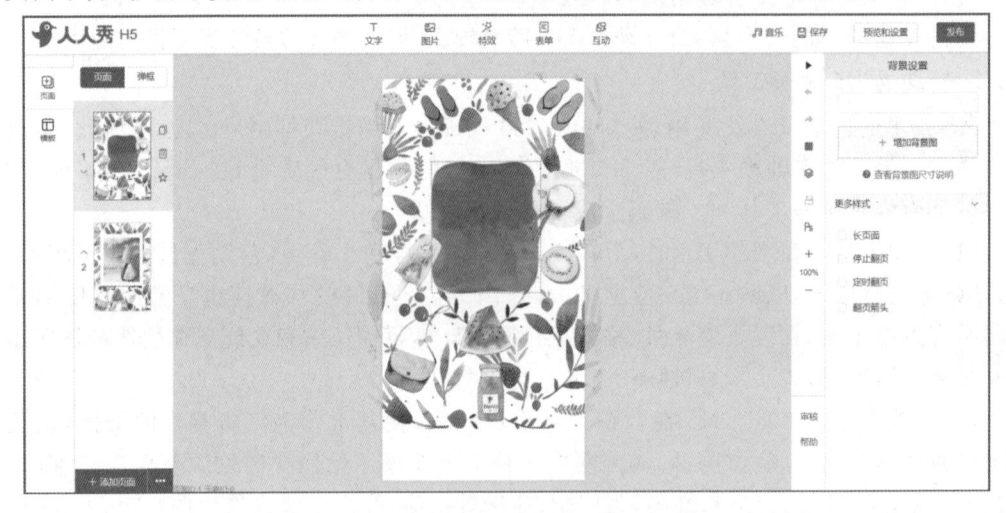

图 9-1-5 人人秀活动编辑器页面

(三)模板素材的替换与活动配置

在选择好适合的模板后,营销人员应根据营销活动,替换模板中的素材、文案以及背景音乐。一般来说,营销人员可通过单击模板中的素材及文案进行修改。下面将从音乐推荐这个主题出发,使用自己的音乐、图片等,对模板中的素材进行替换,制作完整的 H5。具体步骤如下:

(1)单击页面上方的"文字"功能按钮,在出现的文本框里面输入"国漫电影盘点"文本,单击右边"默认样式"下拉列表,设置为"阴影";单击"字体大小"文本框,输入"60"数值文本,将字体设置成"加粗""倾斜";单击"行间距"按钮,调整为 3;单击"字间距"按钮,调整为 0.5;单击 按钮,再单击"水平居中"按钮,设置文字水平居中,完成动画文字的设置,调整至合

项目9　常见的几种新媒体营销工具

适位置。

（2）单击页面右侧面板中的"动画"选项卡，再单击"＋添加"，将动画1方式设置为"进入页面"，单击"延迟"文本框，输入"0.4"数值文本；单击"持续"文本框，输入"2"数值文本，完成文字的动画效果设置，如图9-1-6所示。

图9-1-6　添加文字设置效果

（3）单击 ⬢ 按钮，选择模板自带的图片图层，单击下方 🗑 按钮，删除图层。继续依次选择除"动画文字"图层外的所有图层，单击下方 🗑 按钮，删除图层。单击右侧"＋增加背景图"按钮，打开"图片库"对话框，选择"我的"页面，单击"上传图片"按钮，选择首页"背景.jpg"素材文件，单击"打开"按钮。上传完成后，单击图片，即可应用到H5页面，然后拖动文字至合适位置，如图9-1-7所示。

图9-1-7　设置H5背景

(4)选择"翻页箭头"选项,单击下方文本框,选择向上箭头 ⌃,单击"应用到所有页面"按钮,为 H5 设置引导箭头。单击页面上方的"特效"功能,再单击"特效"按钮,选择"指纹开屏"选项,为 H5 设置开屏特效,其效果如图 9-1-8 所示。

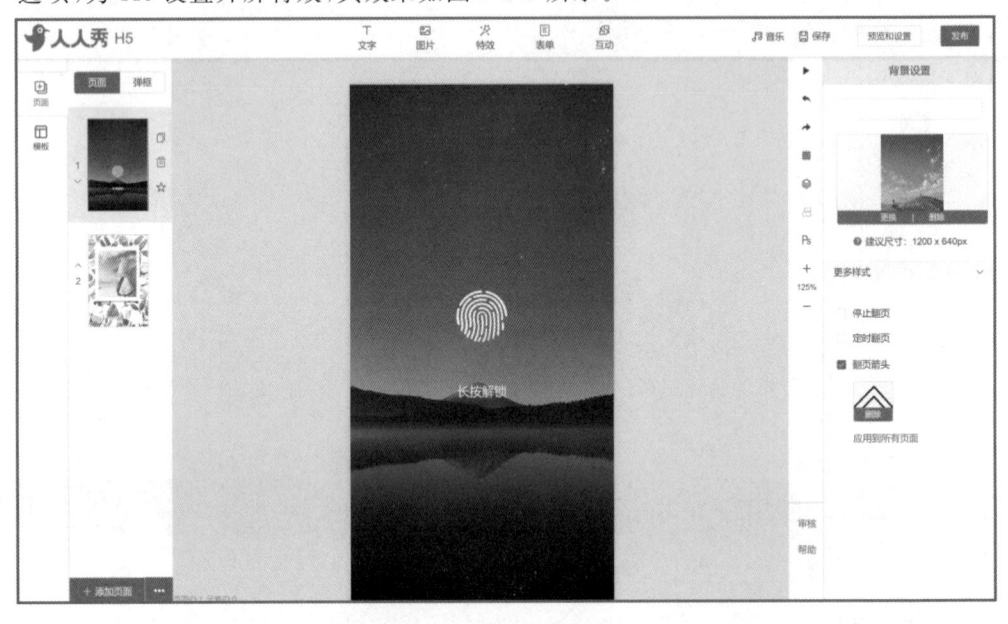

图 9-1-8　H5 指纹开屏特效

(5)在左侧单击第二个页面,依次删除所有图层;在右侧单击"＋增加背景图"按钮,打开"图片库"对话框,选择"我的"页面,单击"上传图片"按钮,选择"大鱼海棠背景.jpg"素材文件,为 H5 页面设置背景,如图 9-1-9 所示。

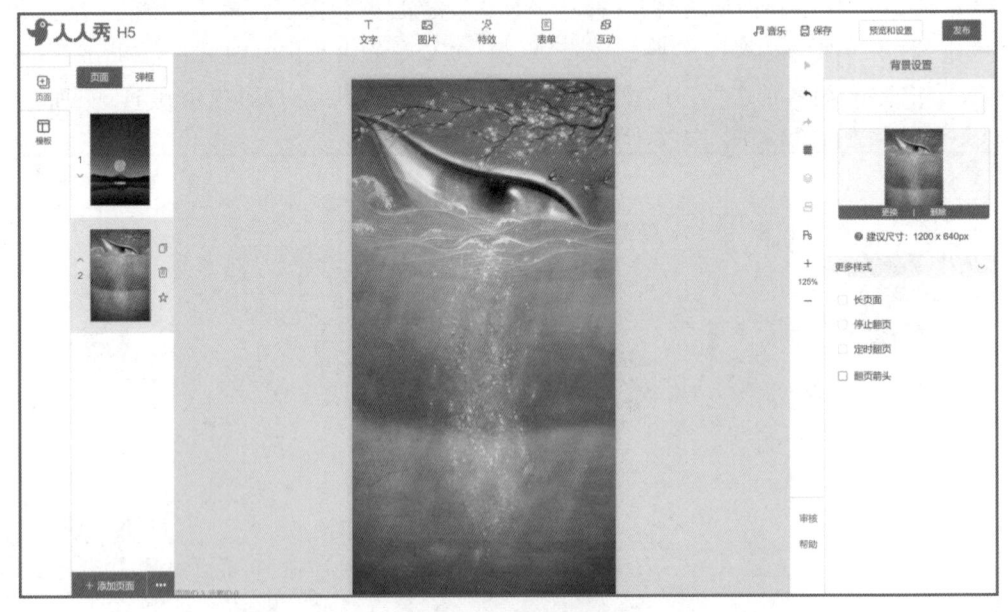

图 9-1-9　背景设置

(6)单击页面上方的"特效"功能,再单击"组件"按钮,选择"组图"选项,打开"图片库"页面,单击"上传图片"按钮,依次选择并上传"大鱼海棠 1.jpg""大鱼海棠 2.jpg""大鱼海棠3.jpg""大鱼海棠4.jpg"素材文件,单击选中上传的图片,再单击 按钮,完成组图制作。单击 按钮,再依次单击"水平居中"和"垂直居中"按钮,设置组图居中放置。单击右侧"幻灯片"下拉列表,选择"翻书"选项,在"更多样式"下拉列表中单击"圆角"文本框,输入"100"数值文本,为组图设置圆角形状,如图9-1-10所示。

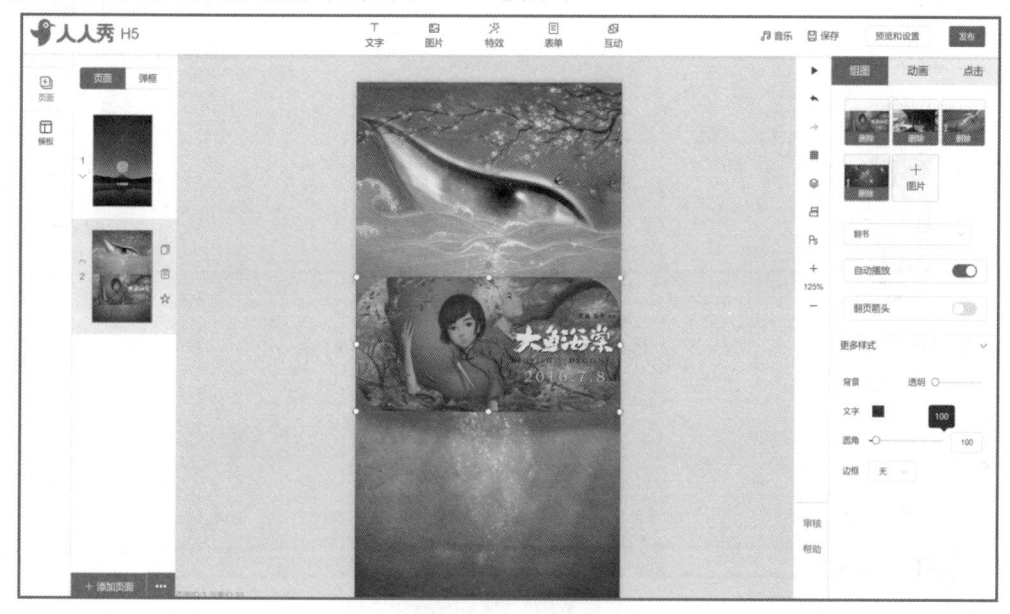

图 9-1-10 添加组图

(7)先将模板的原背景音乐删除,单击页面上方的"音乐",在弹出的窗口中单击删除,再单击页面上方的"特效"功能,单击"组件"按钮,选择"声音"选项,打开"音乐库"页面,单击"上传音乐"按钮,选择"大鱼.mp3"素材文件,单击"打开"按钮。上传完成后,单击 按钮,上传音乐,在右侧单击"点击触发"下拉列表,选择"进入页面触发"选项,更改声音图标为红色图标,移动图标至页面左上角,完成背景音乐设置,如图9-1-11所示。

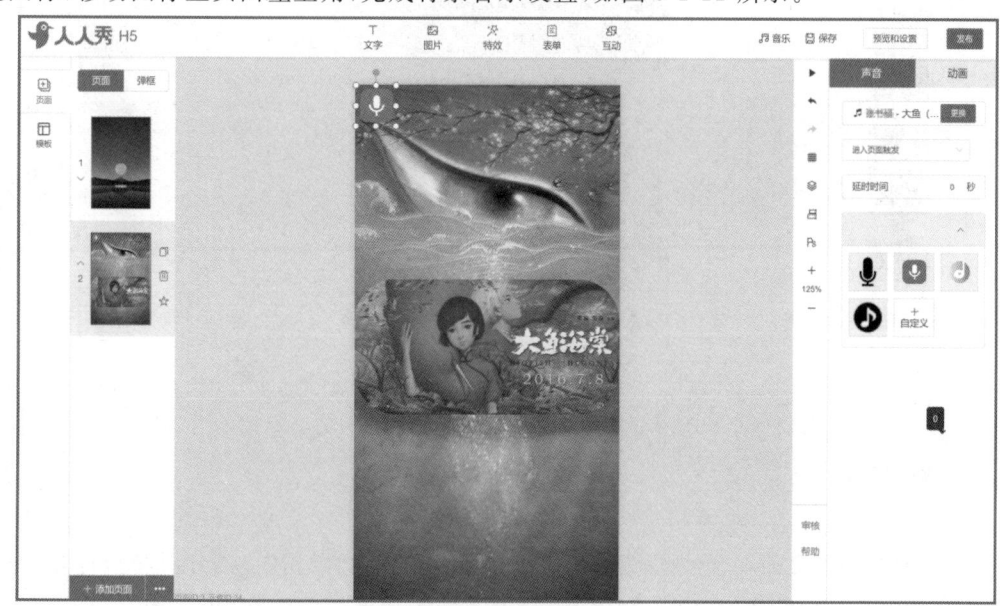

图 9-1-11 背景音乐设置

(8)单击页面上方的"文字"功能按钮,在出现的文本框里面输入"北冥有鱼,其鱼为鲲"文本,将其移动到"组图"图层上方;单击右边"默认样式"下拉列表,设置为"阴影"样式;单击"默认字体"下拉列表,选择"方正姚体";单击"30"文本所在文本框右边按钮,调整字号为"40",移动文本框,使文字内容居中显示,完成文字的设置,如图9-1-12所示。

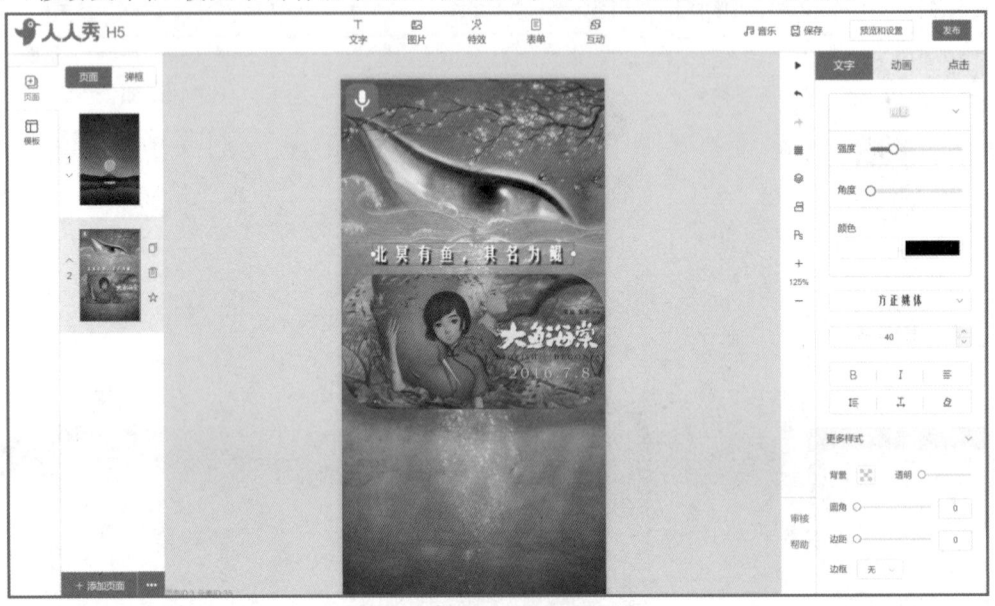

图 9-1-12 添加文本

(9)单击左侧 ▢ 按钮,复制该页面,单击复制的页面,在右侧单击"更换"按钮,打开"图片库"页面,选择"我的"页面,单击"上传图片"按钮,选择"昨日青空背景.jpg"素材文件,单击"打开"按钮。上传完成后,单击图片,完成页面背景设置,如图9-1-13所示。

图 9-1-13 页面背景设置

(10)单击"组图"图层,单击"删除"按钮删除所有组图,再单击"＋图片"按钮,打开"图片库"页面,单击"上传图片"按钮,依次选择并上传"昨日青空 1.jpg""昨日青空 2.jpg""昨日青空 3.jpg""昨日青空 4.jpg"素材文件,单击选中上传的图片,单击"确定"按钮,完成组图图片的更改,如图 9-1-14 所示。

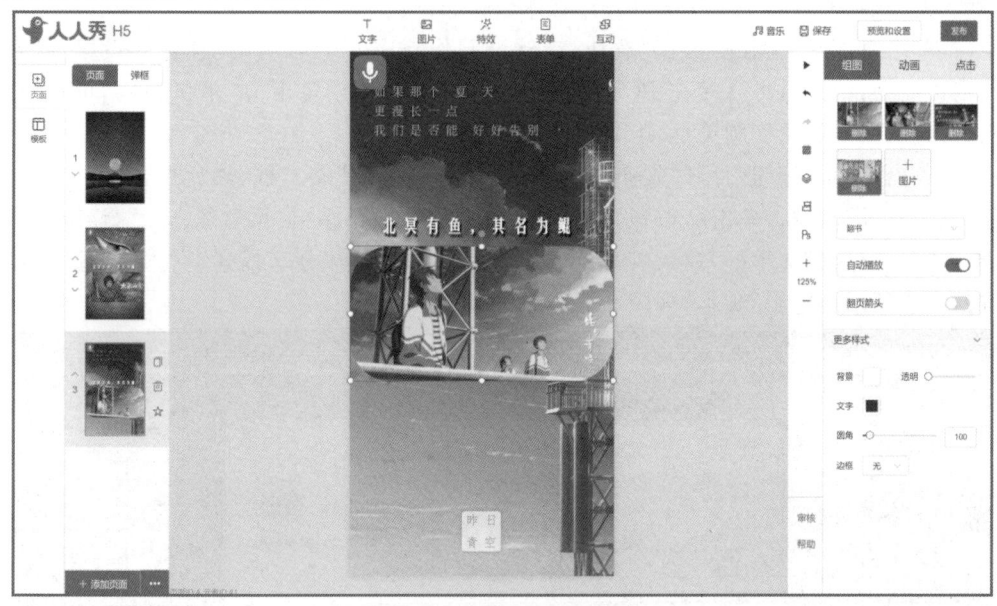

图 9-1-14　组图图片更改效果

(11)单击页面上方"文字"按钮,增加文本框,将其移动到"组图"图层上方,双击文本框,输入"致每一个终将光芒万丈的我们"文本,重复"步骤(8)",单击"默认样式"下拉列表,设置为"描边",效果如图 9-1-15 所示。

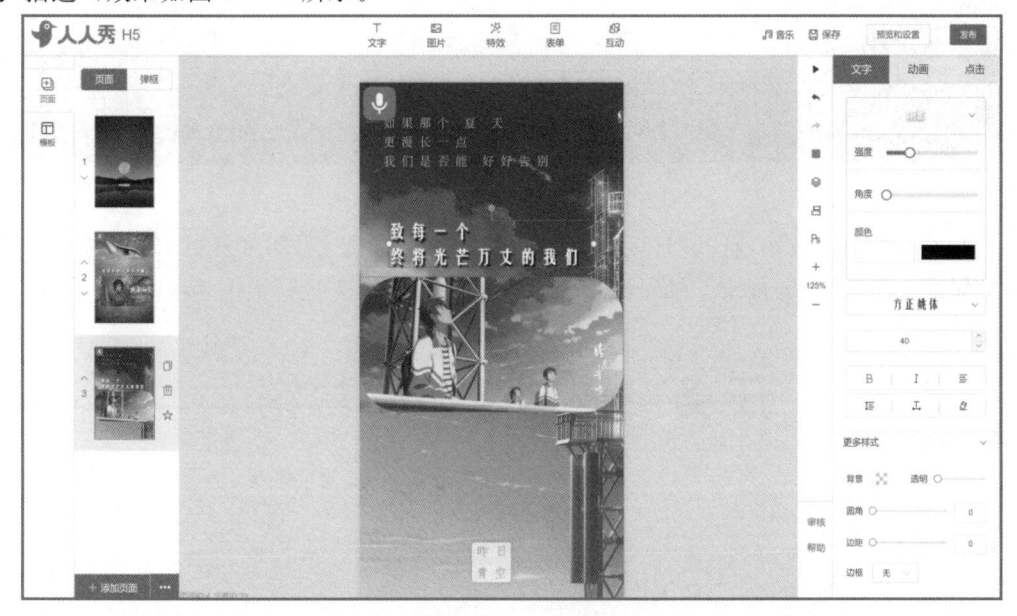

图 9-1-15　添加文本

(12)重复"步骤(7)"的操作,为第 3 张页面添加背景音乐。重复"步骤(9)"~"步骤(11)",完成第 4 张 H5 页面的背景与组图设置,再次重复"步骤(7)",为页面添加背景音乐,重复"步骤(8)",为第 4 张 H5 页面添加文本"肆式青春,回忆一夏"。

(四)生成 H5 内容并发布

在制作完成后,营销人员可单击页面右上角的"预览和设置"按钮,对 H5 进行预览、调整,确认无误后,即可将 H5 发布出来。具体步骤如下:

(1)单击页面右上角的"保存"按钮,存储已制作完成的 H5,单击"预览和设置"按钮打开预览页面,营销人员可直接在 PC 端进行预览,也可单击预览下方"手机扫码"按钮,使用手机扫码,从用户的角度浏览该 H5,找出不足之处。

(2)单击"发布"按钮,打开"发布"页面,单击"分享头像"文本框,然后单击"删除"按钮,删除"记录夏天"头像。单击➕按钮,打开"图片库"页面,选择"首页背景.jpg",修改分享头像;单击"分享标题"文本框,输入"国漫电影盘点"文本;单击"分享描述"文本框,输入"那些年震撼人心的国漫电影"文本,如图 9-1-16 所示。

图 9-1-16 发布设置

(3)单击"确定"按钮,打开"H5 互动"页面,单击"复制"按钮,即可复制 H5 链接,或直接右击,保存二维码,将链接或二维码发布至新媒体平台,对 H5 进行推广。

任务 9-2 二维码营销

一、认识二维码

(一)二维码的界定

二维码(2-dimensional Bar Code)又称二维条码,最常见的形式是 QR(Quick Response)码。它是近几年来移动设备上非常流行的一种编码方式,比传统的一维条形码能存储更多的信息,也能表示更多的数据类型。

二维码是用在平面上按一定规律（二维方向上）分布的黑白相间图形记录数据符号信息的。它在代码编制上巧妙地利用构成计算机内部逻辑基础的"0""1"的概念，用若干个与二进制相对应的几何形体来表示文字、数值信息，通过图像输入设备或光电扫描设备自动识读实现信息自动处理。它具有条码技术的一些共性：每种码制有其特定的字符集，每个字符占有一定的宽度，具有一定的校验功能等。同时它还具有对不同行的信息自动识别的功能及处理图形旋转变化等特点。

同样的内容，不做任何修改，反复生成的二维码图案都不一样，这是由于这些特定的几何图形按照一定规律，随机分布在平面上。

课堂活动 上网详细了解关于QR码的介绍。

（二）二维码的用途

二维码本质上是个信息入口，常见的有以下几种用途：

1. 标识物品

举个超市收银的例子，每一个商品都会对应一个唯一品类编号（通常是条形码），通过扫码枪识别，可以快速检索出商品对应的价格。二维码数据存储量大，可以做到每个物品唯一对应一个二维码（例如以产品序列号生成二维码），也就是"一物一码"，对应每一个物品背后独立的信息，可以应用在快递单上查物流，商品的防伪溯源等方面。

2. 电子凭证

除了物品上的身份标识，二维码还可以作为人、事件的"唯一身份标识"。比如健康码、支付码、很多O2O线上线下消费凭证，需要通过一种电子凭证来证明，确保线上和线下之间的身份确认，二维码就是这个重要的中间凭证。

3. 存储文本

二维码存储内容最直接的方式是将文字内容对应二维码图案的一部分（一旦生成无法改变，称为静态码），静态码在不联网的情况下也可以使用，但当超过150个字符时会变得非常密集，不容易扫描。

4. 跳转节点

二维码可以存储网址，通过二维码识别软件（比如微信扫一扫）就能够访问这个网址，常见的添加微信号、关注公众号、APP下载链接就是用到了这个功能。像我们后文要介绍的草料二维码，其活码其实也是同样的技术，制作者制作内容后，草料会将这些内容（图文、表单、音视频等）上传到服务器中，同时产生一个可以访问到服务器的短网址，扫描二维码时访问的就是这个短网址。

二、认识二维码营销

（一）二维码营销的界定

二维码图案指向的内容十分丰富，可以是产品资讯、促销活动、礼品赠送、在线预订、网址、文章等,它不仅为用户提供了更加便利的服务,还给企业带来了更优质的营销与运营途径。

二维码营销就是将企业的营销信息植入到二维码中,通过对二维码图案的传播推广企业的各种信息,刺激用户产生消费行为。

二维码营销是一种十分具有潜力的营销方式,企业通过对二维码的运营,进行二维码图案的传播,引导用户扫描二维码,使用户了解相关的产品资讯或推广活动,从而刺激用户进行购买。二维码营销的传播途径非常广泛,可以直接通过互联网进行发布传播,也可以印刷到纸张、卡片上,通过传统线下途径进行传播。

课堂讨论 在我们的生活中,二维码营销在哪些场景中为我们带来了便利?

(二)二维码营销的优势

在当今多元化的营销时代,二维码凭借其成本低廉、应用广泛、可塑性强、操作简单等特点,轻松打通了商户线上线下发展的瓶颈,成为网络营销、O2O营销绝佳的商用载体之一。从企业的角度来看,二维码营销主要有以下几个比较明显的优势:

(1)随着移动营销的快速发展和二维码在人们工作和生活中的广泛普及,功能齐全、人性化、省时、实用的二维码营销策略将更容易打入市场,企业可以通过二维码便捷地为用户提供拍码下单、促销活动、礼品赠送、在线预订等服务。

(2)企业通过对用户来源、路径、扫码次数等进行统计分析,可以制订出更精准、细分的营销推送方案,提高营销效果。

(3)企业进行二维码营销时,可以将视频、文字、图片、促销、活动、链接等植入到一个二维码内,并通过名片、报刊、展会、宣传单、公交站牌、网站、地铁墙、公交车身等线下途径进行投放,也可以通过社交平台、媒体平台、门户网站、贴吧论坛、企业网站等线上途径进行投放,方便企业实现线上线下的整合营销。

(4)二维码营销内容可以根据企业的营销策略进行实时调整,需要更改内容信息时只需在系统后台操作即可,无须重新制作投放,有效地降低了企业重新制作的成本。

(5)二维码只需要用户通过手机扫描即可随时随地浏览、查询、支付等,传播十分便捷,对企业宣传、产品展示、活动促销、用户服务等都具有十分不错的效果。

(三)二维码营销的方式

二维码信息容纳度高、表现形式多样化、易识别、容错率高、操作便捷等特点,使其在企业营销中占据了十分重要的地位,越来越多的企业和个人将二维码营销纳入整体营销策划。从企业运营层面来看,二维码营销主要包括以下4种方式:

1. 植入社交软件

植入社交软件是指以社交软件和社交应用为平台推广二维码。以微信为例,微信的特点是可以让企业和用户之间建立起好友式的社交关系,实现基于微信的O2O营销,利用微信扫描二维码提供各种服务,为用户带来便捷、有价值的操作体验。

2. 依托电商平台

依托电商平台是指将二维码植入电商平台中,依托电商平台的流量引导用户扫描二维码。现在很多的电商平台中都有二维码宣传,用户扫描二维码后即可下载相应的 APP,或关注网店账号。

3. 依托企业服务

依托企业服务是指企业在向用户提供服务时,引导用户对二维码进行扫描关注,或下载相关应用,比如在电影院使用二维码网上取票时,通过扫描二维码引导用户下载相应 APP,或查看相关营销信息等。

4. 依托传统媒介

依托传统媒介是指将二维码与传统媒介结合起来,实现线上营销和线下营销的互补,比如在宣传海报上印刷二维码,提示用户进行预约和订购,参加相应促销活动等。

三、二维码的生成与美化

(一)草料二维码

草料二维码(网站首页如图 9-2-1 所示)是一个平台,它可以轻松地将文本、网址和图片转化成二维码,也可以将普通黑白的二维码变得更加漂亮,还可以制作二维码名片。

利用草料二维码网站进行二维码的制作

图 9-2-1 草料二维码首页

草料二维码的应用非常广泛,比如可以应用于如下多种场景中:

(1)嵌入到文章、活动页中。可能你为创办活动精心制作了专题页,想将其嵌入文章中,但又不想占用文章太多篇幅。这时就可以提取专题页的链接,用草料二维码将其制作成二维码,再添加到文章中。这样既迎合了新媒体时代的阅读习惯,又使读者方便、快捷地获取了活动信息。

（2）社交活动中做二维码名片。比如你明天要参加一个非常重要的活动，在活动上还要互相交换名片。但你的名片用完了，也不可能拿计算机将你的官网逐一展示给宾客。此时借助草料二维码制作一张二维码名片，既能缓解你没有名片的尴尬，又能够让宾客扫码了解你的官网，对你有更好的认知。

（3）制作海报时美化二维码。为了举办活动，你可能做了一张非常精美的海报，但是将活动黑白二维码硬生生地添加进去，会降低海报的美感。这时就可以借助草料二维码对黑白二维码进行美化。

在草料二维码中，通过 PC 端、移动端均可以实现生成和美化二维码。

（二）PC 端二维码生成、美化与下载

通过草料二维码生成的二维码均永久有效，包括静态码和活码。若是付费用户，付费周期结束，平台会自动将信息转化为免费版二维码，仍然可以扫描使用。通过草料二维码生成的二维码不分国别。二维码只是一种编码方式，能否扫描成功只和编入的内容有关。

1. 生成二维码

不论是链接、文字、图片还是文件，借助草料二维码这个网站，均可生成二维码。输入内容后，单击"生成二维码"按钮，就可以在右侧生成一个二维码。单击"其他格式"按钮，可下载各种尺寸及格式的二维码，以满足不同用途，如图 9-2-2 所示。

2. 美化二维码

在生成的二维码下方，可以对二维码进行二次修改，如图 9-2-3 所示。

图 9-2-2　下载各种尺寸及格式的二维码　　　图 9-2-3　二次修改二维码

二维码二次修改的基本功能包含码制、容错、尺寸三项调整内容。对于普通用户，码制建议使用 QR Code，也就是默认码制。容错默认为最高的 30％容错率（二维码被部分遮挡后仍能正常扫描,这个允许被遮挡的最大面积就是容错率。由于调整容错率时二维码的图案分布也要重新调整,所以每次调整容错率,二维码的图案都会发生变化)。二维码的尺寸默认为 500 * 500 像素,数值越大,图片越大,建议使用默认值。

二维码美化(快速美化器)功能包含公共样式、上传 logo、颜色、添加文字、外框、码点、其他设置。

(1)公共样式:里面包含多种快速美化二维码样式的版式,如图 9-2-4 所示。

图 9-2-4　公共样式

(2)上传 logo:上传 logo 等标识,上传后会出现在二维码的正中间,我们可以对上传的 logo 效果、投影、位置、大小进行设置,如图 9-2-5 所示。

图 9-2-5　上传 logo

（3）颜色：修改二维码颜色，可以对二维码原本的部分进行颜色调整（二维码颜色修改包含三种方式，即纯色、渐变色、前景图填充），修改的颜色可以应用到码眼，码外眼颜色指上方两个方框和左下方框的颜色，码内眼颜色指这三个框中的实心方块的颜色。单独设置码眼颜色只能进行纯色修改；修改背景色，可以对二维码原本为白色的部分进行修改，背景色也可以设置为透明色，方便二维码放在比较复杂的图片上，如图9-2-6所示。颜色修改要保证前景色比背景色深，这样才能确保手机能够顺利地扫描二维码。

图 9-2-6　颜色修改

（4）添加文字：支持添加文字内容，并可对文字的字体、字号及颜色进行修改，调整文字位置，如图9-2-7所示。

图 9-2-7　添加文字

(5)外框：可以对二维码原本的外框进行设置，还可以对二维码旋转角度进行调整，如图 9-2-8 所示。

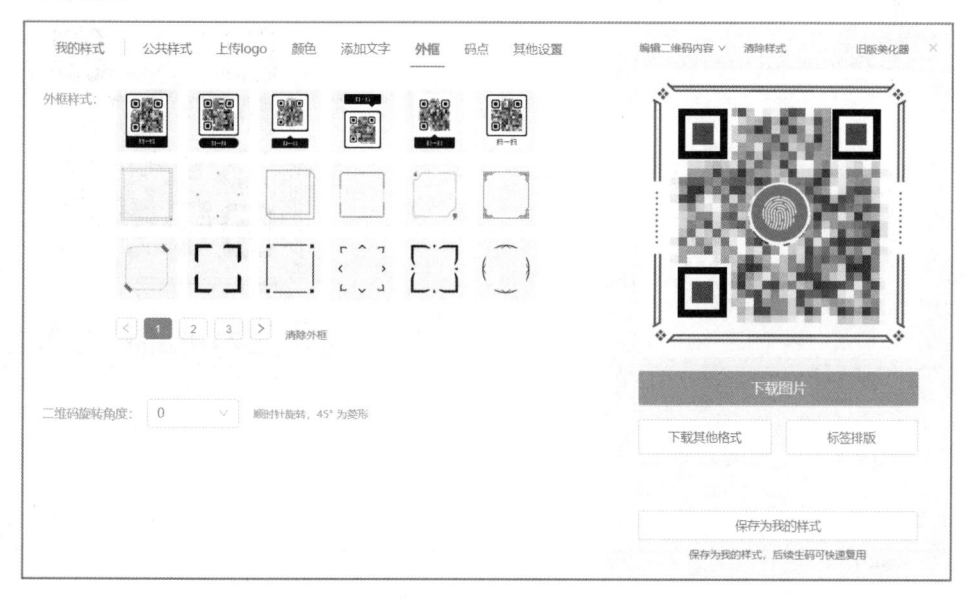

图 9-2-8　外框设置

(6)码点：可以对二维码的码点和码眼样式做简单调整，从而进一步美化二维码，如图 9-2-9 所示。

图 9-2-9　码点设置

(7)其他设置：包含二维码边距、容错率、下载尺寸三项调整，如图 9-2-10 所示。

选择"我的模板"—"更换其他模板"—"选择样式模板"—"选择二维码标签"，可以进行二维码标签排版。标签排版有多种用途，如可以用于产品标签、资产标签等制作，如图 9-2-11 所示。

图 9-2-10　其他设置

图 9-2-11　标签排版界面

若以上二维码美化功能不能满足需求，可以在二维码美化页面右上方单击"旧版美化器"按钮，进入"旧版美化器"页面，在"基本"功能中可以对二维码进行大量的自定义调整；在"模板"功能中有大量的样式可以套用；在"嵌入"功能中可以添加 logo 和文字；在"码眼"功能中可以调整三个方框的颜色和样式，如图 9-2-12 所示。

在"旧版美化器"页面顶部，各按钮的功能如下：

编辑内容：可以重新输入转化的链接等内容，重新生成二维码。

上传取码：可以上传二维码并识别其内容。

拍照取码：允许使用电脑摄像头拍摄手机、纸张等载体上的二维码。

保存成模板：保存样式模板，下次使用该样式时不用重新设计。

项目9　常见的几种新媒体营销工具　235

图9-2-12　旧版美化器美化二维码

3. 下载二维码

利用快速美化器美化完成二维码之后,可单击右下角的"下载图片"按钮,在此下载美化成功后的二维码。利用旧版美化器美化完成二维码之后,单击右上角的"下载二维码"按钮即可下载二维码。

同样具备生成和美化二维码功能的应用还有第九工场。第九工场在上传信息后可以直接套用模板,非常方便。第九工场官方网站首页如图9-2-13所示。

图9-2-13　第九工场官方网站首页

在第九工场生成艺术码的步骤如下:

(1)在众多模板中选择自己喜欢的模板样式,如图9-2-14所示。

(2)选择"上传普通二维码",如图9-2-15所示。

(3)选择需要美化的二维码,最后等待生成,图标变色即为生成成功。单击"下载生成"按钮(下载生成的是压缩包,里面包含一整套艺术码),保存二维码,如图9-2-16所示。

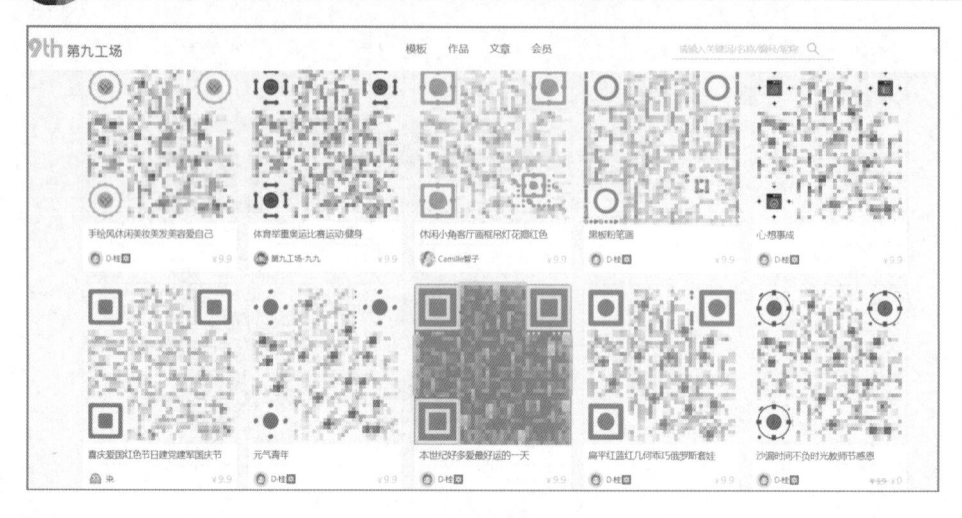

图 9-2-14　选择喜欢的模板

图 9-2-15　上传普通二维码

图 9-2-16　下载生成艺术码

项目9　常见的几种新媒体营销工具　　237

（4）下载二维码。针对二维码不同的使用场景，在第九工场上，除了单码，还可以选择其他关联尺寸和形式下载，满足用户全方位的需求，如图9-2-17所示。

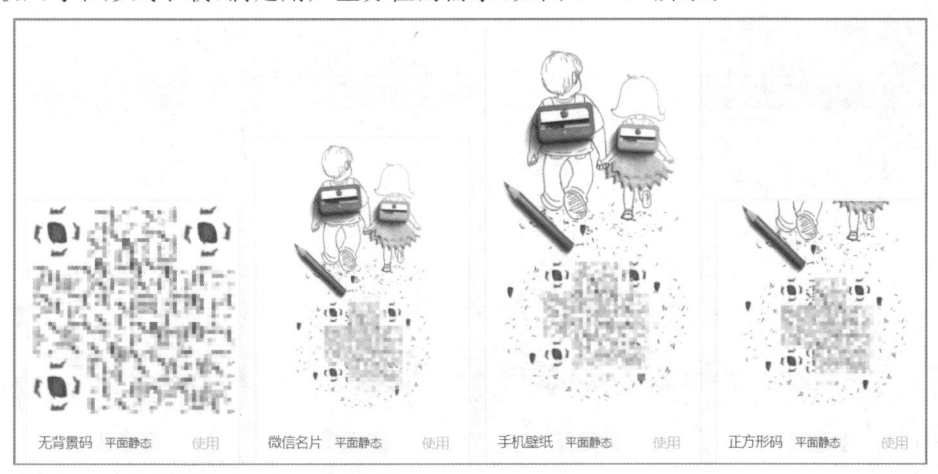

图 9-2-17　多种二维码尺寸

（三）移动端二维码生成与美化

关注草料二维码公众号（首页如图9-2-18所示）后，点击公众号首页下方"生码"，就可以把文本内容转化为二维码，并下载二维码图片。点击页面右下角"我的"，找到"我的名片"，可以创建名片，如图9-2-19所示。

图 9-2-18　草料二维码公众号首页　　图 9-2-19　创建二维码名片

二维码在移动端的美化，需要用到另外一个平台——第九工场艺术二维码，通过其公众号首页（图9-2-20）右下方"艺术码"可进入"艺术码模板"页面，如图9-2-21所示。

由于微信端第九工场暂不支持更多内容形式的二维码转换，这里建议和草料二维码搭配使用。移动端通过草料二维码生成二维码之后，使用第九工场艺术二维码的"艺术码模板"（可选择免费模板或收费模板）"文字码"或"上传黑白码"功能，就可以生成套用模板的艺术二维码，如图 9-2-22 所示。长按二维码图片，可保存至手机相册。

图 9-2-20　第九工场艺术二维码公众号首页　　图 9-2-21　"艺术码模板"页面　　图 9-2-22　生成套用模板的艺术二维码

任务 9-3　GIF 营销

一、认识 GIF 营销

（一）GIF 的界定

GIF 的英文全称是"Graphics Interchange Format"，直译就是"图像互换格式"。GIF 起源于 1987 年，最初命名为 87A，因其"体型"小、成像相对清晰的特点在互联网上大受欢迎。它的原理很简单，就是将多张图像保存为一张图像文件，从而形成动画的形式。

GIF 分为静态 GIF 和动画 GIF 两种，扩展名为".gif"，这是一种压缩位图格式，支持透明背景图像，适用于多种操作系统，网络上很多动画都是 GIF 格式。这里推荐几个收集精美 GIF 图片的渠道。

1. GIPHY

GIPHY 在线动态 GIF 图片搜索引擎是一个搜索互联网中动态的 GIF 动画图片资源的网站。GIPHY 搜索引擎支持英文搜索，资源类别包括动作、形象、动物、动漫、艺术设计、卡通漫画、名人、年代、情感、潮流、食物与饮料、娱乐、游戏、假日、模仿、电影、音乐、自然、行为、科学、体育、贴纸、交通、电视等。GIPHY 支持按照艺术家名称查看。

图片下载方式：在网站内找到想要下载的图片并右击，在弹出的快捷菜单中选择"图片另存为"选项。

2. 花瓣

在花瓣"搜索你喜欢的"搜索框中填写关键词"GIF"或"动态图"，即可搜索到相关图片。

图片下载方式：在网站内找到要下载的图片并右击，在弹出的快捷菜单中选择"图片另存为"选项。

3. SOOGIF

SOOGIF 支持中文搜索，资源种类包含表情、爆笑 GIF、热点 TOP、综艺秀场、艺术设计、萌宠萌物、美食专栏等。网站提供"动图压缩"功能。

图片下载方式：在网站内找到想要下载的图片并单击，在图片右侧可选择"表情包下载""公众号下载""原图下载"。

（二）GIF 在新媒体领域中的应用

由于 GIF 动图有无损特性，制作后很容易变大，因此早期很多平台的 GIF 动图的内容很少，就算有，限于 256 色图像，色彩也并不丰富。

随着新媒体的发展，微信、知乎、头条、微博等平台逐步放宽对 GIF 动图的限制，从最早的 1 MB 逐步放宽到 10 MB 甚至 20 MB，给予 GIF 动图更大的施展空间。于是，在新媒体领域，动图的应用范围是很广泛的，首当其冲的就是 GIF 表情包，一般表情包不会太大，很多文章都会出现表情包。

很多微信公众号都给自己制作了动态头图、引导关注及在看动图，从而提高自己的关注率及文章的分享率。

除此之外，文中配图也逐渐动态化，图文素材每出现 10 张图片，大概有 3 张是 GIF 动图，而在休闲娱乐、影视、美食、旅游等新媒体中，GIF 动图占据非常高的比重。

以美食公众号为例，美食动图不需要累赘地添加过多图片，也可以表现出餐厅食材的丰富。当然，如果再把料理过程中最诱人的部分用动图放出来，会直接击溃受众的防线。

因此，商家们也看到了 GIF 动图在新媒体营销上的价值，可以让新媒体人兼顾内容、版面，同时又能营销。GIF 动图相对于图片，包含更多信息、场景化表达、自带的跳跃感、视觉冲击更易引起用户注意，让用户的眼睛停留时间也更久，更容易被记住。

（三）GIF 动图制作类型

1. 视频制作 GIF

尽管新媒体人逐渐开始做视频，但还是会将重要的视频镜头转换成动图，发布到相应的图文内容中，毕竟看视频和看图文内容的是不同的用户。将视频部分转换成动图，是常见、基本的一种方式。

2. 图片制作 GIF

图片制作 GIF 就是将多张图片以类似视频方式，按一定的频率顺序播放，商品上新、产品展示、功能说明，都可以用得到。如一图展示开箱全过程。

3. 快闪 GIF 动图

相比视频制作 GIF，图片制作 GIF 一般不会有太多图片，流畅度不够，但是可以通过调整速度来呈现，快闪 GIF 动图就是这么来的。

4. GIF 动图海报

原本十分简单的静态海报，可以尝试将文字或者图片元素动起来，既好看又实用，轻松提升点击量。

5. GIF 动图拼接

GIF 动图拼接通常会产生 1+1>2 的效果，可以制作成长动图、四宫格、九宫格，在影视综艺、美食制作、产品对比、商品使用前后效果等场景的应用中十分常见。

6. 动图二维码

除了动态二维码形式，我们还可以制作动图背景的二维码，创意十足。

二、GIF 动图的制作流程

利用SOOGIF平台进行GIF动图的制作

这里主要介绍在 SOOGIF 平台进行 GIF 动图的制作。

（1）打开 SOOGIF 平台，首页如图 9-3-1 所示，注册并登录。

图 9-3-1　SOOGIF 平台首页

（2）单击搜索框旁的"制作动图.GIF"按钮，跳转到 SOOGIF 制作界面，里面包含了多图合成 GIF、视频转 GIF、GIF 拼图、GIF 编辑等，如图 9-3-2 所示。这里重点讲解如何进行多图合成 GIF、视频转 GIF、GIF 编辑。

图 9-3-2　SOOGIF 制作界面

(一)多图合成 GIF 制作流程

(1)单击"功能大全"中的"多图合成 GIF",通过以下 4 种方法可以进行图片的上传:单击"上传图片"按钮,选择需要的图片上传;直接拖拽需要上传的图片到虚线框内;通过粘贴图片地址直接添加网络图片;手机扫码上传需要的图片。一张图是动不起来的,所以需要添加多张图片进行制作,如图 9-3-3 所示。(注意:GIF 原图尺寸以第一张图片的宽、高为准。)

图 9-3-3 图片上传

(2)进行调整。多图合成 GIF 基本功能包括图片调整、形状背景、文字动效、贴纸水印,选择并使用某功能,可以立即生成实时预览。

①图片调整:里面包含图片的复制、编辑、删除、上传、速度调整(0.05~2 s)、循环播放功能。拖拽图片可调整顺序,编辑图片可实现调整旋转 0°、90°、180°、270°和翻转(上下、左右)等效果,循环播放功能可使生成的 GIF 循环播放,关闭循环播放后,生成 GIF 只播放一次,如图 9-3-4 所示。

图 9-3-4 GIF 图片调整设置

②形状背景：里面包含 GIF 形状、GIF 背景色、自定义背景图功能。GIF 形状提供的选择有默认、16∶9、1∶1、圆；GIF 背景色提供的选择有纯色背景、透明背景、自定义颜色；自定义背景图可以通过自己上传的图片来更改 GIF 的背景，如图 9-3-5 所示。

图 9-3-5　GIF 形状背景设置

③文字动效：单击"添加文字"按钮，添加一行文字。可以对添加的文字大小、字体、颜色、动效进行设置，如图 9-3-6 所示。

图 9-3-6　GIF 文字动效设置

④贴纸水印：可以对制作的 GIF 进行水印的添加，里面包含官方水印和自定义贴纸，如图 9-3-7 所示。

（3）对输出的 GIF 进行设置，根据自己的需求选择画质和尺寸，如图 9-3-8 所示。

（4）单击"生成 GIF 或视频"按钮，然后单击"确定生成"按钮，就会立即生成设计的 GIF，最后选择格式（gif、mp4）后直接下载即可，如图 9-3-9 所示。

项目9　常见的几种新媒体营销工具

图 9-3-7　GIF 贴纸水印设置

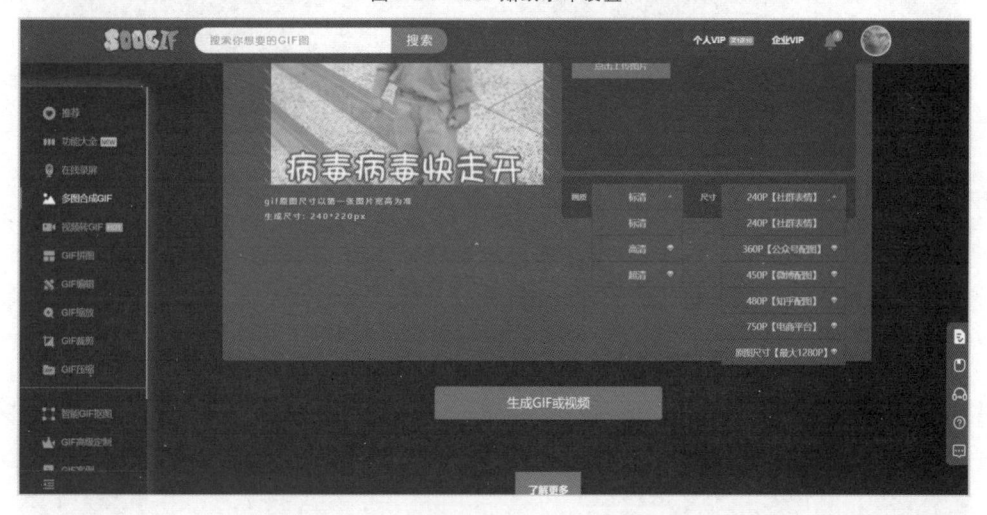

图 9-3-8　多图合成 GIF 输出设置

图 9-3-9　生成并下载多图合成 GIF

(二)视频转 GIF 制作流程

(1)同多图合成 GIF 上传图片一样,上传视频支持部分格式(mp4、mov、ogg)、任意大小上传,支持主流格式 100 MB 以内上传,上传一个本地视频或复制一条网络视频链接即可开始制作,如图 9-3-10 所示。

图 9-3-10　视频上传

(2)截取时间设置,里面包含开始时间、持续时间两种设置,可拖拽时间轴截取,也支持输入截取时间,精准至 0.1 s。还可以进行播放速度的调整,播放速度有 0.5x、1.0x、1.2x、1.5x、2.0x 这 5 种,还可以添加贴纸/水印,如图 9-3-11 所示。

图 9-3-11　截取时间设置

(3)对输出的 GIF 进行设置,根据自己的需求选择画质和尺寸以及帧速率,如图 9-3-12 所示。

(4)单击"生成 GIF"按钮,即可生成预览,可以对同一个视频进行多次制作,然后单击"一键打包下载"按钮,就会立即生成设计的 GIF 的压缩包,也可以对单独制作的作品进行下载(同图 9-3-9,但生成格式只有 gif)、编辑、压缩,最后直接下载即可,如图 9-3-13 所示。

项目9　常见的几种新媒体营销工具

图 9-3-12　视频转 GIF 输出设置

图 9-3-13　生成并下载视频转 GIF

（三）GIF 编辑流程

GIF 编辑方法同多图合成 GIF 基本功能一样，不同点就在于多了播放设置以及 GIF 滤镜，如图 9-3-14 所示。

图 9-3-14　GIF 编辑设置

思政园地

打开QQ-AR,寻找"五四"天空

天空,是值得青年探索的未知世界,更是需要我们抬头发现的美好。属于五四的天空是怎样的?你的五四天空会有什么青春主题词?当打开手机QQ扫一扫,抬头将手机对准天空时,你将收获一张独属于你的天空海报,解锁你的"青春宣言"。

共青团中央宣传部、新华社全媒编辑中心联合腾讯QQ发起"向上吧,青年!"主题活动,号召广大青年不做低头族,抬起头仰望辽阔天空,积极向上。

活动期间,用户开启腾讯QQ扫一扫并选择AR入口,相机识别到天空后即可进入活动页面,解锁代表青年精神的"青春宣言"及"青春金句"。"奋斗是青春最亮丽的底色""人生在勤,勤则不匮"等向上向善的话语,与用户所拍摄的天空合成为独一无二的"五四青年纪念图",鼓励广大青年以自信达观、积极向上的奋进姿态,直面充满未知、机遇和挑战的未来。

(资料来源:共青团中央宣传部)

任务实训

1. 制作邀请函 H5

西西弗书店是一家全国性主题体验连锁精致书店,长期以来,西西弗秉承"参与构成本地精神生活"的价值理念,以"引导推动大众精品阅读"的经营理念发展连锁书店。假设你是西西弗书店的营销人员,公司近期将在某地开设一家新书店。现公司要求借助H5,将该书店即将开业的消息推广出去,并吸引用户前来,提高书店的影响力。

要求:

(1)选择邀请函模板制作H5。

(2)结合西西弗书店的品牌文化编辑H5文案。

(3)H5制作风格自定,但要符合书店的定位。

2. 二维码制作与美化

请应用草料二维码生成二维码,并分别利用草料二维码和第九工场进行美化,比较一下两者的效果。

3. 多图合成GIF

利用SOOGIF动图工具,在花瓣网上寻找相关素材,进行多图合成GIF。

同步练习

一、单选题

1. 二维码的容错率，最高可以达到(　　)。
   A. 70%　　　　　　B. 50%　　　　　　C. 30%　　　　　　D. 10%

2. GIF因其体积小、成像相对清晰的特点在互联网上大受欢迎，在新媒体领域有了很广泛的应用。以下不属于GIF动图制作类型的是(　　)。
   A. 视频制作GIF　　B. 图片制作GIF　　C. GIF动图海报　　D. 音效拼接GIF

3. H5、二维码等因其自身的特色与优势，在新媒体营销中应用的场景越来越广泛。以下不属于H5的特点的是(　　)。
   A. 跨平台性　　　　B. 创新性　　　　　C. 品牌性　　　　　D. 高成本性

二、简答题

1. 简述二维码的用途。
2. H5在新媒体营销中的应用越来越广泛，请说说H5营销的优势。

三、案例分析题

上网搜索并浏览本项目中提到的"我在秦陵修兵马俑"H5，结合该H5推广的背景材料，进行分析。可以从该H5运用的技术、营销策略、推广等不同方面入手。

拓展延伸

每天扫上亿个，二维码会"用完"吗？

现如今，二维码无处不在。这个黑白小方块已经成了我们生活中必不可少的一部分。点餐出行、转账支付、聊天社交、网页登录……几乎没有什么不可以用"扫一扫"解决。

后疫情时代，基于二维码技术的行程码与健康码，更是作为我们每个人的"第二张身份证"，成了出行标配。目前最常见的二维码，即"快速响应矩阵码"(Quick Response Code，简称QR码)。

实际上，QR码早在1994年就已经问世。QR码是由日本工程师腾弘原发明的，目的是在制造过程中跟踪管理车辆和零部件。无须输入烦琐的URL网页地址，只需用手机扫描一个黑白相间的小图形，就可以立即弹出网站或进入应用程序。

二维码的爆发性应用是在中国。先进技术的落地离不开基础设施的普及。根据2013年尼尔森发布的报告，中国那时的智能手机普及率已达到66%。

此外，国内互联网巨头对于移动互联网的各种探索，也为二维码在中国的普及提供助力。微信与支付宝成为二维码在国内爆发的标志性应用软件。2011年微信推出的新版本中，新增了二维码身份识别这一功能，同年，支付宝开始推出二维码支付业务，随即在国内引爆了一股使用QR码的热潮。由此，二维码的使用场景与便捷性被一步步拓展。

根据《中国互联网络发展状况统计报告》,全球近90%的二维码使用都在中国,早在2016年,中国二维码平均每天的使用量就已超过了15亿次。

现在的二维码共有40个官方版本,从Version 1到Version 40,每个版本尺寸不同,各版本尺寸(行、列的数目)计算公式为:(4×版本号+17)×(4×版本号+17)。最小的二维码为21×21矩阵,最大的为177×177矩阵。这意味着,二维码的尺寸是有限的。

根据微信推出的《2020码上经济"战疫"报告》,仅3个月的时间,总用码量就超过1 400亿次。

那么既然用量这么大,二维码会"用完"吗?

其实二维码只是一种载体形式,关键在于背后的信息内容,就像是汉语字典上的文字有限,但是它们所组成的意义无限。也就是说,二维码并不存在"用完"的情况,它可以任意重复被使用。而不同版本的二维码,所存储的数据也不同,行、列数目越大的二维码,所能存储的数据也就越多。

(资料来源:童程在线服务号,有改动)

参 考 文 献

[1] 秋叶,萧秋水,刘勇.微博营销与运营[M].北京:人民邮电出版社,2017.

[2] 林颖.电子商务实战基础:新媒体营销实战[M].北京:北京理工大学出版社,2019.

[3] 华迎.新媒体营销(营销方式+推广技巧+案例实训)[M].北京:人民邮电出版社,2021.

[4] 陈洋,操贝蒂.浅析微博在网络营销中的应用[J].现代营销(下旬刊).2020,(03).

[5] 田野,刘昱."互联网+"背景下微博营销的特点和策略分析——以小米公司为例[J].电子商务.2020,(07).

[6] 王丽.企业微博营销的机遇与挑战[J].营销界.2021,(37).

[7] 习淑莲,李宇航.微博营销及其策略利用分析[J].审计与理财.2021,(07).

[8] 刘庆振等.短视频运营:从入门到精通.北京:人民邮电出版社,2022.

[9] 蔡勤,李圆圆.直播营销.2版[M].北京:人民邮电出版社,2021.

[10] 韦亚洲,施颖钰,胡咏雪.直播电商平台运营[M].北京:人民邮电出版社,2021.

[11] 张克夫,李丽娜,马国红.直播营销[M].上海:同济大学出版社,2020.

[12] 刘望海.新媒体营销与运营:从入门到精通[M].北京:人民邮电出版社,2018.

[13] 李朝辉,程兆兆,郝倩.短视频营销与运营[M].北京:人民邮电出版社,2021.

[14] 叶小鱼,勾俊伟.新媒体文案创作与传播[M].北京:人民邮电出版社,2021.

[15] 千峰教育高教产品研发部.SEO搜索引擎优化:基础+案例+实战[M].北京:人民邮电出版社,2020.

[16] 李蒙.SEO搜索引擎优化实战.北京:清华大学出版社,2020.

[17] 骆芳,秦云霞.新媒体文案策划与写作:从入门到精通[M].北京:人民邮电出版社,2019.

[18] 胡玲.新媒体营销与管理:理论与案例[M].北京:清华大学出版社,2020.

[19] 天津滨海迅腾科技集团有限公司.微信营销[M].天津:南开大学出版社,2018.

[20] 秋叶等.社群营销——方法、技巧与实践[M].北京:机械工业出版社,2016.

[21] 武永梅.社群营销[M].天津:天津科学技术出版社,2017.

[22] 郭相臣.社群营销从入门到精通[M].北京:应急管理出版社,2020.